STUDY ON THE FIELD HARVEST
LOSSES OF GAIN IN CHINA

中国农户粮食田间收获损失研究

武拉平　李轩复　朱俊峰 ◎ 著

本书得到国家粮食公益性行业科研专项「粮食产后损失浪费调查及评估技术研究」子课题「粮食收获环节损失浪费调查研究」农业农村部市场预警专家委员会项目中国农业大学领军教授人才项目资助，特此感谢！

经济管理出版社
ECONOMY & MANAGEMENT PUBLISHING HOUSE

图书在版编目（CIP）数据

中国农户粮食田间收获损失研究/武拉平等著 . —北京：经济管理出版社，2022.5
ISBN 978 - 7 - 5096 - 8416 - 0

Ⅰ.①中…　Ⅱ.①武…　Ⅲ.①粮食安全—研究—中国　Ⅳ.①F326.11

中国版本图书馆 CIP 数据核字（2022）第 077485 号

组稿编辑：曹　靖
责任编辑：郭　飞
责任印制：黄章平
责任校对：王淑卿

出版发行：经济管理出版社
　　　　　（北京市海淀区北蜂窝 8 号中雅大厦 A 座 11 层　100038）
网　　址：www. E – mp. com. cn
电　　话：（010）51915602
印　　刷：唐山玺诚印务有限公司
经　　销：新华书店
开　　本：720mm×1000mm/16
印　　张：19.5
字　　数：350 千字
版　　次：2022 年 5 月第 1 版　　2022 年 5 月第 1 次印刷
书　　号：ISBN 978 – 7 – 5096 – 8416 – 0
定　　价：98.00 元

序

　　粮食安全是世界各国尤其是发展中国家面临的主要问题，也是关系到国计民生的重大战略问题，是维系社会稳定的"压舱石"。因此，保证水稻、小麦、玉米等主要粮食作物的稳定生产和供给显得尤为重要，而口粮（小麦和水稻）主要依靠自给，保证绝对安全就成为必然选择。近年来，我国通过良种繁育、加大生产要素投入等方式，使粮食产量日趋稳定，年产量已经基本满足国内市场需求。但面对未来人口增长和城市化、工业化发展带来的粮食需求上升，供给压力依然较大。在资源约束高度紧张、环境压力日益增强的背景下，通过增加要素投入提高产量的传统方式增产潜力已然有限。因此，不断挖掘节粮潜力，减少粮食产后损失和浪费，成为了增加供给的一种可行方式。我国粮食产后损失与浪费严重，其中，收获环节的损失仅低于消费环节，排第二位，具有较大的减损潜力。

　　当前我国粮食生产经营主体仍以小农户为主，大部分农户经营土地规模小于 10 亩。解决好小农户的收获环节损失问题对整体减损意义重大。本书依托农业农村部全国农村固定观察点，围绕水稻、小麦、玉米等主要粮油作物开展调研，覆盖全国 28 个省份，收集了 3251 户农户在收获环节的收获产量、损失量、收获方式、天气、虫害、作业态度、决策者年龄、家庭经营收入等生产收获特征和农户家庭特征数据。经测算，我国三大主粮收获环节平均损失率为3.72%，其中，水稻损失率为 3.55%、小麦为 4.53%、玉米为 3.41%；从区域角度来看，东部地区粮食收获平均损失率为 3.16%、中部地区为 3.89%、西部地区为 4.47%，种植优势区损失率为 3.64%、非优势区为 6.72%，总体呈现西高东低、优势区低于非优势区的现象；从农户规模角度来看，随着规模的增大，三种粮食作物的收获环节损失率呈现下降趋势，小规模（<10 亩）农户为 3.93%，中规模农户（10~20 亩）为 3.27%，大规模农户（>20 亩）

为 2.99%，三种粮食作物中，水稻损失随规模变化最明显。

本书构建了粮食收获损失的测度和影响因素分析的理论框架，从技术进步（机械化）、规模经济、社会化服务（农机服务）及农户行为决策（捡拾行为）角度出发，综合分析影响粮食收获损失及捡拾行为的因素，并进行实证检验。

在田间收获损失测度方面，我们采取了大规模问卷调研和小范围实验测量相结合的方式，既考虑到了面上的代表性，又综合点上实验，保证了测度结果的科学性。在影响因素分析方面，我们综合考了收获方式（机械和手工）、农户规模、品种、地形地貌等因素。

从收获方式的影响来看，我们从机械收获对粮食损失的影响出发，分析联合机械化收获等机械收获方式和农机服务对粮食收获损失的影响。结果表明，相较于人工收获，机械化收获（分段半机械化收获和联合机械化收获）对水稻的影响显著，但对小麦和玉米的影响均不显著，联合机械化收获方式显著增加了水稻的收获环节损失；购买农机服务的方式显著降低了粮食总体和水稻的收获损失。同时，通过研究联合机械化收获方式与农机服务的交互作用，进一步检验了农机服务的影响，发现农机服务会增加采用联合机械化收获方式作业的农户粮食总体，尤其是水稻的损失。这说明，从整体损失角度来看，小麦和玉米收获过程中机械对人工实现了较好的替代，联合机械的社会化服务还需进一步加强。此外，种植规模对三种粮食作物和粮食总体收获损失的影响均呈显著负相关。而机械的效力发挥与规模密切相关，通过加入播种面积与联合机械化收获的交互项发现，随着种植规模的增加，有助于减缓联合机械化收获对粮食总体损失的正向影响。

为了解不同收获方式适宜的规模阈值，本书进一步结合政策和前人研究设定两个分位点（10 亩和 20 亩），相对区分小、中、大不同规模的农户，进一步实证研究水稻、小麦和玉米三大主粮收获环节的损失及其影响因素。结果表明，联合机械化不适宜 10 亩以下的小规模农户，但适宜 10 亩以上的大、中规模农户发展。同时，对于小规模农户而言，粮食收获损失与农户决策者年龄、受教育程度正相关，这主要受机会成本的影响。为此，本书基于机会成本和示范效应视角，进一步研究农户捡拾行为。结果表明，家庭非经营收入占比与捡拾行为显著负相关，机会成本的影响显著，但对大、中规模农户影响不显著。而相较于未加入合作社的农户，加入合作社的农户捡拾行为显著增加，说明通过组织内的示范效应，可提高农户节粮、爱粮意识。

此外，本书利用调研数据，从客观条件（自然禀赋、技术水平等）和主观认知两个角度，提出了样本最小损失率和可接受损失率两个概念。同时，通过统计方法及专家经验，测算三种粮食作物不同收获方式（人工、分段半机械化、联合机械化）的样本最小损失率及可接受损失率，并在生产和消费两个场景下，估计减损潜力。研究发现，若达到样本最小损失率将可以增加2106.26万吨粮食供给，可以满足1.46亿城乡居民的粮食消费需求，或可节约（折纯）124.35万吨化肥、4991.54万亩土地；若达到可接受损失率将可以增加905.63万吨粮食供给，可以满足0.63亿城乡居民的粮食消费需求，或可节约（折纯）54.46万吨化肥、2168.73万亩土地。

综合上述研究可以发现，联合机械化收获及农机服务对水稻收获损失影响显著，但对小麦和玉米的收获损失不显著；随着农户规模的扩大，联合机械化收获的损失降低并且农户捡拾行为意愿增强，有利于降低收获环节损失；合作社对于粮食捡拾行为有显著正向影响；虫害和异常天气对粮食收获损失影响显著。因此，本书提出如下政策建议：稳步推进适度规模经营，鼓励农户土地有序流转，扩大农户经营规模，引导鼓励种粮大户发展；加强粮食（特别是水稻、玉米）专用联合收获机械研发，促进农机设备与农艺结合，不断降低粮食收获环节损失；加强专业技能培训，提高农机社会化服务水平，注重机手培训，提高其作业态度和技术水平，并进一步完善社会化服务契约管理；加强合作社建设，强化爱粮、节粮意识的宣传教育，通过文化氛围营造和组织动员等方式，倡导浓厚爱粮、节粮风尚；发展智慧农业体系，加强农村各种自然灾害灾情的监控和预报预警，并将传统方式与现代智能终端结合，做好天气预报和虫害防治工作，尽可能地减少异常天气和虫害带来的损失；此外，提高减损工作的针对性，在政策推广中注重粮食作物的特性和农户特点。

目　录

第一章　导言 ·· 1

　　第一节　研究背景与意义 ······························· 2

　　第二节　概念界定 ····································· 5

　　第三节　粮食产后损失浪费研究 ······················· 8

　　第四节　本书结构安排 ······························· 13

上篇　粮食总体研究

第二章　中国粮食安全与节粮减损 ························ 17

　　第一节　中国粮食安全观 ····························· 17

　　第二节　开源与节流 ······························· 20

第三章　中国三大主粮生产的区域布局和收获方式 ············ 23

　　第一节　中国三大主粮作物及其产量 ··················· 23

　　第二节　中国三大主粮作物的地区分布 ················· 26

　　第三节　中国三大主粮作物收获方式 ··················· 31

　　第四节　本章小结 ····································· 34

第四章　中国农户粮食收获环节损失测定 ·················· 35

　　第一节　粮食收获环节调研说明 ······················· 35

　　第二节　样本农户基本情况 ··························· 37

　　第三节　中国农户三大主粮作物收获环节损失量 ··········· 40

第四节　中国农户三大主粮作物损失率测定 ⋯⋯⋯⋯⋯⋯ 41

第五节　中国农户三大主粮作物收获环节碳足迹 ⋯⋯⋯⋯⋯ 43

第六节　本章小结 ⋯⋯⋯⋯⋯⋯⋯⋯⋯⋯⋯⋯⋯⋯⋯⋯⋯ 50

第五章　收获方式对粮食损失的影响研究 52

第一节　收获环节粮食损失的影响因素模型设定及数据描述 ⋯⋯ 52

第二节　不同收获方式与粮食损失的实证结果 ⋯⋯⋯⋯⋯⋯ 59

第三节　本章小结 ⋯⋯⋯⋯⋯⋯⋯⋯⋯⋯⋯⋯⋯⋯⋯⋯⋯ 63

第六章　农户规模对粮食收获环节损失的影响研究 65

第一节　基于规模的损失模型设定及数据描述 ⋯⋯⋯⋯⋯⋯ 65

第二节　不同规模农户粮食收获环节损失的结果分析 ⋯⋯⋯⋯ 71

第三节　本章小结 ⋯⋯⋯⋯⋯⋯⋯⋯⋯⋯⋯⋯⋯⋯⋯⋯⋯ 78

中篇　粮食分品种研究

第七章　农户水稻收获环节损失及影响因素研究 83

第一节　基于田间实验的农户水稻收获环节损失测算及
影响因素分析 ⋯⋯⋯⋯⋯⋯⋯⋯⋯⋯⋯⋯⋯⋯⋯ 83

第二节　基于调研的农户水稻损失测算及影响因素研究 ⋯⋯⋯ 93

第八章　农户小麦收获环节损失及影响因素研究 104

第一节　基于田间实验的农户小麦损失测算及影响因素研究 ⋯⋯ 104

第二节　基于调研的农户小麦收获环节损失测算及影响因素研究 ⋯ 113

第九章　农户玉米收获环节损失及影响因素研究 123

第一节　基于田间实验的农户玉米损失测算及影响因素研究 ⋯⋯ 123

第二节　基于调研的农户玉米收获环节损失测算及影响因素
研究 ⋯⋯⋯⋯⋯⋯⋯⋯⋯⋯⋯⋯⋯⋯⋯⋯⋯⋯⋯ 138

第十章　其他作物收获环节损失及影响因素研究 145

第一节　农户马铃薯收获环节损失测算及影响因素研究 ⋯⋯⋯ 145

第二节　农户甘薯收获环节损失测算及影响因素研究 …………… 156

第三节　农户花生收获环节损失测算及影响因素研究 …………… 169

下篇　粮食减损措施研究

第十一章　农户粮食收获环节减损潜力研究 ……………………… 181

　　第一节　基于实验的粮食损失率测定 ………………………… 181

　　第二节　收获环节粮食损失率比较 …………………………… 183

　　第三节　减损潜力 ……………………………………………… 186

　　第四节　本章小结 ……………………………………………… 191

第十二章　农户田间粮食捡拾行为研究 …………………………… 193

　　第一节　模型设定及变量选取 ………………………………… 194

　　第二节　不同规模农户捡拾行为的实证结果分析 …………… 198

　　第三节　稳健性检验 …………………………………………… 201

　　第四节　讨论 …………………………………………………… 202

第十三章　节粮减损的政策建议 …………………………………… 204

　　第一节　基本判断 ……………………………………………… 204

　　第二节　政策建议 ……………………………………………… 206

附录　实验报告 ……………………………………………………… 208

参考文献 ……………………………………………………………… 289

后　记 ………………………………………………………………… 298

第一章

导　言

粮食损失问题在保障粮食安全、节约自然资源、改善生态环境和增加农民年收入等方面都有着重要的意义（FAO，2019）。粮食损失会减少粮食供给，影响粮食安全。同时，损失的粮食不会被消费者食用，造成了土地、水、能源等生产资源的浪费，也增加了粮食生产成本，从而降低农户收入。一般来讲，粮食损失受到自然条件、作物生产方式、设施装备和能力的影响。在这些损失中，一部分损失是因为自然条件、作物特性等因素造成的，这部分是难以避免的；也有一部分粮食损失可以通过技术进步、决策改变等方式避免或减少（Kaminski 等，2014；李轩复等，2019）。可避免或减少的损失会直接影响农户收入。因此，无论从可持续发展还是收入改善角度来看，粮食损耗问题都值得关注。联合国粮食及农业组织提出了远期粮食减损愿景，计划在 2030 年将零售和消费环节的食品浪费减半（FAO，2019）。我国人口约占世界总人口的19%，但是耕地和水资源则分别仅占约 8% 和 5%，因此我国高度重视粮食安全。确保口粮绝对安全、谷物基本自给，不仅是国家安全战略，而且对维护国际粮食市场稳定具有积极作用；从资源节约和环保角度来看，降低粮食损失也即减少土地、化肥等资源浪费。在粮食需求依然增长和资源条件约束越来越强的状况下，与继续增产相比，降低损失也是增加供给的一条可行路径（杨慧莲等，2019）。为此，我们需要了解有多少粮食损失、在产业链环节中哪一环节损失更大、影响因素是什么、如何减少粮食损失以及有多少的减损潜力。

第一节　研究背景与意义

一、研究背景

粮食是关系国计民生和国防的重要战略物资，从古至今，粮食安全就是国家的重中之重，民以食为天，食以安为先。在联合国粮食及农业组织（FAO）的统计口径中，粮食主要指谷物，包括小麦、稻谷、粗粮（含大麦、玉米、高粱等）；美国农业部（USDA）界定的粮食包括水稻、黑麦、燕麦、大麦、玉米、小米、小麦、高粱及混合粮食等。中国国家统计局的统计主要根据收获季节和作物品种进行划分，其中，按收获季节分为夏收粮食、早稻和秋收粮食；按作物品种可分为谷物、薯类和豆类。当前学者比较认同联合国粮食及农业组织的定义，即粮食通常等同于谷物，主要包括大米、小麦和玉米三大类谷物，大豆被排除在外（程亨华和肖春阳，2002；戚明贤，2014）。长期以来，我国粮食消费的最大品种是稻谷，20世纪90年代中期，玉米超越小麦，成为我国粮食消费的第二大品种，而小麦退至我国的第三大品种（吴乐和邹文涛，2011）。豆类和薯类在我国粮食总产量中所占比重很小，2014年两者占比分别为3.42%和4.46%。因此，除特殊说明外，本书所指粮食为水稻、小麦和玉米。此外，从作物特性来看，上述三种作物均属于大田作物；从政策角度来看，上述三种作物作为三大主粮多一同成为政策主体出现，如《关于将三大粮食作物制种纳入中央财政农业保险保险费补贴目录有关事项的通知》（财金〔2018〕91号）等，为此，本书第一章至第五章在进行粮食总体分析时，将三种作物作为总体进行讨论。

一个国家若想充分保障民生经济，就必须首先实现粮食安全，掌握粮食安全的主动权。据统计，2020年，我国粮食产量约为13389亿斤，比1949年增长4.92倍；人均粮食产量474.10千克，比1949年增长1.27倍，守住了国家粮食安全底线①。作为负责任的大国和人口大国，我国通过解决粮食安全问题，为世界粮食安全作出了巨大的贡献。联合国粮食及农业组织（FAO）指出，虽然目前全球粮食的产量可以满足全部人口的需求，但仍有8.15亿人处

---

① 资料来源：国家统计局。

于饥饿状态（FAO，2017）。与此同时，随着全球人口的不断增加（2050 年全球人口预计将达到约 100 亿），如何保障如此庞大的人口拥有满足营养需求的充足粮食，正成为包括我国在内的世界各国需要面对的问题。根据测算，全球粮食产量需要增长 50% 才能够在 2050 年满足新增人口的粮食需求。当前各国都面临着耕地、水资源等日趋紧张的资源问题，通过传统的加大生产要素投入的方式提高产量，已越来越难以为继。在此背景下粮食损失和浪费问题逐渐显现出来。

从产业链角度来看，联合国环境规划署（UNEP）以能量（千卡）计，测算了收获环节损失：收获环节（24%）仅次于消费环节（35%）；分地区看，工业亚洲（东亚等）收获环节损失占总损失比为 17%（Lipinski 等，2013）。Gustavsson（2011）从系统化、可持续性、粮食安全与营养等角度深入剖析了粮食损失与浪费的现象，研究发现损失与浪费的粮食总量约占全球粮食总产量的 1/4。在发达国家如美国，学者的研究多关注食物浪费（Murthy 等，2007），主要集中在剩饭和废弃物的测量，并通过样本分析浪费的影响因素（Holland 等，2015）。在不发达地区，对于损失的研究相对较多。Kaminski 等（2014）利用非洲产后损失信息系统（The Africa Post – Harvest Loss Information System，APHLIS）收集的撒哈拉以南非洲国家产后损耗数据，进行实证分析粮食损失的影响因素。根据世界银行的研究，印度的粮食产后损耗从农户到市场环节占到总产量的 7% ~10%，市场到消费环节占 4% ~5%。我国粮食损失浪费同样严重，产后损失率高达 18%，相当于 1 亿农民 4 年的消费量（丁建武等，2005）。据国家粮食局测算，我国每年粮食损失浪费量为 1000 亿斤左右，相当于我国第一产粮大省黑龙江省一年的粮食产量[①]。此外，粮食生产也直接或间接消耗大量水、矿物燃料等资源、能源。因此，降低粮食损失，可以在增加供给的同时降低资源浪费，保护环境。

我国幅员辽阔，不同地区农业自然资源禀赋条件差异较大。许多地区受地形限制无法实现集中、连片规模经营。如丘陵山区地带，地块分散，短时间内无法实施规模化经营。最新的第三次农业普查数据表明，小农户经营依旧是我国农业经营的主体。普查数据显示 2016 年我国 98% 以上的农业经营主体是小农户，约为 90% 的农业从业人员是小农户，大约 70% 的耕地面积是小农户经营耕地。小农户其自身规模也不尽相同。在政策引导下，新型农业经营主体等

---

① 资料来源：人民网，http://politics.people.com.cn/n/2014/0305/c70731 – 24539868.html。

多种形式的适度经营正在不断发展，有助于提高农民收入、增强农业竞争力。而对于适度规模，从不同的角度也有不同的认识。

同时，伴随着近年来科技进步的不断发展以及农户规模的提高、农户劳动力数量的减少，农业机械化程度也在不断提高，收割和脱粒集成作业的联合收割机在粮食生产领域也在不断普及。国务院也出台了《关于加快推进农业机械化和农机装备产业转型升级的指导意见》和《联合收割机跨区作业管理办法》等相关政策，进一步引导鼓励农业机械化作业的不断升级，并打通跨区域作业障碍，推广社会化服务，提高联合收割机的普及率。

二、研究意义

关于粮食损耗的研究，虽然当前多集中于消费环节，但随着损耗问题日益受到关注，有关收获环节损失的研究也逐渐增多。不同于消费环节，损失环节的研究不但包括农户行为决策，还包括投入产出的要素、技术效率等维度。为此，本书通过系统分析我国粮食收获环节的损失情况，构建粮食收获损失及减损的理论框架，可以为产后损耗研究理论提供一定的补充。

同时，面对当前复杂多样的国际局势以及因此带来的国际贸易诸多不确定因素，保障粮食稳定供给和安全供给日益成为保护国家安全的重要基础。采用传统加大要素投入的方式增加供给，会进一步消耗有限的土地、水、能源等自然资源，不但深刻影响着全球气候变化，也越来越难以为继（刘立涛等，2018）。由此可见，无论从增加供给、保障粮食安全的角度还是节约资源、发展绿色农业的角度，减少粮食收获损失都意义重大。因此，通过全面系统调研，摸清我国收获环节粮食损失状况；结合占经营主体绝大多数的小农户特点，基于规模和机械化的视角分析收获环节粮食损失及减损行为（捡拾行为）的影响因素，并在此基础上，估计减损潜力，提出有效举措和建议，对于保证粮食供给、确保粮食安全、节约用水、涵养土地、发展现代农业等均有着重要的实践意义和政策意义。

第二节 概念界定

一、收获环节

粮食产业从生产过程角度可分为产前、产中、产后。从产业链角度来看，大量研究把粮食产业分为三个产业链环节，即生产、流通和消费，再进行细化区分，又可以分为六个环节，分别为良种开发、粮食生产、粮食收储、粮食加工、粮食物流、粮食销售（赵予新，2014）。其中，粮食产后环节日益受到重视。有学者在20世纪90年代初梳理我国粮食市场与政策时，指出粮食产后系统包括以下基本环节，即收获、脱粒、干燥、运输、储藏、加工、消费（赵予新，2014）。有些学者将脱粒环节纳入收获环节，如詹玉荣（1995）的研究中包括收获、贮藏、运输、加工、销售、消费六个环节。粮食公益性行业科研专项课题组（2015）从产业链角度进行分析，将粮食生产及产后系统概括为：粮食生产系统、粮食流通系统（干燥、储藏、运输、销售）、粮食加工系统（粗加工、深加工）、粮食消费系统（家庭消费、群体消费）；收获后的环节可具体分为收获、干燥、农户储粮、储藏、加工、销售、消费。在对收获环节进行深入研究时，当前学者将收获环节聚焦为收割、田间运输、脱粒、清粮四部分（黄东等，2018）。

结合我国粮食生产实际，本书将粮食收获环节界定为农户粮食产后至储藏之间，具体包括收割、田间运输、脱粒、清粮四个子环节，具体如图1-1所示。

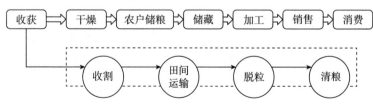

图1-1 粮食收获环节

二、收获方式

我国具有悠久的粮食种植历史。随着农用拖拉机等农用机械的不断发展，特别是近年来联合收割机等收割脱粒一体的现代农机设备普及，收获方式正从传统的手工收割、脱粒、清粮和畜力运输逐步发展到机械化收获阶段，这在水稻和小麦的收获中表现更为明显，特别是小麦，机收比例已达90%以上（李轩复等，2019）。但由于自然条件及农户习惯，人工作业的情况依然存在，部分地区水稻收获主要利用镰刀等工具进行人工收割，通过脚踏打稻机或打稻桶进行人工脱粒，使用木风车、竹筛、竹床等器械人工清粮（李植芬等，1991）。机械收获与人力收获成为收获方式的两大类型。随着农用机械技术的进步，收割脱粒一并完成的联合收割机逐步发展成为机械收获的重要组成。与一般机械收获相比，联合收割机可以实现对粮食的收割与脱粒的全程联合作业，运行起来不但效率高、收割速度快，而且减少了各子环节间的作业转化带来的额外损失，使机械收获方式进一步丰富，形成了联合收获方式（曹芳芳等，2018）。由于作物品种不同，收获方式也有差异，与小麦、水稻的联合收获可以直接收粒相比，玉米机收包括机械收穗和机械收粒两种（陈玉香等，2009；郭银巧等，2017）。收获方式不但与机械技术、自然条件、作物特性相关，还与子环节作业特点相关，在少数山区或丘陵地区，小麦则采用收割、脱粒相分离的分段收获方式，松嫩平原地区的粮食收获除了联合收割机直收，还包括人工割捆机脱的分段收获方式（张明俊等，2004）。分子环节来看，收割和脱粒环节包括联合收获、分段收获、人工收获等多种作业方式，而当前我国粮食生产中，除了极个别偏远地区，田间运输多以农用三轮车等机械运输为主，清粮多以风扇和人力清扬相结合的方式为主（黄东等，2018）。

在实地调研和实验中发现，收割是农户粮食收获损失最高的环节，其和脱粒子环节损失占粮食收获损失的八成以上（李轩复等，2019；屈雪等，2019；曹芳芳等，2018）。因此，为更好地进行比较分析，避免区分过细带来的偏差，本书将采用人工收割、脱粒的收获方式定义为人工收获；将机收人脱、人收机脱以及机收机脱但非联合收割机收获的方式定义为分段半机械化收获；将采用联合收割机的收获方式定义为联合机械化收获。联合收割机是农业机械化发展的趋势，其较高的成本和操作技术要求，也促进了相关专业化服务的发展，因此，联合机械收获将作为重点考察。

三、粮食损失

现有研究中，对于粮食损失和浪费的概念界定还不太清晰（Bellemare 等，2017）。一部分学者认为，粮食损失和粮食浪费之间最主要的区别在于这两者发生的产业链环节,粮食浪费常出现在消费环节,而损失大多发生在收获环节后,在消费环节前(Hoefer 等,1985;黄东等,2018);一部分学者认为,两者的区别在于产生的源头(Clark 和 Hobbs,2018),即损失为非主观行为性造成,而浪费是主观行为性造成;还有一部分学者认为,损失是指粮食本身的量的损耗,而浪费是指由此产生的无效资源消耗(Parfitt 等,2010)。

如前文所述,联合国粮农组织给出了粮食损失与浪费(FLW)、粮食损失(FL)、粮食浪费(FW)以及粮食质量损失或浪费(FQLW)的定义,具体如表 1-1 所示。

表 1-1　粮食损失相关定义

	环节	粮食	原因	损耗
粮食损失与浪费(FLW)	食品链从收获到消费所有环节	供人类食用的粮食	无论何种原因	量的减少和质的下降
粮食损失(FL)	食品链中零售和消费以外的环节	供人类食用的粮食	无论何种原因,但主要是非主观因素	量的减少
粮食浪费(FW)	零售和消费环节	供人类食用的粮食	无论何种原因,但主要是主观因素	被丢弃或任由产品变质
粮食质量损失或浪费(FQLW)	食品链从收获到消费所有环节中	供人类食用的粮食	主要是产品变质	粮食质量属性(营养和外观等)下降

资料来源:FAO(2014)。

另外,度量粮食损失的指标非常多,但损失数量是最常见的测算指标,它也是最直观的评估粮食损失的量,因此,重量成为分析统计中最常用和最容易比较的数据。迄今为止,大多数关于粮食损失与浪费研究都采用重量测算法(FAO,2011),例如柯炳生(1995)在正定县通过重量测算损失量。也有一些学者通过能量单位进行度量,如卡路里等(Kummu 等,2012)。而在实证研究中,多以损失率作为度量指标,有利于克服作物品种间产量差异进行跨作物考量(柯炳生,1995)。

综上所述,结合我国国情和实际生产情况,本书参考黄东等(2018)的定义,将粮食收获环节损失界定为,收获过程中因各种原因(包括遗漏、丢弃、变质、病虫害和动物食用等)而引起的人类可食用粮食数量的减少。简而言之，粮食收获环节损失是指粮食在收割、脱粒、清粮、田间运输四个子环节中，由于自然条件、技术装备和生产行为等人为因素和非人为因素所造成的量的损失。为便于不同作物比较，本书在实证分析中使用损失率作为粮食损失的测度指标。

第三节　粮食产后损失浪费研究

从田间地头到老百姓餐桌，粮食要经过一条较长的产业链条，包括田间收获、运输、储藏、加工、销售和消费等环节，每个环节都有不同程度的损失浪费。但是多数研究仅仅关注其中的一个或几个环节，或者虽然关注了所有的环节，但主要集中在某个省份。关于全国大范围内覆盖从田间到餐桌的所有环节的研究十分缺乏。为此，在 2015 年国家粮食和物资储备局设立了国家公益性粮食行业科研专项"粮食产后损失浪费调查及评估技术研究"，从收获、储藏（包括农户和粮食企业）、运输、加工、销售和消费等环节设计了 9 个子课题进行全国范围粮食损失浪费的调研和评估。

本书即为"粮食收获环节损失浪费调查评估研究"子课题的部分研究成果。本子课题由中国农业大学经济管理学院承担，主要对粮食收获环节的损失浪费进行调研，深入剖析粮食收获环节的损失，对主要粮食品种在收获环节的损失进行评价，并结合农户家庭特征、地区特征以及技术改进等方面，深入研究粮食收获环节损失的原因，并提出减少损失的对策。

一、"粮食收获环节损失浪费调查评估研究"主要内容

"粮食收获环节损失浪费调查评估研究"的主要内容包括以下五个方面：

第一，基于实地调研的粮食收获环节损失浪费调研和数据库建设。一方面，对项目中样本粮食品种的主要种植和收获方式进行调研。另一方面，根据各省份主要粮食品种的产量进行排序，结合不同省份的粮食种植和收获特点，选择粮食种植面积排前 10 的省份进行调研，搜集上述 5 个维度交叉的粮食收获环节的损失系数，建立粮食收获环节数据库。

第二，基于粮食收获环节损失数据库和农户（场）等调研的收获环节，粮食损失影响因素及其影响系数的估计主要包括两方面：一方面，相关因素的辨识，主要通过农户调研、基层干部座谈、收获环节相关社会化服务组织等的

调研，加上文献综述，综合确定影响收获环节粮食损失的因素。另一方面，建立计量经济学粮食收获环节损失模型，估计各个影响因素的影响系数，为下一步模拟提供支持。

第三，基于上述数据库和影响程度系数，对粮食收获环节损失浪费水平进行分析。一方面，计算主要粮食品种的面积和产量的地区结构。另一方面，结合各地区粮食产量数据，计算收获环节的粮食损失，分析其综合损失率。

第四，区分粮食收获环节在不同技术经济条件下的可控性和不可控性因素，研究粮食收获环节在不同收获模式下损失浪费的控制临界值，对不同技术经济条件下粮食收获环节损失水平进行评价。

第五，在上述计量经济学粮食收获环节损失模型的基础上，开发粮食收获环节损失模拟系统。模拟系统主要运用线性规划方法，在农户利润最大化目标函数的前提下，加入资源约束条件和市场价格、政策、气象、收获方式等约束条件，对主要因素的外生冲击进行模拟，并在此基础上提出相关政策建议。

本书的技术路线主要包括两部分，一部分是调查，另一部分是评估。具体路线如图1－2所示。

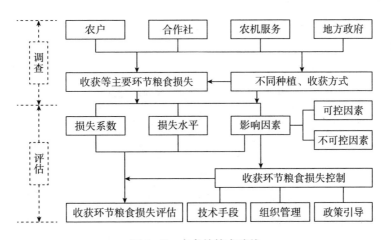

图1－2　本书的技术路线

二、"粮食收获环节损失浪费调查评估研究"调研设计

考虑到调研的科学性，项目组设计了"问卷调研"和"实验测量"两种方式，问卷调研主要是考虑到全国范围的代表性，便于实施大范围调研；实验

测量是考虑到问卷调研数据的准确性，可以进行两者的相互验证。

1. 问卷调研

问卷调研的对象主要是农户。本着资源共享、分工协作的原则，由中国农业大学承担的"粮食收获环节损失浪费调查评估研究"任务组牵头，联合"粮食干燥环节损失浪费调查""农户储粮环节损失浪费调查"和"粮食消费环节损失浪费调查"三个子课题共同完成，问卷涉及农户家庭基本信息、生产和收获情况、干燥和储藏情况、消费和浪费情况等。

考虑到全国范围的代表性，本项目组与农业农村部全国农村固定观察点办公室合作。全国农村固定观察点调查体系是 1984 年经中共中央书记处批准建立的农村社会经济典型调查系统。2020 年是农村固定观察点正式运行 35 周年，35 年来，以农村固定观察点为主的乡村调查体系全面建立，固定观察动态调查格局基本形成。目前，农村固定观察点已经建成国家、省（区、市）、县（市、区）、村四级调查管理体系和覆盖全国的样本体系。涉及全国 31 个省份的 368 个县、375 个样本村、23000 户记账农（牧）户和 1600 多个记账新型农业经营主体。

本次问卷调查的省份覆盖除上海、海南和西藏之外的 28 个省份。调查品种包括水稻、小麦、玉米、大豆、油菜籽、花生、甘薯和马铃薯八大粮油作物。各品种的最终有效问卷数量如表 1-2 所示。

表 1-2　各粮食品种有效问卷数量

粮食品种	问卷数量	粮食品种	问卷数量
水稻	1686	油菜籽	284
小麦	1164	花生	269
玉米	2186	甘薯	238
大豆	249	马铃薯	216

2. 实验测量

根据 2014 年全国 31 个省份的各类作物播种面积，在各粮食作物播种面积的基础上综合考虑区位上的东部、中部、西部，粮食主产区、主销区和粮食产销平衡区以及机械化水平，分别选择典型省份进行实验。各选点省份如表 1-3 所示。

表 1 – 3　各实验点所在省份粮食播种面积排序

稻谷		小麦		玉米		薯类	
省份	排序	省份	排序	省份	排序	省份	排序
湖南	1	河南	1	黑龙江	1	四川	1
江西	2	山东	2	吉林	2	甘肃	4
黑龙江	3	河北	4	河南	4	内蒙古	6
江苏	4	甘肃	10	河北	5	广东	7
广东	9			甘肃	12	河南	8

大豆		花生		油菜籽	
省份	排序	省份	排序	省份	排序
黑龙江	1	河南	1	湖北	2
内蒙古	3	山东	2	四川	3
河北	18	福建	13	安徽	4

资料来源:《中国统计年鉴 2015》。

在实验方案设计中主要考虑的影响因素有:收割方式、收割时间、收割机机型、种植品种、地形、收割机操作员熟练程度。同一种粮食品种在不同实验点考虑的影响因素也有差别,但在实验过程中尽可能多地寻找不同条件对收获损失的影响。

在具体实验中,选择一组实验点最普遍的收获条件作为基准组,通过每次改变一个影响因素进行对照,进而获得不同收获条件下的损失率。待实验进行完,通过选点测量的方法推算收获环节损失重量。考虑到收割机在收割过程中需要掉头或转弯,在此过程中损失的粮食数量可能与收割机直线行驶时的损失量有所不同,所以选点时把地块划分为边沿地块和中间地块,边沿地块的长度为收割机长度的两倍。

选点方法:边沿地块沿着收割行进方向均匀选取两个点,中间地块根据国家标准《农业机械试验条件测定方法的一般规定》(GB/T 5262—2008)所使用的方法,本实验方案采用五点法对损失质量进行测量。五点法就是在四方形的实验区域内找到对角线,两条对角线的交点作为一个取样点位,然后,在两条对角线上,距四个顶点距离约为对角线长的 1/4 处另取四个点作为取样点进行取样或测量,如图 1 – 3 所示。每个检测点的面积为 1 平方米。机械收割完后,把各选点框内的粮食捡拾干净并脱粒后分别称重,最后根据边沿地块和中间地块的面积分别推算其收割总体的损失重量。

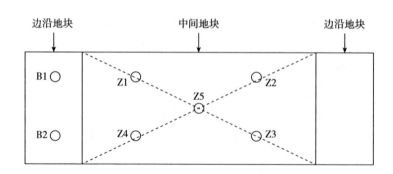

图 1-3　选点示意图

损失率测算：

$$S_i = \frac{样本框内粮食平均损失量 \times 地块面积}{样本框内粮食平均损失量 \times 地块面积 + 实验地块产量} \times 100\%$$

本任务自实施以来，已在全国 15 个省、24 个县市共进行了 30 次收获环节损失实验。具体实验地点及时间如表 1-4 所示。为了使实验选点及实验结果更具科学性和准确性，本任务除在实验点完成相关实验数据获取之后，还针对所在地进行了村一级的问卷调查和县市一级农业、农机、统计等涉农部门的座谈。

表 1-4　各粮食品种实验情况汇总

实验品种	实验次数	实验地点
油菜籽	3	湖北武穴、四川成都、安徽安庆
小麦	5	河南兰考、河南安阳、山东滕州、河北涿州、甘肃会宁
玉米	5	甘肃张掖、河南兰考、吉林公主岭、黑龙江宝泉岭、河北涿州
水稻	6	湖南益阳、湖南资兴、黑龙江宝泉岭、江西南昌、广东龙门、江苏泰州、内蒙古海拉尔
大豆	3	河北涿州、黑龙江佳木斯、内蒙古海拉尔
花生	3	山东莒南、河南兰考、福建武平
马铃薯	3	甘肃张掖、内蒙古集宁、广东惠州
甘薯	2	河南汝州、四川仁寿

资料来源：经笔者整理而得。

三、数据说明

本书数据主要来源于上述调研数据和实验数据，并参考《全国农产品成本收益资料汇编》《农业农村部中国农业统计资料》《中国统计年鉴》等统计数据。调研中部分样本农户存在多品种种植情况，因此在后续实证分析中，将会以品种为主，将多种作物种植农户分拆为独立样本进行分析。同时，由于各章研究视角不同，为重点保障核心变量的准确性和完整性，因此章节间样本量和数据略有差异。

第四节　本书结构安排

本书分为上篇、中篇、下篇共十三章。第一章为中国粮食安全与节粮减损，介绍当前中国粮食安全和节粮减损情况。第二章至第六章为上篇，主要介绍三大主粮总体损失情况，并基于收获方式和农户规模视角分析粮食收获环节损失影响因素。第七章至第十章为中篇，主要针对水稻、小麦、玉米、马铃薯、甘薯、花生等作物的收获环节损失进行专题介绍。第十一章至第十三章为下篇，主要分析测算农户粮食收获环节减损潜力，并提出了节粮减损的政策建议。

第一章主要为本书的研究背景与意义以及相关概念界定，并明确研究对象。

第二章主要介绍中国粮食安全观、粮食生产对资源环境的影响、粮食损失浪费与爱粮节粮传统，并就调研设计、样本选择和数据来源做了说明。

第三章围绕水稻、小麦、玉米三大主粮，介绍生产区域和收获方式。

第四章测度粮食收获环节损失。通过全国范围的抽样调查的方式，测算我国主要粮食作物（水稻、小麦、玉米等）收获环节损失量、损失率及资源消耗情况（碳足迹）。

第五章分析机械化收获方式对粮食收获环节损失的影响。比较分析人工、分段机械化、联合机械化三种收获方式，估计机械化发展及社会化服务（购买农机服务）对粮食收获损失的影响。

第六章分析农户规模对粮食收获环节损失的影响。在建模时引入规模变量，估计种植规模对粮食收获环节损失的影响是否显著。同时，对不同的经营规模对农户粮食收获环节损失的影响进行对比分析。

第七章至第九章分别利用田间实验和实地调研的数据分析水稻、小麦和玉米，就不同作物分析收获环节损失的影响因素。

第十章综合田间实验和调研数据，分别分析马铃薯、甘薯、花生等其他作物的收获环节损失和影响因素。

第十一章测算水稻、小麦、玉米及三大主粮总体的减损潜力。

第十二章比较分析不同规模农户捡拾行为的影响。相对地区分大、中、小三种经营规模，估计影响农户捡拾行为的因素及程度，并比较不同规模农户的差异，进而提出粮食收获环节有针对性的减损对策。

第十三章对上述研究进行总结并提出有针对性的政策建议。

上篇　粮食总体研究

第二章

中国粮食安全与节粮减损

第一节　中国粮食安全观①

目前，国际上通用的"粮食安全"概念是 1996 年在世界粮食峰会（World Food Summit）上提出的，指"在任何时候，所有人都能买得起并能买得到足够的、安全和营养的粮食，以满足人们日常饮食需要和需求偏好（Dietary Needs and Food Preferences），保证人们积极和健康的生活"。这一概念中包含了五个特性，即供给角度的可供性（Availability）、收入角度的支付性（Affordability）、需求角度的获得性（Accessibility）、消费角度的营养性（Utilization）和全过程的稳定性（Stability），简单而言，即有得卖、买得起、买得到、吃得好、稳得住。

中国人多地少，需要以全球 8.52% 的耕地和 6.57% 的淡水资源养活18.21% 的人口②，可见任务之艰巨。同时，中国庞大的人口数量决定了不可能像其他小国一样，主要依靠国际市场解决国内粮食供给问题。因此，中国的粮食安全将是一个需要长期特别关注的问题。

中国政府始终将粮食安全置于各项工作首位。2013 年 12 月 10～13 日，中央经济工作会议召开，提出了切实保障国家粮食安全的战略。同时，提出了必须实施"以我为主、立足国内、确保产能、适度进口、科技支撑"的国家粮

---

① 本节部分内容以《新时代粮食安全观的新特点与新思维》为题发表在《人民论坛》2019 年第 32 期，作者为武拉平。

② 资料来源：FAO 土地和水资源数据库，http：//www.fao.org/aquastat/en/databases/。

食安全战略。要依靠自己保口粮，集中国内资源保重点，做到谷物基本自给、口粮绝对安全。

一、新时代粮食安全观的新内涵

新时代我国粮食安全的新内涵，主要包括以下几点：一是在全面建成小康社会后，"营养性"逐步成为粮食安全的核心，强调健康营养、种类多样，由原先的"吃得饱"转变为"吃得好"，吃出健康、吃出长寿。二是粮食的"可供性"成为仅次于营养性的第二个重要内容。但受资源禀赋的限制，在确保口粮绝对安全、谷物基本自给的前提下，我国需要充分利用国际市场，保障其他农产品的有效供给。三是在我国经济与城乡居民收入增长较快的背景下，"买得起""买得到"也不再是消费者担心的问题。

在政府和市场的共同作用下，粮食安全的稳定性和可持续性能够得到很好的保障。新时代我国粮食安全的内涵可概括为：以提供健康营养、种类丰富、可口美味的粮食及产品（食物）为宗旨，以国内外两种资源和两个市场为手段，以增加城乡居民收入为根本，以政府政策为保障，活跃粮食市场流通和贸易，保证每个家庭和个人都能够随时随地购买到满意的粮食及产品，满足人民日益增长的美好生活需要。

二、新时代粮食安全观的新特点

第一，由重点关注数量安全转变为数量安全和质量安全同时兼顾。在满足人们温饱问题的阶段，数量安全是根本，但是在全面建成小康社会背景下，营养健康、美味可口的高质量粮食品种，多样化的食品需求，日益成为广大消费者的重要选择。

第二，由土地和水资源双重约束转变为土地、水和劳动力资源等多重约束。自改革开放以来，特别是2001年我国加入WTO后，随着我国工业化、城市化和国际化的推进，各行各业都实现了较快发展，拉动了要素价格的不断提升，土地新时代粮食安全观的新特点与新思维和水资源价格持续提高，劳动力成本也快速上升。低廉的劳动力成本曾是我国比较优势的重要来源，但近年来劳动力成本也因快速的经济增长而不断提升，多种要素价格的不断上涨推动着我国的粮食生产进入高投入、高成本和高价格时代。

第三，由粮食安全转变为多样化的食品安全。随着我国人口增长速度的放缓和老龄化程度持续加深，以及口粮在人们日常饮食结构中的比重不断下降，粮食（口粮）安全不再像过去那样突出，相反地，人们对肉类、蔬菜、水果等产品的需求不断增加，因而保证多样化的食品供给逐步成为粮食安全的新内容。粮食安全也由口粮安全逐步转变为口粮安全和饲料粮安全兼顾。

新时代我国粮食安全也面临一定的挑战。从生产角度来看，面临着粮食生产成本的日益上升；从需求角度来看，面临着需求的升级；从国际市场来看，我国多数农产品（包括水稻、小麦、玉米等）都面临着进口的压力；从政策措施来看，我国部分农产品的"黄箱"支持措施（即具有市场扭曲性作用的补贴，比如最低收购价，WTO 要求削减的政策）逐步接近或超过"微量允许"标准，而另一些种类的农产品补贴又受到有关贸易伙伴国的质疑和挑战。

三、新时代粮食安全的新思维

在新的形势下，保障粮食安全需要有新的战略思维，应建立长效机制，从根本上保证可持续的粮食安全。将中国人的饭碗牢牢地端在自己手中。建立这一长效机制，应主要包括以下几点：

第一，藏粮于地。一方面要求必须保有一定的基本农田用来进行粮食生产，另一方面则强调耕地的质量保护，以提高土壤肥力，保证在粮食产量需要提高的情况下，能够很快地进行生产。主要应做好以下三个方面的工作：一是在一些耕地土壤肥力下降或破坏较大的地区，实行适度的休耕，进行耕地土壤肥力的恢复；二是鼓励广大生产者使用有机肥，减少化肥农药等的施（使）用，减少对土壤的进一步污染，逐步恢复土壤肥力；三是做好土地平整、水利和道路等配套设施的建设，提高土地的生产力。

第二，藏粮于技。在耕地数量和质量不同程度下降、水资源日益稀缺和劳动力成本日益增加的背景下，我国的粮食生产只能依靠科技进步。从要素角度来看，在传统的土地、劳动力和资本等要素难以有效突破的情况下，必须依靠新型要素，特别是技术、信息和管理，通过各种生产要素的合理配置，通过培育优良品种、研发新的耕作栽培技术、加大现代机械化和生物技术投入，提高要素的综合生产率以及单产，增加粮食产量，保证粮食供给。技术是保证我国粮食安全的根本动力，特别是口粮，必须依靠科技促进国内生产，保证绝对安全。

第三，藏粮于民。粮食安全，除了需要生产足够的高质量粮食以外，还应做好科学的粮食储备，扩大粮食生产者（农户）的储备。一方面可以分散储备，减少粮食损失的风险，保证粮食的有效供给；另一方面可以相对减少政府粮食储备补贴的支出。

第四，开源节流。粮食安全，除了采取各种措施确保粮食生产外，厉行节约、减少浪费也是重要的工作之一。多年来，随着人们收入水平的提高，食品在人们生活支出中的比重越来越小，消费者对节约粮食的重视程度也越来越小，同时，大量农村劳动力离农、非农化导致这些非农劳动力也从原先粮食生产者转变为粮食净购买者，其对粮食和土地的感情也日益淡化。即使在农村地区，随着市场化的快速发展，多数农户的家庭粮食（食品）消费依赖市场购买，充足的市场供应和收入水平的提高，也逐步使广大农民淡化了爱粮节粮的意识。

第五，争取粮食安全的国际权力。粮食安全是任何一个人多地少的国家的头等大事，特别是对于中国这一人口大国而言更是重中之重。在 WTO 框架内，一直存在关于"基于粮食安全目标的公共储备"议题，2013 年，世界贸易组织（WTO）第九届部长级会议明确，基于粮食安全目标的粮食公共储备补贴不应受到削减的约束，2015 年，在世界贸易组织（WTO）第十届部长级会议上进一步得到明确，希望能够通过谈判来达成永久性的解决方案。为此，建议中国联合印度等人多地少的发展中国家，争取在 WTO 框架内推动"基于粮食安全目标的公共储备支出（包括最低收购价收购支出和储备补贴）"列入免于削减的范围，并得到永久解决。同时，中国应积极推动 WTO 规则的改革，给予人多地少、水资源缺乏的国家更多的粮食安全的优惠待遇。

第二节　开源与节流

一、粮食生产对资源环境的影响

粮食生产既需要土地、水，也需要劳动力、化肥、农机设备、地膜、农药、燃油、电力等资源投入，必然也伴随着资源消耗。特别是自改革开放以来，为了保证充足的粮食生产和供给，政府制定了一系列政策鼓励粮食生产。同时，广大农户通过大量施（使）用化肥、农药等投入来保证粮食生产。王志敏等（2004）研究测算，我国平均生产 1 万吨粮食，消耗水 2690 万吨、农药 16.33 万吨、地膜 7.92 万吨，需要 0.92 万个劳动力、农用电 1.8 亿千瓦时、柴油 1.8 万吨。多数研究表明，化肥农药的施（使）用在确保我国粮食生产方面发挥了重要作用。谢彦明和高淑桃（2005）、星焱和胡小平（2013）分别从全国层面分析了影响中国粮食单产的因素，认为化肥投入、机械化水平、有效灌溉面积比例以及财政支农等均对中国粮食单产有显著作用；而大部分研究主要从区域层面分析粮食单产的影响因素（陈祺琪等，2012；金京淑和刘妍，2010；王美青等，2006），表明化肥投入、机械化水平以及灌溉水平对区域粮食单产水平均有显著影响。粮食生产也需要大量用水，农业用水量在全国总用水量中的比重在60%以上（陈雷，2012）。农业生产所利用的水资源不仅来自蓝水资源（灌溉水），也来自绿水（降水转化的土壤水）（吴普特等，2017）。根据测算1978～2010年的稻谷、小麦、玉米等主要粮食作物的水足迹值，其中，稻谷种植水足迹消费量最大。

粮食生产过程中资源的消耗也会影响环境。化肥农药的过量施（使）用，一方面导致了我国土壤的板结、耕地质量的下降，同时也引起了土壤和水资源的污染；另一方面粮食生产过程中的农资投入也会造成温室气体排放增加。联合国在《浪费食物碳足迹》报告中指出，全世界因浪费粮食而产生的温室气体排放量仅次于中国及美国的温室气体排放量，是世界第三大碳排放源。随着我国提出碳达峰和碳中和的目标，减肥降耗成为未来粮食生产的重要趋势。

当前，在粮食安全、环境保护、资源有限和劳动力老龄化等刚性约束下，中央明确提出要依靠科技特别是优良品种和节能环保型技术，促进粮食生产，并将农业机械化作为提高效率、促进粮食生产的重要手段。在不断促进粮食生产（开源）的同时，厉行节约、减少浪费（节流）也成为全社会的一种共识。

二、粮食损失浪费与爱粮节粮传统

由于我国人多地少，且历史上一直有爱粮节粮的优良传统，粮食收获后捡拾也成为一种惯例。但是随着我国城乡居民收入水平的提高，随着农村劳动力逐渐老龄化，这种收获后捡拾的传统也逐渐消失。

1. 粮食（食物）浪费数量惊人

从产业链角度来看，联合国环境规划署（UNEP）以能量（千卡）计，测算了收获环节损失：收获环节（24%）仅次于消费环节（35%）；分地区来看，工业亚洲（东亚等）收获环节损失占总损失比为17%（Lipinski等，2013）。Gustavsson等（2011）从系统化、可持续性、粮食安全与营养等角度深入剖析了粮食损失浪费的现象，研究发现损失与浪费的粮食总量约占全球粮食总产量的 1/4。在发达国家如美国，学者的研究多关注食物浪费（Murthy 等，2007），主要集中在剩饭和废弃物的测量，并通过样本分析浪费的影响因素（Holland 等，2015）。在不发达地区，对于损失的研究相对较多。Kaminski 等（2014）利用非洲产后损失信息系统（The Africa Post – Harvest Loss Information System，APHLIS）收集的撒哈拉以南非洲国家产后损耗数据，进行实证分析粮食损失的影响因素。根据世界银行的研究，印度的粮食产后损耗从农户到市场环节占总产量的 7% ~ 10%，市场到消费环节占 4% ~ 5%。我国粮食损失浪费同样严重，产后损失率高达 18%，相当于 1 亿农民四年的消费量（丁建武等，2005）。据国家粮食局测算，我国每年粮食损失浪费量约为 1000 亿斤，相当于我国第一产粮大省黑龙江省一年的粮食产量①。

减少粮食生产、收获、加工、储藏、流通、消费等环节的浪费和损失量，不但可以减少资源浪费、保护生态环境，也可以增加粮食的供给量，保障粮食安全。粮食安全问题、生态环境保护、劳动力日渐匮乏的当下降低粮食损耗更显意义重大。

2. 爱粮节粮传统的淡忘

我国是传统的粮食种植国，也有着爱粮节粮的悠久传统，唐朝有诗"锄禾日当午，汗滴禾下土，谁知盘中餐，粒粒皆辛苦"，近代更有收获后捡拾的习惯。但近年来，随着粮食价格稳定、外出务工收入的提高，造成了农户精细化生产和捡拾减损的动力降低和机会成本的增加，包括捡拾粮食在内的爱粮节粮传统行为日渐减少。近些年，随着农机设备的技术提升、爱粮节粮的文化宣传、以合作社为代表社会组织的发展以及政策和行业规范的导向作用，特别是粮食减损观念的提升，爱粮节粮的传统行为也在回归。

---

① 资料来源：人民网，http：//politics. people. com. cn/n/2014/0305/c70731 – 24539868. html。

第三章

中国三大主粮生产的区域
布局和收获方式

　　我国一直以来都是粮食生产大国也是消费大国，具有悠久的粮食生产历史，水稻栽培有文字记载的历史可追溯到公元前 27 世纪的神农时代。我国土地广袤、幅员辽阔，境内有平原、丘陵、山地等多种地形，不同的地形条件和地理位置的气候条件也千差万别，因此，各地天然地划分了种植类别和优势作物，也积累了大量包括收获在内的粮食生产作业经验。近些年随着国家政策引导，形成了优势种植区，有选择、有针对性地发展粮食作物，特别是水稻、小麦和玉米，有力地保障了我国粮食稳定供给，确保了粮食安全。由前文可知，不同的地形地貌、不同的收获方式均会影响粮食收获损失。为此，本章主要从粮食产量、粮食的区域分布等角度，系统地描述我国水稻、小麦和玉米三大粮食作物的生产现状，并且梳理了三种粮食作物主要的收获方式。

第一节　中国三大主粮作物及其产量

　　2006 年，我国正式取消农业税，此后陆续推出水稻、小麦、玉米、大豆等粮食作物最低收购价政策。在粮食生产支持政策、变革农业生产关系、推广农业高新技术、积极开展粮食科技研究多措并举的前提下，我国粮食总产量实现了历史性的连续增长，并于近年稳定在较高水平，基本满足了国内粮食消费需求。现在，我国已经形成了水稻、小麦和玉米为主，多种粮食品种共同发展的格局；粮食生产呈现区域化特征，在全国范围内确定 13 个省份为粮食主产区，分别为辽宁、江西、湖南、四川、河北、山东、河南、湖北、吉林、内蒙古、江苏、安徽和黑龙江，并在区域内形成粮食生产优势区。

一、水稻及其产量

水稻原产于中国和印度，早在 7000 年前，我国长江流域的先民就开始种植水稻，水稻是稻属谷类作物。按稻谷类型，可将水稻分为籼稻和粳稻、早稻和中晚稻、糯稻和非糯稻。水稻作为我国的传统口粮，也是我国口粮消费的主体，与国家粮食安全息息相关。近年来，水稻产量稳定增长，2020 年产量达 2.12 亿吨，2011~2020 年年均增长 0.79%，而面积在持续增长后于 2017 年开始下降，但同时产量却受影响不大，可见水稻的良种优势，如图 3-1 所示。但是，我们也可以看到，产量增长日趋平稳。总体来看，在种植面积、水、土地等资源约束下，面对还在增长的需求，水稻的稳定供给压力仍将长期存在。

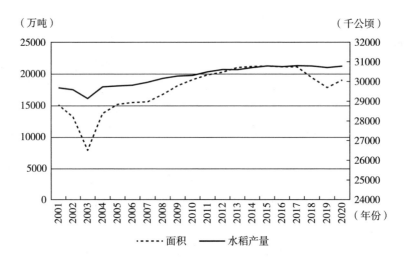

图 3-1 2001~2020 年水稻产量及面积

资料来源：国家统计局。

二、小麦及其产量

小麦是我国的两大口粮作物之一。2004 年以来我国小麦总体实现了持续增长，保证了口粮的绝对安全。2020 年小麦产量达 1.34 亿吨，2011~2020 年年均增长 1.46%。进一步考察可以发现，近年来我国小麦播种面积呈下降趋势，小麦产量的稳定增长，主要得益于单产的提高，而单产的提高主要得益于良种、机械等科技的贡献，如图 3 - 2 所示。

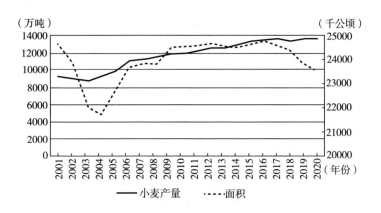

图 3 - 2　2001～2020 年小麦产量及面积

虽然小麦生产总体稳定，能够确保基本自给，但是从品种看，我国高档强筋和弱筋小麦，对外依存度仍然较高。随着消费升级，优质小麦品种的供给压力特别是自给压力仍然较大。

三、玉米及其产量

玉米又名苞谷、玉蜀黍、苞米棒子等，在亚洲、美洲、非洲等地被广泛种植，它也是我国重要的粮食作物。玉米具有耐旱、耐寒、耐贫瘠的特性，有很强的适应能力。不同于水稻和小麦，玉米除了少量作为口粮外，主要是畜牧水产养殖重要的饲料来源。此外，在 21 世纪初，为缓解矿石能源需求压力，玉米乙醇技术不断发展，使玉米也成为能源资料。2001 年来，我国玉米产量保持快速增长，2015 年产量达到 2.65 亿吨，近五年来一直稳定在 2.6 亿吨左右，基本能供需平衡，面积变化趋势和产量一致，如图 3 - 3 所示。但是，我们也可以看到，受良种、机械水平特别是联合收获大型机械水平较低、农业技术普及率不高和基础设施较落后等因素影响，玉米产量持续增长面临较大挑战。未来，面对仍在增长的需求，同时受自然资源的约束，玉米的供给压力依然存在。

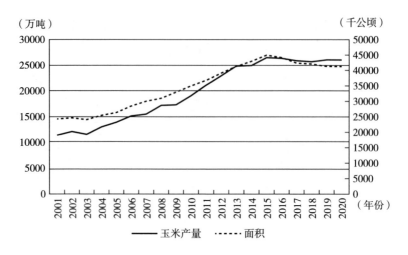

图 3 - 3　2001～2020 年玉米产量及面积

资料来源：国家统计局。

第二节　中国三大主粮作物的地区分布

我国粮食生产总体上呈很强的区域性，并且已形成一定规模的粮食生产优势区。

一、水稻的地区分布

在我国，水稻生态位非常广泛，它生长的最北界限是黑龙江的呼玛，但受南北方的饮食习惯和种植条件的限制，水稻主要的生长区域是我国南方，生产区域如图 3-4 所示。

根据水稻的自然禀赋和人们的饮食需求以及种植传统，我国现已形成三个水稻优势区，分别为东南沿海、长江流域和东北平原。不同的水稻优势区种植品种也不尽相同，其中，东北平原优势区主要种植优质粳稻，而长江流域因气候环境利于水稻种植，故其优势区主要种植双季稻，东南沿海则侧重于种植优质高档籼稻。

华南双季稻稻作区	华中双季稻稻作区	西南高原单双季稻稻作区	华北单季稻稻作区	东北早熟单季稻稻作区	西北干燥区单季稻稻作区
位于南岭以南，中国最南部，包括闽、粤、桂、滇的南部以及台湾省、海南省全部	东起东海之滨，西至成都平原西缘，南接南岭，北毗秦岭、淮河，是中国最大的稻作区	地处云贵和青藏高原，黔东湘西高原	位于秦岭、淮河以北，长城以南，关中平原以东，包括京、津、冀、鲁和晋、陕、苏、皖的部分地区	位于辽东半岛和长城以北，大兴安岭以东及内蒙古东北部	位于大兴安岭以西，长城、祁连山与青藏高原以北

图 3-4 水稻生长区域

从表 3-1 可以看出，近年来，我国水稻种植呈现明显的区域化特征，集中度较高，产量前五个省份的总量已经占据全国的 50% 以上。其中，黑龙江和湖南水稻产量居全国前两位，稳定在 2600 万吨以上。

表 3-1 主要水稻生产省份产量　　　　单位：万吨，%

年份	黑龙江	湖南	江西	江苏	湖北	五省合计	全国	五省占比
2014	2797.22	2732.68	2144.18	1882.55	1756.44	11313.07	20960.91	53.97
2015	2720.87	2756.75	2157.16	1917.33	1961.42	11513.53	21214.19	54.27
2016	2763.62	2724.61	2140.51	1898.94	1874.47	11402.15	21109.42	54.01
2017	2819.33	2740.35	2126.15	1892.57	1927.16	11505.56	21267.59	54.10
2018	2685.54	2674.01	2092.20	1958.03	1965.62	11375.40	21212.90	53.62
2019	2663.46	2611.50	2048.30	1959.64	1877.06	9111.66	20961.40	43.47
2020	2896.15	2638.94	2051.20	1965.70	1864.34	11416.34	21185.96	53.89

资料来源：国家统计局。

从表 3-2 可以看到，前五位省份播种总面积超过全国种植面积的一半，最高可达 54.27%，由此可见，各省份集中化种植特征明显。其中播种面积最大的是湖南省，水稻种植稳定在 4000 千公顷左右（见表 3-2）。相较于产量可见，黑龙江单产高于湖南。这与良种选用、规模经营等因素相关。

表3-2 主要水稻生产省份播种面积   单位：千公顷，%

年份	湖南	黑龙江	江西	安徽	湖北	五省合计	全国	五省占比
2014	4274.96	3968.48	3522.56	2422.01	2201.79	16389.80	30765.12	53.27
2015	4287.76	3918.35	3541.30	2476.37	2383.35	16607.13	30784.09	53.95
2016	4277.58	3925.33	3527.07	2537.36	2358.67	16626.01	30745.89	54.08
2017	4238.71	3948.89	3504.69	2605.15	2368.07	16665.51	30747.19	54.20
2018	4009.00	3783.10	3436.20	2544.76	2391.00	16164.06	30189.45	53.54
2019	3855.20	3812.55	3346.20	2509.04	2286.76	15809.75	29693.52	53.24
2020	3993.85	3872.00	3441.83	2512.08	2280.73	16100.52	30075.53	53.52

资料来源：国家统计局。

二、小麦的地区分布

在我国，受气候条件限制和南北方生活饮食习惯的影响，小麦的种植区域主要分布在北方地区，目前有黄淮海、长江中下游、西南、西北和东北5个小麦优势区，如表3-3所示。

表3-3 小麦优势区

	黄淮海	长江中下游	西南	西北	东北
区域	河北、山东、北京、天津全部，河南中北部、江苏和安徽北部、山西中南部以及陕西关中地区	江苏、安徽两省淮河以南、湖北北部、河南南部	四川、重庆、云南、贵州	甘肃、宁夏、青海、新疆，陕西北部及内蒙古河套土默川地区	黑龙江、吉林、辽宁全部及内蒙古东部
品种	强筋小麦、中强筋小麦、中筋小麦	弱筋小麦、中筋小麦	中筋小麦	强筋小麦、中筋小麦	强筋小麦、中筋小麦

资料来源：《全国优势农产品区域布局规划（2008-2015）》。

从表3-4可以看出，我国的小麦生产也呈现集中化、区域化的特点，2014~2020年，前五位小麦产量大省占全国总产量的70%以上，并且占比还在提升，集中度日趋提高，2020年已超过80.20%。其中，河南为我国小麦第一大省，年产量在3000万吨以上，并且产量总体呈现增长趋势，2020年达到3753万吨。

表3-4　主要小麦生产省份产量　　　　单位：万吨，%

年份	河南	山东	安徽	河北	江苏	五省合计	全国	五省占比
2014	3385.20	2325.57	1581.11	1444.28	1225.47	9961.63	12823.52	77.68
2015	3526.90	2391.69	1661.05	1482.79	1248.96	10311.39	13255.52	77.79
2016	3618.62	2490.11	1635.5	1480.23	1245.81	10470.27	13318.83	78.61
2017	3705.21	2495.11	1644.47	1504.12	1295.47	10644.38	13424.13	79.29
2018	3602.85	2471.68	1607.45	1450.73	1289.12	10421.83	13144.05	79.29
2019	3741.77	2552.92	1656.89	1462.57	1317.51	10731.66	13359.63	80.33
2020	3753.13	2568.85	1671.73	1439.30	1333.87	10766.88	13425.38	80.20

资料来源：国家统计局。

从播种面积来看，前五位省份播种面积约占全国播种面积的70%，并呈现逐年攀升趋势，集中化种植特征明显。其中播种面积最大的是河南，小麦种植超过5500千公顷，如表3-5所示。

表3-5　主要小麦生产省份播种面积　　　　单位：千公顷，%

年份	河南	山东	安徽	河北	江苏	五省合计	全国	五省占比
2014	5581.24	3924.81	2802.50	2403.98	2374.13	17086.66	24442.7	69.90
2015	5623.14	4034.78	2857.97	2394.18	2410.66	17320.73	24566.9	70.50
2016	5704.91	4068.00	2887.59	2389.75	2436.81	17487.06	24665.78	70.90
2017	5714.64	4083.87	2822.79	2373.36	2412.75	17407.41	24478.15	71.11
2018	5739.85	4058.59	2875.86	2357.19	2403.96	17435.45	24266.19	71.85
2019	5706.65	4001.75	2835.60	2322.50	2346.93	17213.43	23727.68	72.55
2020	5673.67	3934.43	2825.20	2216.92	2338.89	16989.11	23379.99	72.67

资料来源：国家统计局。

三、玉米的地区分布

玉米覆盖范围比较广，但主要集中在东北、华北和西南、西北，将形成北方、黄淮海和西南3个玉米种植优势区。主要发展籽粒玉米、籽粒与青贮兼用玉米、青贮专用玉米、鲜食玉米，如表3-6所示。

从表3-7可以看出，相对于小麦的高度集中化、区域化种植，我国玉米种植相对较为分散，但是玉米的集中化、区域化形势不可避免，近年来，玉米前五省份产量占全国比重越来越高，2018年已经超过56%。其中，黑龙江的玉米产量最大，年均玉米产量近4000万吨。

表3-6 玉米优势区

	北方	黄淮海	西南
区域	黑龙江、吉林、辽宁、内蒙古、宁夏、甘肃、新疆、陕西北部、山西中北部、北京和河北北部及太行山沿线	河南、山东、天津，河北、北京大部，山西、陕西中南部和江苏、安徽淮河以北	着力发展籽粒玉米，积极发展籽粒与青贮兼用和青贮专用玉米，适度发展鲜食玉米
品种	籽粒与青贮兼用型玉米	籽粒玉米、籽粒与青贮兼用玉米、青贮专用玉米、鲜食玉米	青贮专用玉米、籽粒与青贮兼用玉米

资料来源：《全国优势农产品区域布局规划（2008-2015）》。

表3-7 主要玉米种植省份产量　　　　单位：万吨，%

年份	黑龙江	吉林	内蒙古	山东	河南	五省合计	全国	五省占比
2014	3929.14	3004.17	2503.25	2400.95	2088.89	13926.40	24976.44	55.76
2015	4280.19	3138.77	2652.23	2505.40	2288.50	14865.09	26499.22	56.10
2016	3912.81	3286.28	2563.09	2613.81	2216.29	14592.28	26361.31	55.35
2017	3703.11	3250.78	2497.44	2662.15	2170.14	14283.62	25907.07	55.13
2018	3982.16	2799.88	2699.95	2607.16	2351.38	14440.53	25717.39	56.15
2019	3939.82	3045.30	2722.32	2536.53	2247.37	14491.34	26077.89	55.57
2020	3646.61	2973.44	2742.71	2595.40	2342.37	14300.53	26066.52	54.86

资料来源：国家统计局。

从播种面积来看，前五位省份玉米播种面积占全国的比例近年已经达50%，集中化种植特征明显。其中播种面积最大的是黑龙江，玉米种植平均达6000千公顷左右，如表3-8所示。

表3-8 主要玉米种植省份播种面积　　　　单位：千公顷，%

年份	黑龙江	吉林	河南	山东	内蒙古	五省合计	全国	五省占比
2014	6707.81	4062.64	4009.42	3828.59	3828.54	22437.00	42996.81	52.18
2015	7361.15	4251.06	4189.91	3943.81	3938.32	23684.25	44968.39	52.67
2016	6528.42	4241.97	4210.46	4059.33	3843.56	22883.74	44177.61	51.80
2017	5862.81	4164.01	3998.94	4000.12	3716.34	21742.22	42399.00	51.28

续表

年份	黑龙江	吉林	河南	山东	内蒙古	五省合计	全国	五省占比
2018	6317.82	4231.47	3918.96	3934.68	3742.14	22145.07	42130.05	52.56
2019	5874.63	4219.61	3801.33	3846.47	3776.30	21518.34	41284.06	52.12
2020	5480.67	4287.24	3818.01	3871.09	3823.90	21280.91	41264.26	51.57

资料来源：国家统计局。

第三节　中国三大主粮作物收获方式

随着经济社会的不断发展特别是农业机械制造业的发展，我国农业生产方式已由主要依靠人力、畜力向主要依靠机械动力转变，进入了农业机械化的新阶段。2019 年，我国三大粮食作物（小麦、玉米、水稻）耕种收综合机械化率已经突破80%，基本实现了农业机械化和农业现代化。此外，从政策引导来看，以联合收割机为主的联合机械化将逐渐替代传统的依靠人力为主的分段收获。

由表 3 - 9 可知，在三个品种中，小麦的机收比例最高，超过90%，紧随其后的是水稻，机收比例稳定在80%以上，而玉米的机收比例在55% ~65%；从趋势来看，三种粮食作物的机收比例均呈现上升趋势，水稻是逐年稳步提高，小麦除2016 年有略微下调外，其余均呈现稳步提升趋势，但玉米波动较大，可能与收获玉米的机械升级有关，原来收割玉米主要依赖于穗收机械，而现在，收割玉米主要依赖于玉米联合收割机，它能做到籽粒直收和茎穗兼收。

表 3 - 9　粮食机械收获情况　　　　　　单位：亩，%

年份	水稻		小麦		玉米	
	机收面积	机收比例	机收面积	机收比例	机收面积	机收比例
2017	26833.03	87.27	23266.58	94.93	26065.86	61.48
2016	26289.59	85.51	22671.55	91.81	24516.74	55.50
2015	25698.34	85.05	22681.41	93.95	24135.42	65.64
2014	25172.70	83.05	22458.19	93.31	21049.92	55.22

资料来源：农业农村部中国农业统计资料（2015 ~2017）。

具体来看，当前研究发现，全喂入式联合收割机是水稻的主要收获方式（黄东等，2018；张丽雅，2018），但是，仍然有少数山区、丘陵等细碎且高低错落的地块，会采取手工收割的方式，其主要的收割工具是镰刀，然后通过小型柴油机或人力带动的简易机械在田间进行脱粒。根据调研结果，分区域来看，东北平原优势区机械化起步早，发展较为成熟，其水稻机械收获的比例已经达92.32%，远高于其他两个优势区；而长江流域优势区受制于地形方面的原因，手工收割的比例仍占21.95%，机械化水平远低于东北平原优势区；东南沿海优势区由于收获季节常常遭遇台风、暴雨的影响，水稻倒伏的比例较高，手工收获的比例更高。

小麦的收获方式主要分为在大部分平原地区采用联合收割作业和在少数山区或丘陵采用的分段收获作业（曹芳芳等，2018）。联合收割指的是采用联合收割机，使收割脱粒到清粮环节一体化完成的收获方式。分段收获是指利用人工或小型机械，进行收割以及脱粒的收获方式。而当前，我国小麦以联合收获方式为主，基本是收割、脱粒和清粮一次性完成。相较于水稻和玉米，小麦的联合收割机发展更加成熟、机收比例更高，其中重要的原因是国产设备的不断研发，无论是性能还是性价比与国际先进产品相比均有很高的竞争力。但随着履带式水稻联合收割机的发展，出现了替代小麦收割机的趋势（王保国和邱筱玲，2018）。

玉米因种植形式多样，所以收获工艺也因玉米种植品种、种植方式、地形、气候条件等因素，根据人工和机械化程度进行划分，分为人工收获、机械收穗和机械收粒（郭银巧等，2017）；根据摘穗和脱粒情况，分为分段收获方式和联合收获方式。其中，分段收获方式是指玉米摘穗和脱粒两个过程分开进行；联合收获方式又称籽粒收获法，指摘穗和脱粒一次性完成（郭焱等，2018）。相较于水稻、小麦的联合收割机直接将收割与脱粒一并完成的集成作业，玉米联合收割机分为穗收联合收割机和粒收联合收割机，其中粒收联合收割机与另两种粮食作物一样实现收割脱粒一起完成，无论是从效率角度还是减损角度均更有推广价值（李祥，2016）。因此，农业农村部将玉米籽粒低破碎机械化收获技术作为2018年十大十项重大引领性农业技术，在河南等主产区推广，但受限于收益和农户规模等因素（郭银巧等，2017），还有很大推广潜力。

如前所述，粮食收获的机械化程度不断提高，联合收割机的使用正成为趋势。同时，联合收割机等农机购置需要大量资金投入，对于大部分农户来说特别是种植规模较小的农户来说成本过高（郭银巧等，2017），因此相应的社会化服务组织不断发展，如从事跨区域收获的联合收割机队。《联合收割机跨区作业管理暂行办法》对此也给予了肯定，表示通过上述社会化服务的方式，可以提高机械利用率，减少粮食损失，增加农民收益。到目前为止，农机社会化服务已经取得了不小的成就。全国农机社会化服务面积超过42亿亩。粮食主产区的农机合作社以不到1/3的农机，完成了一半以上的农机作业。2017年农机作业服务组织18.7万个，农机合作社数量达6.8万个，入社成员数达到152万人（户）。2017年全国农机经营服务总收入超过5000亿元，总利润超过2000亿元。分粮食品种来看，小麦基本上以机收为主，而水稻机收比例则超过85%[①]。

在2015年之前，我国农机户的数量一直在不断增加，2016年数量有所减少。主要是因为中央财政拨付的农机购置补贴总额在2015年有所下降，这是自2004年农机购置补贴实施以来的首次下降。农机化专业服务组织的数量在2009年有较大幅度的增长，之后的三年在波动中下降，随后开始不断地增长。2016年的农机化作业服务组织的增长速度也有所放缓，但依然保持上涨的趋势。2016年5~7月在全国28个省份开展了粮食收获环节的专项调查。在所有样本中，选择机械收获的农户占85%，购买农机服务的农户占68%，购买农机服务的农户占到选择机械收获的80%，表明中国农机服务市场的覆盖面较广。

如前所述，随着城镇化的快速发展和劳动力价格的持续提高，机械收获的成本变得相对较低，机械投入将更多地替代劳动成为一个必然的趋势。在前文中，已经将收获方式界定为人工、分段半机械化收获和联合机械化三种方式，其中联合机械化即为联合收割机作业，也是当前粮食收获发展的方向。在收获环节，农户需要选择采用何种收获方式？联合机械化是否适合农户？从利润最大化的角度出发，农户会采取相应措施尽量减少损失，直至减损的边际成本（采取减损措施）与边际收益（减少损失）相等。传统的人工收获主要通过人工收割，过程缓慢但精细，损失较少（Ratinger，2013）。采用联合机械化收获，收割过程快速但粗糙，需要根据地块的实际情况调整割台高度和运行速度，容易漏割、斜割而造成严重的损失（黄小红和刘开顺，2017），并且种植规模过小，运行成本较高并且机械效力也得不到充分发挥。但是机械化的使用

---

① 资料来源：《中国农村统计年鉴2018》。

特别是联合收割机的使用，能够提高作业效率，及时抢收，确保适时收获以及规避异常天气带来的损失风险。具体影响还需进一步实证研究检验。

第四节　本章小结

本章介绍了当前我国水稻、小麦、玉米三种主要粮食作物的产量、种植面积以及区域分布等情况。水稻和小麦的集中度较高，产量前五的省份均占全国总产量的七成以上，而玉米产量前五和种植面积前五的省份，所占全国比重不到五成。三种粮食作物的综合机械化率均较高，已达80%以上，其中，小麦的机械化收获比较成熟，机收比例最高，超过90%；水稻的机收比例仅次于小麦，达80%以上，而玉米的机收比例不到70%。不过，在部分地区，传统的人工收获方式仍然存在，同时在机械化收获中，以联合收割机为代表的联合机械化收获方式和以分段半机械化收获为代表的分段半机械化收获方式并存。

不同的收获方式必然带来不同的收获成效，影响收获的损失。何种收获方式更好，需要通过测算损失量进行纵向比较、通过损失率进行横向比较。而机械作为不可分的固定资产，在生产过程中，是否会形成规模经济，受到农户种植规模影响。规模较小，不利于机械展开，机械的效率发挥不出来，而规模过大，收获的精细度是否因疲劳而下降？诸如此类的问题，也引发我们进一步思考，因此还需要进一步研究。此外，在粮食产量已经稳定，通过降低损失来增加供给的潜力究竟有多大？既是为研究意义佐证，也是减损的动力所在。除了收获方式这一直接影响因素外，是否还有其他因素影响粮食收获损失、如何影响、影响大小等也是研究的重要内容。下文将从损失测度展开，对上述问题进行深入研究。

第四章

中国农户粮食收获环节损失测定

　　农户粮食收获环节损失究竟有多大？不同规模、区域、收获方式的农户粮食收获环节损失有无差别。本章主要内容包括：第一，对粮食收获环节调研进行相关说明；第二，对样本农户的家庭特征、生产与收获特征和收获方式等情况进行统计分析；第三，以损失量和损失率的方式，统计描述粮食收获损失情况。

第一节　粮食收获环节调研说明

　　2016 年初，粮食收获环节损失浪费调查任务组在河北省石家庄市藁城区进行了问卷的预调查。此次预调查由课题组采取一对一访谈的方式完成，共发放问卷 40 份。通过预调查，对问卷中农户不清楚的问题以及可能存在疑义的部分进行了修改并形成最终版的"2015 年度农户粮食产后损失调查问卷"。

　　调研问卷包括实际收获总产量（公斤）、损失量、收获期间天气情况、虫害程度、收获时人手富余程度、收获方式、是否捡拾粮食、作业态度等内容，匹配固定观察点农户家庭特征数据，获得农户经营决策者年龄、性别、家庭收入、是否加入合作社、是否参加培训、家庭财富水平（住房价值）等信息。

　　在样本选择方面。本书结合我国粮食生产的产量、播种面积和区域特征等因素，与农业农村部全国农村固定观察点办公室合作选定调查省份并进行随机抽样选取样本农户。其中农村固定观察点系统是 1984 年经中共中央书记处批准设立的，于 1986 年正式建立并运行至今。20 世纪 90 年代起，全国农村固定观察点系统由中央政策研究室和农业农村部共同领导，具体工作由设立在农业农村部农村经济研究中心的中央政研室农业农村部农村固定观察点办公室负责。农村固定观察点统计制度于 1990 年由国家统计局正式批准。目前该体系通过科学统计方式，选有样本农户 23000 户，分布在全国（除港澳台地区）的 31 个省份。

本次问卷调查抽样范围涵盖除上海、海南和西藏之外的 28 个省份，并结合粮食品种种植情况，增加主产区样本比重，遴选了 201 个样本村，其后在每个村采用随机抽样的方式，选择 10～40 户的农户样本，共计 4170 户农户。为保障问卷质量，除了前期的预调研，在正式调研开始前，还组织调查人员开展集中培训并发放调查操作手册，并在问卷回收后组织专人进行核对，共回收问卷 3739 份。随后，对回收问卷进行复核，剔除了因标识码（省码、村码和户码）填报不全而无法溯源的问卷 249 份后，通过标识码，与固定观察点基础数据进行匹配获得 3490 份问卷。通过核心指标（损失量），剔除了损失量填报为 "0" 或未填报的问卷，获得有效经过问卷整理即核对，共计回收有效问卷 3251 份，具体如表 4－1 所示。

表 4－1　问卷发放分布　　　　　　　　　单位：个，户

省份	抽样村	抽样样本	匹配样本	有效样本
北京	1	15	15	15
天津	2	60	53	53
河北	8	185	151	127
山西	8	125	107	107
内蒙古	3	80	52	47
辽宁	11	250	245	245
吉林	17	290	277	258
黑龙江	11	255	177	164
江苏	8	210	175	174
浙江	1	10	8	8
安徽	10	220	175	173
福建	5	95	95	95
江西	8	155	151	142
山东	8	170	147	131
河南	15	375	318	303

续表

省份	抽样村	抽样样本	匹配样本	有效样本
湖北	12	245	232	219
湖南	8	195	137	132
广东	5	100	74	53
广西	10	155	144	143
四川	8	180	123	110
贵州	5	120	84	84
云南	7	140	111	100
重庆	5	85	72	64
陕西	11	160	157	145
甘肃	6	125	89	50
青海	3	40	35	24
宁夏	2	60	48	48
新疆	3	70	38	37
合计	201	4170	3490	3251

资料来源：根据本次调研情况整理。

在样本中，由于农户存在种植多种粮食作物的情况，因此在后续实证分析中，将会以品种为主，将多种作物种植农户拆分为独立样本进行分析。同时，为保障数据准确，真实反映农户实际，在本书不同章的实证研究中，会根据不同的核心变量，剔除数据缺失的样本，因此不同章的样本量或略有差异。

第二节　样本农户基本情况

如表 4 - 2 所示，在 3251 户有效样本农户中，男性作为农户生产经营决策者的农户占比为 82%。说明男性在农户生产中的主导地位。决策者受教育年限平均为 7.2 年，根据当前的教育体制，相当于小学毕业初中在读水平，可见普遍受教育程度不高。农户家庭劳动力数量平均为 2.65 人，可见大家庭农户较多。从年龄上看，农户决策者的平均年龄为 53.7 岁。

表 4 - 2　农户家庭特征　　　　　　　　　　单位：户

变量	样本量	平均数	标准差
性别（男=1，女=0）	3251	0.82	0.39
年龄（岁）	3251	53.70	10.62
受教育年限（年）	3251	7.20	2.54
家庭劳动力数量（人）	3251	2.65	1.44

资料来源：调研数据。

深入研究发现，农户决策者中，30 岁及以下年轻人占比 2.15%，而 50 岁以上的决策者占比为 63.28%，农户老龄化严重，如表 4 - 3 所示。

表 4 - 3　农户决策者年龄分布　　　　　　单位：人，%

	30 岁及以下	31~50 岁	51~70 岁	71 岁及以上	平均年龄（岁）
人数	70	1124	1917	140	53.70
比例	2.15	34.57	58.97	4.31	

资料来源：调研数据。

如表 4 - 4 所示，在 3251 户农户中，参加农业培训和参加合作社的农户都较少，其中，参加农业培训的农户 421 户，占比为 12.95%，没有参加的农户为 2830 户，占比为 87.05%。加入合作社的农户 211 户，占比为 6.49%，没有加入的农户 3040 户，占比为 93.51%。一方面说明受访农户在参加培训和合作社方面不积极；另一方面也说明农业培训的针对性和实效性有待加强，对农户的吸引力不强，农村合作社也可能存在同样的问题。

表 4 - 4　农户参加培训和合作社情况　　　　单位：户，%

	农业培训		合作社	
	参加	未参加	加入	未加入
农户	421	2830	211	3040
比例	12.95	87.05	6.49	93.51

资料来源：调研数据。

如表 4 - 5 所示，受访农户的粮食播种面积平均为 8.58 亩，经营面积平均为 10.32 亩。分品种来看，水稻种植户的播种面积平均为 8.09 亩，经营面积平均为 8.92 亩；小麦的经营面积平均为 7.22 亩，播种面积平均为 4.87 亩；玉米的平均播种面积为 10.88 亩，经营面积为 13 亩。横向比较看，受访农户中，玉米的播种面积和经营面积均为最大，水稻次之，小麦最小。总体来看受访农户以粮食种植为主，但规模均相对较小，可见小农经济仍然是主要经营方式，这与当前我国农业生产现状相吻合，规模化程度还需进一步提高。

表 4-5　农户种植规模和经营规模　　　　　单位：亩

	粮食		水稻		小麦		玉米	
	播种面积	经营面积	播种面积	经营面积	播种面积	经营面积	播种面积	经营面积
均值	8.58	10.32	8.09	8.92	4.87	7.22	10.88	13.00
标准差	19.72	15.15	18.08	12.62	5.71	9.96	24.67	18.38

资料来源：调研数据。

在 3251 户受访农户中，大多数农户在收割后不会进行粮食捡拾，其中捡拾的农户 421 户，没有捡拾的农户 2830 户。一是规避自然条件风险造成的，由于赶收以避免异常天气；二是劳动力紧张，特别是如前所述老龄化严重；三是由于兼业行为，捡拾粮食的机会成本较高；四是在当前收入普遍提高、物质比较充裕的背景下，节粮意识有所淡漠，这一点也可以在收获作业态度方面得到验证。

收获作业态度中，有 69.42% 受访者自认为作业态度一般或粗糙，有 994 户农户表示精细，占比为 30.58%。如果考虑我国农民普遍传统，认真程度一般的农户 1943 户，占比为 59.77%。如果考虑我国农民的谦逊传统，将一般作业态度的样本对半分配，其中 50% 为粗糙，也仍然有近四成的农户作业态度不精细。随着现有劳动力的老龄化不断加剧，新一代农民又缺乏老一辈的乡土情结，并且其兼业的主观意愿和机会成本更高，收获的作业态度更让人担忧。作业态度直接影响着粮食损失，特别是无谓损失。

通过家庭经营收入占比多少，可以发现农业生产经营活动对于农民的重要性。在总收入中，受访农户家庭经营收入平均占比不超过五成，为 47.18%。可见农业经营活动对农户收入的贡献在下降，农业生产经营活动在农户心中的重要性也会下降，随之影响其作业态度等，与前文相呼应。农户平均年收入为 6.43 万元，而房屋价值为 7.49 万元。

第三节　中国农户三大主粮作物收获环节损失量

本书通过实地问卷调研的方式，获得了收割、脱粒、田间运输、清粮四个收获子环节的损失量及粮食作物的播种面积。如表4-6所示，总体来看，三种粮食收获损失水平都呈现明显的正偏态分布。平均来看，三种粮食收获环节单位面积（每亩）的平均损失量在14.92～20.08千克，其中小麦最高，水稻其次，玉米最低。小麦收获环节单位面积（每亩）损失量平均为20.08千克，单位面积损失量的中位数为12.64千克；水稻收获环节单位面积（每亩）的损失量平均值为16.90千克，中位数为10.00千克。而玉米收获环节单位面积（每亩）损失量的平均值为14.92千克，中位数为8.26千克。

表4-6　收获各子环节单位面积粮食损失量　　单位：千克/亩

	水稻		小麦		玉米	
	均值	中位数	均值	中位数	均值	中位数
收割	9.52	5.00	13.85	8.75	7.97	3.50
脱粒	4.57	1.88	3.60	0.00	3.58	1.16
田间运输	0.83	0.00	0.93	0.00	1.21	0.00
清粮	1.99	0.07	1.71	0.00	2.16	0.27
收获环节	16.90	10.00	20.08	12.64	14.92	8.26

资料来源：调研数据。

收获环节的不同阶段损失量也不尽相同。三种粮食在收割环节损失量最高，其次是脱粒环节，而在田间运输、清粮环节损失量均较低。在水稻收获过程中，收割环节单位面积（亩）损失量平均值为9.52千克，中位数为5.00千克；脱粒环节单位面积（亩）损失量平均值为4.57千克，中位数为1.88千克；清粮环节单位面积（亩）损失量平均值为1.99千克，中位数为0.07千克；运输环节单位面积（亩）损失量平均值为0.83千克，中位数为0.00千克。可见在水稻的脱粒、清粮、运输三个环节中，大部分的损失量均可忽略不计。

在小麦收获过程中，收割环节单位面积（亩）损失量平均值为13.85千克，中位数为 8.75 千克；脱粒环节单位面积（亩）损失量平均值为 3.60 千克，中位数为 0.00 千克；清粮环节单位面积（亩）损失量平均值为 1.71 千克，中位数为 0.00 千克；运输环节单位面积（亩）损失量平均值为 0.93 千克，中位数为 0.00 千克。同样，在水稻的运输和清粮环节中，大部分的损失量可忽略不计。

在玉米收获过程中，收割环节单位面积（亩）损失量平均值为 7.97 千克，中位数为 3.50 千克，脱粒环节单位面积（亩）损失量平均值为 3.58 千克，中位数为 1.16 千克；清粮环节单位面积（亩）损失量平均值为 2.16 千克，中位数为 0.27 千克；运输环节单位面积（亩）损失量平均值为 1.21 千克，中位数为 0.00 千克。可见在玉米的清粮、运输两个环节中，大部分的损失量可忽略不计。总体来看，收获环节的损失绝大部分集中在收割和脱粒环节。

第四节　中国农户三大主粮作物损失率测定

作为度量损失的重要参数，损失率能够克服品种差异，通用性更好，因此本节基于实地问卷调研的数据，测算了水稻、小麦、玉米三种主要粮食作物的收获环节损失率。

一、损失率测算

根据调研数据，我们可以获得实际收获总产量（从地里收上来时的产量，hw）、收割时的总损失量（sgl）、田间运输总损失量（ysl）、脱粒环节总损失量（tll）、清粮环节总损失量（qll），并基于此根据如下公式计算损失率：

$$\text{hlr} = \frac{\text{sgl} + \text{ysl} + \text{tll} + \text{qll}}{\text{hw} + \text{sgl} + \text{ysl} + \text{tll} + \text{qll}} \times 100\% \tag{4-1}$$

二、损失率分析

根据地理区域划分，表 4-7 给出了东部地区、中部地区、西部地区三个粮食品种损失率的计算结果。从全国来看，小麦收获环节的损失率最高，平均达 4.53%。水稻收获环节的损失率次之，达 3.55%。而玉米收获环节的损失率最低，为 3.41%。分区域来看，粮食收获环节的损失率总体呈现东部低、西部高的态势（见图 4-1），这与吴林海等（2015）的研究结果一致。

表4-7 东、中、西部粮食收获环节的损失率   单位：%

区域	水稻	小麦	玉米	三种粮食平均
东部地区	3.35	3.58	2.79	3.16
中部地区	4.23	2.12	3.43	3.89
西部地区	3.71	6.73	3.93	4.47
全国	3.55	4.53	3.41	3.72

注：根据样本农户的平均值计算得到。

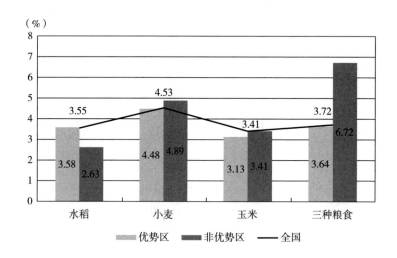

图4-1 优势区和非优势区损失率

资料来源：调研数据。

地理区域划分具有一定的地域性，但对自然禀赋的反应还不充分。不同的区域自然禀赋不同对粮食作物种植适应性也不尽相同。本次调研覆盖了28个省份，涵盖水稻种植优势区域（东北平原、长江流域和东南沿海）、小麦种植优势区（黄淮海、长江中下游、西南、西北和东北）、玉米种植优势区（北方、黄淮海和西南）。优势区的划分与自然禀赋、种植传统密切相关。并且随着这些年的政府引导，优势区区位优势更加凸显，优势区内种植水平相对较高。水稻优势区损失率为3.58%，非优势区为2.63%；小麦优势区损失率为4.48%，非优势区损失率为4.89%；玉米优势区损失率为3.13%，非优势区为3.41%；三种粮食总体优势区为3.64%，非优势区为6.72%。除水稻外，三个粮食品种总体和小麦、玉米优势区内受访农户的粮食收获环节损失率均低于非优势区，小麦优势区损失率相较于非优势区低 0.41%。水稻的非优势区损失低，主要是由于水稻集中度高，达 98%，一方面非优势区的样本较小，另一方面非优势区的种植水稻农户会更加爱惜粮食，节粮意识等更强，所以损失率低。

第五节　中国农户三大主粮作物收获环节碳足迹

一、粮食生产的碳足迹

全球气候变暖增加了未来粮食生产环境的不确定性。同时，粮食生产的过程中也必然伴随着能源消耗，也就会产生碳排放，影响全球气候变化。当前，随着中国人口增长，未来粮食需求不断扩大，能源消耗及其带来的碳排放也将增加。通过量化分析粮食生产的碳足迹，有助于决策者掌握农业温室气体排放的主要影响因素，采取积极措施降低农业温室气体排放。Lin Jianyi 等（2015）建立了投入产出与生命周期评价（EIO - LCA）模型，对 1979~2009 年中国食品生产的碳足迹进行了研究，发现粮食生产的总碳足迹增长了 1 倍，其中水稻生产的碳足迹增长最快。

影响粮食作物碳足迹的因素很多，肥料、生产管理等包含其中。自 1993 年以来，耕地利用下的碳强度有所增加，在总碳排放量中，化肥排放量最大，其贡献率达 60%（Kun Cheng 等，2011）。Dan Zhan 等（2017）基于生命周期分析的中国粮食生产，结果表明，2013 年粮食生产碳足迹较高，玉米为 4052 千克标准煤/公顷或 0.48 千克标准煤/千克，小麦为 5455 千克标准煤/公顷或 0.75 千克标准煤/千克，水稻为 11881 千克标准煤/公顷或 1.60 千克标准煤/千克，均高于美国、加拿大和印度等国家，其主要的因素是氮肥（8%~49%）、秸秆燃烧（0%~70%）、机械能耗（6%~40%）、灌溉能耗（0%~44%）和稻田 CH_4 排放（15%~73%）。K. CHENG 等（2015）利用中国种植面积、产量和施肥率等统计数据，测算发现若氮肥减少 30%，预计这些作物的生产可能会减少 60 兆吨二氧化碳当量的温室气体。化肥的施（使）用与农户经验和管理方式有一定关系。规模越大的农场，相对而言农户的经验和技术会更好一些。Ming Yan 等（2015）利用中国东部的农业调查数据，对水稻、小麦和玉米三种粮食作物，采用全生命周期评估方法，发现作物生产的碳足迹可能受到农场规模和气候条件以及作物管理做法的影响，与较小的农场相比，较大规模的农场中小麦和玉米的产品碳足迹显著减少（22% ~28%）。

二、碳足迹计算方法及数据处理

利用分位数回归方法，本书利用生命周期评价（LCA）方法评估 PCFs 和 FCFs。LCA 的目标是评估单位作物产量和单位作物面积的水稻、小麦和玉米的碳足迹即千克 CO_2 EQ／千克和 CO_2 EQ／公顷（称为 PCF 和 FCF）。本书主要考虑了 GHGs、CO_2、N_2O 和 CH_4。功能单位为每千克粮食产量和公顷耕地的温室气体排放量。系统边界包括发电、汽油和柴油生产、制造的所有温室气体排放。农业物料（包括氮肥、磷肥肥料，钾肥，杀虫剂，包装袋以及塑料覆盖物），机械作业（耕耘、播种、灌溉、收获和包装）和运输。土壤有机碳净收支，如氮肥、粪肥和残留物的 N_2O 排放以及稻田 CH_4 排放也包括在本书的生命周期评价中。

本书重点关注因粮食损失带来水稻、小麦、玉米生产过程中单位产量碳足迹的变化，三种作物生产单位面积碳足迹排放数据来源于 Xu 等（2017）。在该研究中，Xu 等（2017）基于我国不同省份 2005 ~2014 年农业生产数据，采用生命周期评价法（LCA）核算了水稻、小麦、玉米生产过程中的碳足迹排放，时间边界为从播前整地到收获后运输储藏，排放清单包括时间边界内因能源消耗、汽油及柴油燃烧、农资（化肥、农药、农膜等）投入品的生产和农事操作过程中产生的直接或间接的温室气体排放，各清单项目对应的排放因子详见该研究中。本书将上述研究中 2005 ~2014 年省域尺度上水稻、小麦、玉米单位面积碳足迹平均值作为基础参数，利用不同情景下相应省份各作物产量损失数据计算并评价碳足迹的变化情况。

为更加明确我国不同省份作物生产中粮食损失对单位产量碳足迹影响，本章分别计算了三种情景下作物生产碳足迹。

$$CF_{CK} = CF_{area} \times A／Y_{att} \qquad (4-2)$$

其中，CF_{CK} 为各作物参考碳足迹（千克 CO_2 - eq／千克）；CF_{area} 为对应省份相应作物的单位面积碳足迹（千克 CO_2 - eq／公顷）；A 为被调研农户该种作物的播种面积（公顷）；Y_{att} 为该农户从田间实际收获到对应作物的总产量（千克）。

$$CF_{act} = CF_{area} \times A／Y_{act} \qquad (4-3)$$

其中，CF_{act} 为各作物实际碳足迹（千克 CO_2 - eq／千克）；Y_{act} 为该农户经过收获、脱粒、清粮、运输、干燥等环节后实际获得对应作物的总产量（千克）。

$$CF_{min} = CF_{area} \times A/Y_{noloss} \qquad (4-4)$$

其中，CF_{min} 为各作物理论碳足迹（千克 CO_2 - eq/千克）；Y_{noloss} 为收获、脱粒、清粮、运输、干燥等环节无损失情况下作物的总产量（千克）。

此外，为了明确全国尺度上水稻、小麦、玉米三种碳足迹的平均情况，本书利用 2015 年各省相应作物产量（数据来源于农业部）为权重，计算了其加权平均值作为全国平均水平。同时，利用各省 2015 年水稻、小麦、玉米产量为权重计算不同省份主要粮食作物生产单位产量碳足迹，评价粮食损失对其的影响。

三、不同粮食作物因损失造成碳足迹的变化

结果显示，在全国平均水平上，是否考虑粮食损失对小麦单位产量碳足迹影响并不明显，但对水稻、玉米单位产量碳足迹影响明显（见表 4 - 8）。具体为，生产中因收获到储藏各环节造成的损失使小麦单位产量碳足迹从 CF_{CK} 为 0.49 千克 CO_2 - eq/千克变为了 CF_{act} 为 0.50 千克 CO_2 - eq/千克，而当各实现各环节无损失时，小麦生产碳足迹则会减少到 CF_{min} 为 0.47 千克 CO_2 - eq/千克。同样地，生产中水稻和玉米参考碳足迹 CF_{CK} 分别为 0.96 千克 CO_2 - eq/千克和 0.38 千克 CO_2 - eq/千克，而因额外造成的粮食损失使得 CF_{act} 分别增长了 3.4% 和 9.2%。当全部收获相应作物的产量时，其理论碳足迹 CF_{min} 可分别减少到 CF_{act} 的 95.1% 和 90.1%。

表 4 - 8　不同省份的粮食作物碳足迹

单位：CF，千克 CO_2 - eq/千克

省份	小麦			水稻			玉米		
	CF_{CK}	CF_{act}	CF_{min}	CF_{CK}	CF_{act}	CF_{min}	CF_{CK}	CF_{act}	CF_{min}
安徽	0.36	0.36	0.35	0.87	0.88	0.86	0.46	0.46	0.45
北京	—	—	—	—	—	—	0.56	0.57	0.56
福建	—	—	—	1.28	1.35	1.26	—	—	—
甘肃	0.47	0.48	0.46	—	—	—	0.58	0.59	0.57
广东	—	—	—	1.31	1.33	1.29	—	—	—
广西	—	—	—	1.25	1.26	1.22	0.90	0.97	0.87
贵州	—	—	—	0.84	0.85	0.83	0.32	0.33	0.32

省份	小麦			水稻			玉米		
	CF_{CK}	CF_{act}	CF_{min}	CF_{CK}	CF_{act}	CF_{min}	CF_{CK}	CF_{act}	CF_{min}
河北	0.72	0.73	0.71	—	—	—	0.59	0.60	0.57
河南	0.36	0.36	0.35	0.99	1.02	0.99	0.31	0.32	0.31
黑龙江	0.22	0.22	0.22	0.87	0.87	0.87	0.19	0.20	0.19
湖北	0.49	0.50	0.47	0.89	0.92	0.87	0.57	0.58	0.56
湖南	—	—	—	0.94	0.95	0.92	—	—	—
吉林				0.88	0.89	0.87	0.23	0.23	0.23
江苏	0.52	0.52	0.50	0.92	1.07	0.89	0.49	0.50	0.48
江西	—	—	—	0.88	0.89	0.87	—	—	—
辽宁				0.95	0.95	0.93	0.40	0.40	0.39
内蒙古	0.77	0.78	0.74	—	—	—	0.25	0.25	0.24
宁夏	0.74	0.75	0.74	—	—	—	0.39	0.39	0.39
青海	0.31	0.33	0.30						
山东	0.46	0.46	0.45	1.10	1.12	1.10	0.41	0.42	0.40
山西	0.36	0.36	0.35	—	—	—	0.30	0.32	0.30
陕西	0.74	0.75	0.70	0.89	0.91	0.87	0.61	1.55	0.60
四川	0.36	0.37	0.35	0.89	0.91	0.87	0.48	0.49	0.47
天津	0.61	0.61	0.60	0.94	0.95	0.93	0.45	0.45	0.44
新疆	0.83	0.96	0.79	—	—	—	0.83	1.02	0.81
云南	0.62	0.62	0.61	1.01	1.03	0.99	0.66	0.67	0.66
浙江	—	—	—	1.20	1.21	1.18	—	—	—
重庆	—	—	—	0.93	1.10	0.91	0.42	0.42	0.41
加权平均	0.49	0.50	0.47	0.96	1.00	0.95	0.38	0.42	0.37

注：CF_{CK}表示收获环节损失的碳足迹；CF_{act}表示所有田间损失的碳足迹；CF_{min}表示没有损失的理论碳足迹。

从不同省份来看，在小麦生产中，黑龙江表现出较高的效率，其CF_{CK}为被调研省份中最低，仅为最高省份（新疆）CF_{CK}的26.5%（见表4－8）。同时，黑龙江小麦生产过程中粮食损失对于碳足迹的影响也相对较小，CF_{CK}、CF_{act}和CF_{min}之间几乎不存在差异。新疆小麦生产参考碳足迹最高，同时，因粮食损失造成了其实际碳足迹由理论碳足迹提高了 0.17 千克 $CO_2 - eq$/千克。水稻生产中各类碳足迹均高于相应省份的小麦、玉米碳足迹。贵州表现出最低的水稻生产碳足迹，粮食损失的增加使得其 CF_{act} 比 CF_{min} 增长了 3.0%。广东水稻生产碳足迹最高，其 CF_{act} 比 CF_{min} 增长了 3.5%。此外，江苏因粮食损失使 CF_{act} 比 CF_{min} 增长了 19.8%，为各省中变化比例最高。玉米生产参考碳足迹的全国平均值为三种作物中的最低值，尤其是黑龙江玉米生产 CF_{CK} 为 0.19 千克 $CO_2 - eq$/千克，是被调研省份中的最低值，仅为排放最高广西的 21.3%。同时，陕西、新疆、广西等省份因粮食损失使得 CF_{act} 提高的比例均超过 10%，为各省中影响较为明显的省份。

四、不同种植规模对粮食损失及碳足迹差异的影响

农户的生产经营决策会受到土地经营规模的影响，李岳云等（1999）以江苏为例对不同农户的经营行为进行研究，从不同规模对生产资料购买、农产品销售、技术采用、种植决策、土地投资和土地流转等方面进行详细分析，发现小规模生产经营的农户市场应变能力差，非理性程度高，在生产中对新技术和新品种的采用比较保守，对新型农业机械的投入不高。不同规模农户得到经济效益不同，钱贵霞等（2005）对粮食主产区 10 个省份的 3000 多位农户进行调研，对不同规模农户的经济效益进行了分析，发现农地规模在 10 亩以上的经济效益是递增的，土地的集中可以更好地增加农民收入，促进地区经济发展。张忠明等（2008）对长江中下游地区的农户进行调研，分析了不同规模农户在生产用工、投资、技术采用和土地流转等方面存在的差异，从技术采用来看，大规模农户在机耕、机灌和机割的采用上比小规模农户更有意向，他们更愿意采用机械化作业。根据张宏凯（2015）对吉林省 472 位不同规模农户经营效益的比较，可以发现在同一省内不同区域，由于地形差异不同规模农户粮食经营效益不同，他认为在以平原为主的中部地区应发展大规模粮食生产，而在西部地区发展 10 亩以内的粮食种植效益更大。本章结合样本实际情况，更加细化了农户规模，分为三个规模，分别为 <3.8 亩、3.8~9 亩、>9 亩。数据显示，如前文所述，随着规模增加，小麦、水稻、玉米的碳足迹均呈下降趋势。

被调研农户结果显示，当增加经营规模时，主要粮食作物实际碳足迹会随着种植面积的增加而减少（见图4-2（b））。当农户种植面积从小于3.8亩增加到3.8~9亩时，CF_{act}的中值与平均值分别降低8.5%和7.9%，但是当种植面积增加到大于9亩时，CF_{act}的中值降低了39.6%，平均值降低了27.1%。同样地，作物生产的理论碳足迹也表现出随种植规模增加而降低的趋势（见图4-2（c））。相比于播种面积小于3.8亩，当播种面积大于9亩时，CF_{min}的中值和平均值分别降低了38.2%和24.7%。

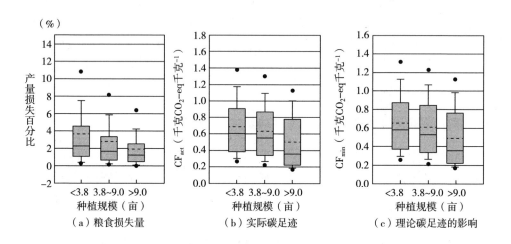

图4-2 农户不同种植规模对主要粮食作物

五、我国及主要粮食生产省碳足迹差异及无效碳排放成本

总体来看，各类碳足迹大体呈现出东中西递减的趋势。其中东南沿海的浙江、福建、广东、广西的各类碳足迹较高。而各省中，粮食损失的增加使其CF_{act}比CF_{min}增长的比例平均为7.77%。其中，超过平均值的省份依次为陕西、新疆、重庆、江苏、青海，分别为74.54%、24.20%、17.84%、15.17%、9.84%。

将碳足迹转化为温室气体排放的结果显示，我国作物生产因粮食损失带来了巨大的无效碳成本（见表4-9）。从全国总量来看，因粮食损失增加的无效碳成本为2.22×10^{10}千克CO_2-eq。从不同作物角度来看，水稻无效碳成本最高，约占总无效碳成本的45%，玉米次之，占总无效碳成本的41%，小麦生产贡献的无效碳成本最少为总量的14%，如图4-3所示。

表4-9 不同粮食作物的参考碳足迹、实际碳足迹、理论碳足迹及无效碳成本

	CE_{CK}	CE_{act}	CE_{min}	Invalid CE cost
小麦	6.22	6.37	6.06	0.32
水稻	19.62	20.29	19.29	1.00
玉米	8.40	9.18	8.27	0.91
全国	34.24	35.84	33.62	2.22

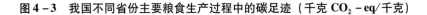

图4-3 我国不同省份主要粮食生产过程中的碳足迹（千克 CO_2-eq/千克）

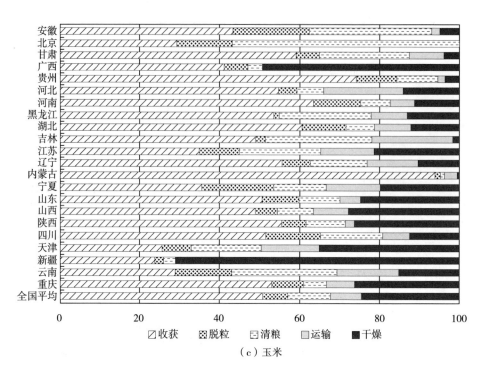

（c）玉米

图4-3 我国不同省份主要粮食生产过程中的碳足迹（千克 CO_2 - eq/千克）（续）

第六节 本章小结

本章介绍了实地问卷调研的方式、样本选择，并对样本农户特征进行了初步统计分析。样本中农户决策者多以男性为主；年龄普遍偏大，主要集中在50~70岁；受教育程度平均不高，大多为小学或初中低年级文化水平（学习年限平均为7.2年）；农户的粮食种植规模平均为8.58亩，经营规模平均为10.32亩，与当下全国农户经营特点相符合，大多为普通农户。同时，在调研数据基础上，本章测算了水稻、小麦、玉米三个主要粮食品种收获环节总损失量以及收获、脱粒、运输、清粮四个子环节的损失量。三种粮食收获环节损失量中，小麦收获环节单位面积（每亩）平均损失量最高，为20.08千克；其次是水稻，为16.09千克；玉米最低，为14.92千克。从环节来看，三种主要粮食作物的收获环节损失绝大部分集中在收割和脱粒环节，其中收割环节损失最多。

在全国平均水平上，是否考虑粮食损失对小麦单位产量碳足迹影响并不明显，但对水稻、玉米单位产量碳足迹影响明显。具体为，生产中因收获到储藏各环节造成的损失使小麦单位产量碳足迹从 CF_{CK} 为 0.49 千克 $CO_2 - eq$/千克变为了 CF_{act} 为 0.50 千克 $CO_2 - eq$/千克，而当各实现各环节无损失时，小麦生产碳足迹则会减少到 CF_{min} 为 0.47 千克 $CO_2 - eq$/千克。同样地，生产中水稻和玉米参考碳足迹 CF_{CK} 分别为 0.96 千克 $CO_2 - eq$/千克和 0.38 千克 $CO_2 - eq$/千克，而因额外造成的粮食损失使得 CF_{act} 分别增长了 3.4% 和 9.2%。当全部收获相应作物的产量时，其理论碳足迹 CF_{min} 可分别减少到 CF_{act} 的 95.1% 和 90.1%。从种植规模的角度来看，当规模增加时，主要粮食作物实际碳足迹会随着种植面积的增加而减少。从地区的角度来看，各类碳足迹大体呈现出东中西递减的趋势。其中东南沿海的浙江、福建、广东、广西的各类碳足迹较高。

另外，将碳足迹转化为温室气体排放的结果显示，我国作物生产因粮食损失带来了巨大的无效碳成本。从全国总量来看，因粮食损失增加的无效碳成本为 2.22×10^{10} 千克 $CO_2 - eq$。从不同作物角度来看，水稻无效碳成本最高，约占总无效碳成本的 45%；玉米次之，占总无效碳成本的 41%；小麦生产贡献的无效碳成本最少，为总量的 14%。

收割也是收获方式差异比较大的一个环节。以联合收割机为代表的联合机械化、无机械参与的人工收获与分段半机械化收获特点各有不同。不同的收获方式会造成不同的损失。理论上，与人工相比，机械化收获精细度较差，但效率优势会更明显，特别是联合机械化可以通过抢收等方式对于异常天气和病虫害带来的减损因素起到规避影响。不同的收获方式，会对粮食收获损失产生怎样的影响，下文我们将进一步进行实证分析。

第五章

收获方式对粮食损失的影响研究[①]

影响收获环节粮食损失的因素有哪些，影响程度有多大，近些年日益受到国内外研究者的关注。部分国外学者已经就非洲、南亚等地区的粮食生产国收获环节损失影响因素开展研究（Bala 等，2010；Kaminsk 等，2014），国内学者也通过实证方式研究水稻、小麦、玉米等主要粮食作物的收获环节损失的影响因素（曹芳芳等，2018；李轩复等，2019；吴林海等，2015）。本章基于全国 3251 户农户的数据，从收获方式、生产与收获特征以及农户家庭特征三方面分析水稻、小麦、玉米三种主要粮食作物收获环节损失的影响因素，并结合农机技术服务，从损失角度考量社会化服务对粮食收获的作用。

第一节　收获环节粮食损失的影响因素模型设定及数据描述

一、模型设定及变量选取

损失可以看作是粮食生产中的无效产出，因此作为生产过程可以参考生产函数进行。当前生产函数有超越对数和 CES 等，但有学者比较发现基础模型柯布——道格拉斯（Cobb – Douglas）生产函数更贴近我国国情（万广华和程恩江，1996b）。粮食生产的投入要素主要包括劳动力、资本和土地，测定这些投入要素弹性系数，其一般形式为：

---

① 本章内容发表在《自然资源学报》2020 年第 5 期，作者为李轩复、黄东、屈雪、朱俊峰。

$$Y = AL^{\alpha}K^{\beta}S^{\gamma} \tag{5-1}$$

其中，Y 表示产出；L、K、S 分别表示劳动力、资本和土地的投入；α 表示劳动力投入对产出的弹性；β 表示资本的产出弹性；γ 表示土地的产出弹性。

随着扩展，其他因素也纳入进了函数之中：

$$Y = \alpha_0 X_1^{\beta_1} X_2^{\beta_2} \cdots X_n^{\beta_n} \tag{5-2}$$

对两边取对数后，并将各要素代入可得：

$$\ln Y = \beta_0 + \beta_1 \ln X_1 + \beta_2 \ln X_2 + \cdots + \beta_n \ln X_n \tag{5-3}$$

对于采用机械收获的农户，也有两种选择：自有农机或购买农机服务。一般认为，一方面，在市场专业分工的作用下，农机作业服务组织通常有着更先进的装备水平和更高的作业效率，并且具备更成熟的操作技术和管理经验（曹宝明和姜德波，1999），能够有效降低收获环节损失；另一方面，自己给自家收获时会比较细心，而给其他农户收获时相对追求快，导致收获精细程度下降，损失增加。而农业机械的技术服务与农业机械也密切相关，对于技术含量高、操作复杂的机械，社会化服务的专业性会更好地发挥。为此学者在研究社会化服务影响时会考察其与服务的内容的关联作用，如农机服务与联合收割机（彭杨贺等，2019；屈雪等，2019）。因此，本章通过增加社会服务与联合机械化收获的交互项，进一步分析"购买农机服务"对粮食收获环节损失的影响情况，农机服务主要是与"自购农机"相对应。因此，本章用 $serv_{in}$ 表示收获环节中是否购买农机服务，考虑联合机械化收获中，购买农机服务对粮食收获环节损失的影响。

参照前人研究（Kaminski 等，2014；曹芳芳等，2018），本章设定双对数模型如下：

$$\ln hlr_{in} = \alpha + \beta_1 \ln area_{in} + \beta_2 hmeth2_{in} + \beta_3 hmeth3_{in} + \beta_4 serv_{in} + \beta_5 hmeth3_{in} serv_{in} + \gamma_1 \ln X_{in} + \gamma_2 Z_{in} + M_{in} + \mu_n + \varepsilon_{in} \tag{5-4}$$

其中，hlr_{in} 是被解释变量，表示农户 i 生产的第 n 种粮食（包括水稻、小麦、玉米）收获环节的损失率。需要说明的是，本书使用的损失率数据来自对于农户的问卷调查。理论上，实地测量的损失情况更接近真实值。但是，Kaminski 等（2014）的研究指出，粮食收获环节的工序繁杂，实地测量损失率的成本过高，难度太大。而农户的务农经验丰富，能够从实操层面提供相对精确的反馈，其通过问卷调查的方式获取的数据，其结果也是具备较高的可信度。Sheahan 和 Barrett（2017）的研究认为，尽管农户的估计也可能存在衡量偏误，但在大样本情况下是随机的，能够比较准确地反映收获环节的损失情况。

部分学者对粮食收获环节损失的影响因素进行了探讨，主要集中在两个方面：第一，社会因素和经济因素。其中教育水平和技术培训是文献关注的重点。理论上，农户的教育水平和粮食收获环节的损失正相关，但一些研究也发现这种影响并不显著（Kong 等，2015），可删除。但是，农户缺乏技术培训，采用不科学的收获方法，被认为是制约粮食减损的重要原因（Kong 等，2015）。第二，生产和收获特征，包括种植规模、收获时机、收获的精细程度以及天气等。研究表明，种植规模越大，收获越粗糙，损失率越高（Basavaraja 等，2007；Martins 等，2014）。收获时机也是重要的影响因素，过晚收获会导致籽粒更容易脱落，过早收获会导致产量下降而增大损失率（宋洪远等，2015；王桂民等，2016）。劳动力的充裕程度是不可忽略的因素，特别是青壮年劳动力投入的匮乏，使收获环节的损失增加。收获的精细程度也至关重要。在收获环节，由于赶茬等原因加快收割机的运行速度，容易导致籽粒破损、漏收和脱粒不彻底而增加损失（Goldsmith 等，2015；李植芬等，1991）。另外，大量文献较一致地认为，收获时的异常天气和虫害情况会显著增加损失。例如，收获时遭遇大风、暴雨容易导致倒伏或籽粒脱落（Abass 等，2014；Basavaraja 等，2007），虫害则导致粮食部分变质而不可食用（Kong 等，2015）。

我们的核心解释变量包括收获方式（联合机械化收获 $hmeth3_{in}$、分段半机械化收获 $hmeth2_{in}$、人工收获 $hmeth1_{in}$ 作为参照组），种植规模（播种面积 $area_{in}$），农机服务 $serv_{in}$，交互项 $hmeth3_{in}serv_{in}$；控制变量 X_{in}，包括收割时间、劳动力数量、决策者年龄、受教育程度、家庭经营收入水平、家庭财富水平，其中家庭财富水平通过家庭住房价值体现；控制变量 Z_{in} 包括是否赶种下一季、是否适时收割、作业态度、天气、虫害、决策者性别、是否参加过农业培训、是否加入合作社。另外，以往的研究通常忽略区域效应的影响。一旦区域效应与农户的收获方式和粮食收获损失情况同时相关时，可能会造成核心解释变量的参数估计有偏。一般在同一个种植区域的农户种植习惯、自然条件禀赋等相近。本章也尝试加入了村级虚拟变量，但样本中有 183 个村，损失了部分自由度，且结果与天气和虫害情况出现比较严重的多重共线性。因此，本章根据农业部《全国优势农产品区域布局规划（2008 – 2015）》，加入种植优势区域虚拟变量 M_{in}，以控制不可观测的地区之间的差异，上述问题得到很大程度的缓解。而 μ_n 是粮食品种虚拟变量，用来控制不同粮食品种之间的差别。

同时，农用机械是不可分的农业投入要素，特别是联合收割机等大型农机设备，种植规模的大小会影响机械的效力发挥（张露和罗必良，2020），为进一步考察"种植规模"，加入种植规模与联合机械化收获的交互项。

$$\mathrm{lnhlr_{in}} = \alpha + \beta_1 \mathrm{lnarea_{in}} + \beta_2 \mathrm{hmeth2_{in}} + \beta_3 \mathrm{hmeth3_{in}} + \beta_6 \mathrm{hmeth3_{in}} \, \mathrm{lnarea_{in}} +$$
$$\gamma_1 \mathrm{lnX_{in}} + \gamma_2 \mathrm{Z_{in}} + \mathrm{M_{in}} + \mu_n + \varepsilon_{in} \qquad\qquad (5-5)$$

二、机械收获与粮食损失的数据描述分析

本节所用数据来自本研究团队与农业部农村固定观察点联合进行的全国范围调查，样本选择如下：首先，根据各省份水稻、小麦、玉米播种面积占比分配样本量，并在固定观察点各省份的样本框中进行随机抽样。其次，于2016年5～7月在全国28个省份开展了粮食收获环节的专项调查，调查内容涵盖农户2015年土地经营、收获环节的损失等相关情况。最后，通过匹配得到样本户的生产经营情况和家庭成员信息，共获得有效样本农户3251户。如前文所述，因为样本中农户存在种植多种粮食作物的情况，因此，本章按照作物，将其拆分为独立样本进行估计。其中种植小麦、水稻、玉米的分别有1002户、1566户、1876户。总体来看，三种粮食收获环节的损失率为3.72%。

在所有样本中，采用人工收获方式的农户占15%、分段半机械化收获方式的农户占37%、全程选择机械收获方式的农户占48%。分品种来看，水稻种植户中，人工收获方式、分段半机械化收获方式、联合机械化收获方式分别为12%、30%、58%，小麦种植户分别为4%、17%、79%，玉米种植户分别为23%、54%、23%，小麦的机械收获方式（分段半机械化收获和联合机械化收获）比例较高，玉米的机械化收获，特别是联合机械化收获方式比例较低。根据《国务院关于促进农业机械化和农机工业又好又快发展的意见（国发〔2010〕22号）》规划，小麦耕种收机械化水平达90%以上，水稻和玉米收获环节机械化水平（联合机械化）分别达85%和50%，可见水稻和玉米的联合机械化水平还需进一步提高。此外，购买农机服务的农户占68%；表明我国农机服务市场已经取得了较好的发展，但仍有进一步提升的空间。种植规模平均为8.78亩，收割时间平均为4.13天，劳动力数量平均为2.69人/户，另有29%的农户作业精细。在天气方面，收获时遇到大风、暴雨等异常天气比例为12%，可见农户都尽可能规避异常天气，避免增加收获难度，降低损失。而虫害情况也较少，平均为24%，农户普遍感觉虫害虽有但影响不严重，这主要是由于近些年育种防治等技术进步以及从政府到农户都对虫害防治予以

重视。家庭特征变量特征基本和前文总体样本特征一致。具体的变量和统计特征如表 5-1 所示。

表 5-1　变量定义和描述性统计

变量名称	变量代码	变量定义	全部样本	水稻	小麦	玉米
被解释变量						
收获损失率	hlr	损失量/(产量 + 损失量)(%)	3.72	3.55	4.53	3.41
解释变量						
种植规模	area	播种面积(亩)	8.78	8.05	4.93	11.49
收获方式	hmeth1	收获时为人工收获：是 =1，否 =0	0.15	0.12	0.04	0.23
	hmeth2	收获时为分段半机械化收获：是 =1，否 =0	0.37	0.30	0.17	0.54
	hmeth3	收获时为联合机械化收获：是 =1，否 =0	0.48	0.58	0.79	0.23
购买农机服务	serv	收获时是否购买了农机服务：是 =1，否 =0	0.68	0.68	0.87	0.58
生产和收获特征						
收割时间	hdays	完成收割所用时间(天)	4.13	3.34	2.20	5.83
劳动力数量	labor	家庭劳动力数量	2.69	2.79	2.73	2.59
作业态度	caut	收获时作业态度：粗糙或一般 =0，精细 =1	0.29	0.21	0.20	0.40
赶种下一季	rota	是否赶种下一季：否 =0，是 =1	0.48	0.36	0.83	0.40
适时收割	ripe	是否适时收割：否 =0，是 =1	0.96	0.96	0.95	0.98
天气状况	weather	收获时异常天气：是 =1，否 =0	0.12	0.16	0.09	0.11
虫害情况	pest	收获时的虫害情况：较少或没有 =0，一般或严重 =1	0.24	0.24	0.22	0.24

续表

变量名称	变量代码	变量定义	全部样本	水稻	小麦	玉米
农户家庭特征						
性别	gender	决策者性别：男=1，女=0	0.83	0.83	0.83	0.82
年龄	age	决策者年龄(岁)	53.93	53.51	55.09	53.64
受教育程度	edu	决策者在校时间(年)	7.18	6.98	7.29	7.28
合作社	coop	决策者是否参加合作社：是=1，否=0	0.06	0.07	0.03	0.06
农业培训	train	决策者是否参加过农业培训：是=1，否=0	0.12	0.10	0.12	0.16
家庭经营收入水平	hincs	家庭经营收入占比(%)	45.85	47.35	38.05	48.85
家庭资产水平（住房价值）	vhouse	家庭居住房屋价值(万元)	7.41	8.52	7.43	6.47

资料来源：实地调研。

按照不同的收获方式进行分组比较（见图5-1），可以发现，从三种粮食品种总体来看，联合机械化收获损失率（4.01%）高于人工收获的损失率（3.88%）、水稻的联合机械化收获损失率（3.84%）高于人工收获损失率（2.84%），但玉米的人工收获损失率（4.17%）高于联合机械化收获损失率（3.85%），小麦的人工收获损失率为5.87%，高于分段半机械化收获损失率（5.39%）和联合机械化收获的损失率（4.28%），水稻的人工收获损失率（2.84%）低于分段半机械化收获的损失率（3.28%）。

当前联合机械化收获是发展趋势和主流，社会化服务程度高并且发展前景广阔。如图5-2所示，在采用联合机械化收获的农户中，总体上选择购买农机服务的损失率更低。其中，水稻、小麦联合机械化收获中购买农机服务收获的损失率分别为3.83%、4.12%，均低于未采用农机服务的损失率，并且小麦的差异最显著；而玉米的购买农机服务的损失略高于未采用农机服务的损失率。

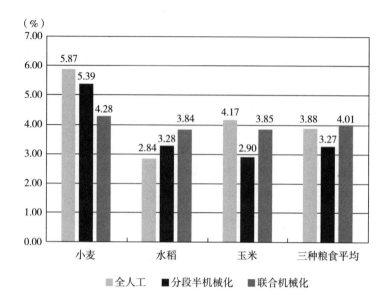

图5-1　不同收获方式的粮食收获环节损失率

资料来源：根据样本数据计算。

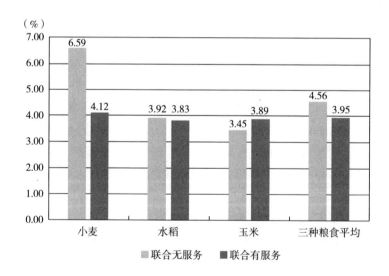

图5-2　不同农机服务方式的粮食收获环节损失率

资料来源：根据样本数据计算。

第二节　不同收获方式与粮食损失的实证结果

一、影响因素与粮食收获环节损失率

本章利用 OLS 进行估计，得到如下实证结果。收获方式、生产与收获特征、农户家庭特征等因素对粮食收获环节的损失率的影响如表 5-2 所示，模型（1）、模型（2）、模型（3）分别对水稻、小麦、玉米进行了分样本检验。在控制了种植优势区的区域效应后，结果表明，相较于人工收获，分段半机械化收获显著增加了水稻收获损失，但对小麦、玉米的影响均不显著。小麦的人工收获比例小，玉米的分段收获比例高并且技术成熟，因此影响不大。相对于人工收获，联合机械化收获显著提高了水稻的收获环节损失，且均在 10% 的水平下显著，但对小麦、玉米收获环节的损失率的影响不显著，这主要是由于小麦的联合机械化普及率高，技术更加成熟，相较于手工收获差异不大。如前文所述，玉米人工收获难度更大，损失率更高并且联合机械化比例较低，因此不显著。通过购买农机服务的方式，能够显著降低水稻收获损失，但对小麦和玉米不显著。这主要是因为专业化服务能够提供更专业的机手和设备，更好发挥机械效力，从三个品种的符号也可以看出来，小麦的机收比例高、专业服务比例也高，玉米的机收比例小、购买服务也少，因此不显著。从种植规模来看，三个品种粮食作物均显著降低了收获损失，且在 1%~5% 水平上显著，说明种植规模与收获损失密切负相关，随着规模的增加机械的效力得到更好的发挥，后文也将进一步分析。

表 5-2　粮食收获环节损失影响因素

变量	水稻 模型（1）	小麦 模型（2）	玉米 模型（3）	三种粮食 模型（4）
分段半机械化收获	0.2133 ** （2.1903）	0.1204 （0.5376）	-0.0356 （-0.4022）	0.0695 （1.1390）
联合机械化收获	0.2239 * （1.9326）	-0.0462 （-0.1993）	0.2896 （1.5085）	0.1890 ** （2.1375）

续表

变量	水稻 模型（1）	小麦 模型（2）	玉米 模型（3）	三种粮食 模型（4）
农机服务	-0.5020*** （-5.4560）	-0.2196 （-1.1865）	-0.0828 （-1.0669）	-0.2141*** （-3.8889）
联合收获×服务	0.6547*** （4.9979）	0.2405 （1.0389）	0.1444 （0.7111）	0.2524*** （2.6899）
种植规模	-0.0809*** （-2.8742）	-0.2001*** （-4.7027）	-0.0810** （-2.5314）	-0.1109*** （-6.1219）
收割时间	-0.1026*** （-3.0820）	0.2094*** （4.1216）	-0.0158 （-0.4953）	-0.0314 （-1.5056）
劳动力数量	0.0619 （1.0286）	0.0984 （1.3423）	-0.0415 （-0.6471）	0.0690* （1.8015）
作业态度	-0.2046*** （-3.4058）	-0.2923*** （-3.5873）	-0.3829*** （-7.0897）	-0.3154*** （-8.7384）
赶种下一季	-0.0451 （-0.8294）	0.0025 （0.0240）	0.1845** （2.4757）	-0.0147 （-0.4109）
适时收割	0.0158 （0.1225）	-0.3624** （-2.5173）	-0.1921 （-1.1759）	-0.1588* （-1.8704）
异常天气	0.2568*** （3.7901）	0.8216*** （7.4642）	0.3718*** （4.3784）	0.4584*** （9.5242）
虫害	0.4023*** （7.0760）	0.2402*** （3.1948）	0.4127*** （6.7350）	0.3978*** （10.7663）
性别	0.1000 （1.5241）	0.0678 （0.7989）	0.1511** （2.2460）	0.0951** （2.2589）
决策者年龄	0.3310*** （2.9225）	0.4558*** （2.9136）	0.1863 （1.4351）	0.2909*** （3.7823）
受教育程度	0.0348 （0.6118）	0.0709 （0.8583）	0.1395** （2.0471）	0.0929** （2.3361）
加入合作社	-0.2721*** （-2.7905）	-0.0645 （-0.3549）	0.1003 （0.9031）	-0.1638** （-2.4056）
农业培训	0.0839 （1.0343）	-0.0534 （-0.4842）	0.1766** （2.4146）	0.2328*** （4.9474）

续表

变量	水稻 模型（1）	小麦 模型（2）	玉米 模型（3）	三种粮食 模型（4）
经营收入占比	− 0. 0981 ***	− 0. 0739 **	− 0. 0947 ***	− 0. 0738 ***
	（− 3. 3915）	（− 2. 1070）	（− 2. 9837）	（− 3. 9821）
家庭住房价值	0. 0107	0. 0675 **	0. 0818 ***	0. 0681 ***
	（0. 4869）	（2. 3952）	（3. 4101）	（4. 7789）
粮食品种	—	—	—	已控制
区域效应	已控制	已控制	已控制	已控制
样本量	1566	1002	1876	4444
调整后的 R²	0. 1824	0. 1900	0. 1485	0. 1478

注：括号内为 t 值，*** 、** 和 * 分别表示在 1% 、5% 和 10% 的水平上显著。

收割时间对水稻和小麦均有显著影响，但符号不同，与水稻损失负相关，而与小麦损失正相关。劳动力数量对三个品种均不显著。作业态度均与三个品种损失显著负相关，作业态度越认真损失越少。赶种下一季会显著增加玉米收获损失，玉米价格相对较低并且机械技术水平相对较差，因此赶种会增加损失。适时收割会显著降低小麦损失，但对水稻和玉米不显著。异常天气和虫害会显著增加水稻、小麦和玉米的收获损失，与曹芳芳（2018）的研究一致。

在农户家庭特征方面，男性作为决策者的农户，与玉米的收获损失正相关，说明女性决策者更加认真细致，收获时更仔细，但性别对其他两个品种不显著。决策者年龄与水稻和小麦的收获损失正相关，并均在 1% 水平上显著。对于玉米，受教育程度及培训均与玉米的收获损失正相关，说明受教育程度越高，兼业的机会成本也越高，对收获的认度就有所下降。而参加合作社显著降低水稻收获损失，如前文所述，通过示范效应，农户节粮意识更高。同时，家庭收入中经营收入占比越高，损失越小，并且三个粮食品种均显著。但随着农户家庭资产（住房价值）增加，小麦和玉米的损失也显著增加，说明越富裕，其捡拾粮食的意愿越低，收获时精细度也越低。

随后，我们控制了粮食品种的差异以及种植优势区的区域效应，用模型（4）对三种粮食总体进行回归。结果表明，从收获方式来看，与人工收获方式相比，联合机械化收获方式显著增加了粮食收获环节的损失率。通过购买农机服务可以显著降低粮食损失，这与水稻结果一致。同样，种植规模越大，收获环节的损失率越低（王桂民等，2016）。从生产和收获特征来看，作业态度越精细，收获环节的损失率越低。同样，适时收割会显著降低粮食损失。而收获时期遇到大风、暴雨等异常天气都会显著提高损失率。虫害程度越严重，收获环节的损失率越高。从家庭特征来看，决策者为男性、年龄越大，粮食收获环节的损失率越高。这和我们的预期不同，主要原因可能是在收获季节，机械手都比较忙，为了赶时间可能倾向于加快收获进度，而年龄大的户主可能出于对粮食的爱惜会倾向于提醒或责怪机手，反而增加了机手的反感或紧张情绪，而女性决策者会更加细心。而农户受教育程度越高，接受过培训、家庭资产（住房价值）越高，（越富裕）机会成本越大，节粮意识会较弱，捡拾意愿和收获精细度也较低，造成收获环节的损失率更高。但随着家庭经营收入占比提高，收获损失会下降，这与粮食生产收入在家庭收入总占比较高有关。此外，合作社形成的示范效应对粮食总体也显著降低了收获损失。

二、农机服务、联合机械化收获与粮食收获环节的损失率

从上述研究中可见，联合机械化收获和农机服务的影响均显著。联合机械化收获所使用的联合收割机技术水平要求高、效率高、购置成本高，因此，部分农户考虑成本收益通过采购服务的方式进行收获，如近些年形成的联合收割机跨区域作业。为此，我们通过交互项进一步考察联合机械化收获方式与农机服务对粮食收获损失的影响。结果发现，农机服务会放大联合机械化收获对于损失的正向影响，使用农机服务购买方式进行联合机械化作业的农户，会增加水稻和粮食总体的损失，但对小麦和玉米的影响不显著。这与水稻规模差异大、土地细碎化相关，机械的效力不能更好地发挥，下文将进一步检验规模和机械的交互作用。

三、规模、联合机械化收获与粮食收获损失

为进一步考察规模与机械收获的影响，由于分段半机械化收获影响不显著，并且分段收获所用机械相对于联合收割机，受规模影响较小，因此，本章将规模与联合机械化收获做交互项，按照水稻、小麦、玉米和粮食总体进行实证检验，得出如下结论，如表5-3所示的三种粮食模型（8），随着规模增加，会减缓联合机械化收获带来的损失增加，相比于人工收获，用联合机械化收获，面积上升1%，损失率上升10.36%，低于联合机械化作业的12.94%。但与之相反，随着规模增加，玉米联合收获带来的损失进一步增加。而这主要

是由于米的机械化技术仍在不断完善过程中，市场上普遍的籽粒收获和机械摘穗方式导致的损失仍然较高（黄东等，2018；郭焱等，2018），规模越大对上述机型的使用越多，因此损失会显著增加，如表5-3所示。

表5-3 种植规模、联合机械化收获的影响结果

变量	水稻 模型（5）	小麦 模型（6）	玉米 模型（7）	三种粮食 模型（8）
分段半机械化收获	-0.0685 （-0.8057）	0.0466 （0.2283）	-0.0178 （-0.2290）	-0.0086 （-0.1610）
联合机械化收获	0.4017*** （3.9847）	-0.0123 （-0.0638）	-0.0355 （-0.2655）	0.1294** 1.9735）
种植规模	-0.0820* （-1.8796）	-0.2671*** （-3.4055）	-0.1518*** （-4.3009）	-0.1728*** （-7.6586）
联合收获×规模	-0.0254 （-0.4902）	0.0809 （0.9332）	0.2224*** （4.2858）	0.1036*** （3.5610）
生产和收获特征	已控制	已控制	已控制	已控制
家庭特征	已控制	已控制	已控制	已控制
粮食品种	—	—	—	已控制
优势区域	已控制	已控制	已控制	已控制
样本量	1566	1002	1876	4444
调整后的 R^2	0.1655	0.1903	0.1568	0.1475

注：括号内为 t 值，***、**和*分别表示在1%、5%和10%的水平上显著。模型中均引入了一系列的控制变量，限于篇幅未报告控制变量的具体结果。

第三节 本章小结

本章检验了不同收获方式对粮食收获损失的影响，结果表明：

购买联合机械化服务，相较于人工收获，对粮食（小麦和玉米）收获损失影响不显著，适宜推广。联合机械化收获增加了粮食收获环节损失，但程度较小，与替代劳动力短缺的益处（钟甫宁等，2016；郑旭媛和徐志刚，2017）相比微不足道。同时，购买农机服务有助于显著降低粮食收获损失，但对于通

过购买农机服务并采用联合机械化收获方式的农户，粮食收获环节的损失率会显著增加。不过，随着规模的增加，会减少联合机械化收获方式所增加的损失。分品种来看，联合机械化收获方式相较于人工收获显著增加了水稻收获损失，但对小麦和玉米不显著，这与高利伟等（2016）的研究部分一致，虽然粮食作物机械化发展取得了长足的进步，但近年来水稻的脱粒环节损失受到联合收割机风门的影响，损失相对较大。这部分损失导致了水稻联合机械化收获整体的损失偏高（黄东等，2018）。在相较于其他农户，购买农机服务的水稻种植户显著降低了收获损失，但对小麦和玉米不显著。由此可见，对于小麦和玉米品种，联合机械化作业和社会化服务相对于人工收获，负向影响不显著，适宜推广，与前文假设相符。

随着规模的增大，联合机械化收获对粮食损失的正向效应降低。农用机械在传统规模经济理论中被认为是不可分资源（弗兰克·艾利思，2006）。但是在我国土地细碎化，农用机械使用过程中会因规模不同，影响使用效果，进而造成农用机械相对可分。本章通过联合机械化与种植规模交互，实证结果表明，从收获损失角度来看，规模越大，越适宜联合机械化作业。随着耕地规模的增加，机械的效用能够更好地施展，特别是粮食种植领域，田垄、水沟交错，大规模农田能够更好地收获，避免细碎化造成的农田整齐度不高而引起的过多损失。而玉米却与之相反，主要因为玉米收获机械特别是籽粒直收联合收割机技术还需进一步提升农机与农艺、作物的匹配度（郭焱等，2018）。

异常天气不但对水稻、小麦及玉米，还对粮食总体的收获损失有显著正向影响。而联合收割机等农机设备其高效率，有利于农户在异常天气前抢收。而如前文所述，规模的增加会降低收获损失，但部分品种使用联合机械化方式对损失影响不显著，另一部分如玉米损失受影响显著，因此，不同品种在何种规模阈值适宜发展联合机械化收获，值得进一步研究。

此外，也对其他控制变量进行了检验，发现虫害也如预期对粮食作物的损失影响显著。决策者性别、受教育程度、经营收入水平及家庭资产情况都不同程度地影响收获损失。特别是加入合作社的农户，与未加入合作社的农户相比，粮食收获损失会显著降低，这与前文假设相一致，下文将通过捡拾行为进一步验证。而在本章的实证模型结果中，种植规模对于损失的影响均显著，并且与机械化收获交互后，粮食收获总体依然显著。而不同经营规模的农户行为也有差异，为了更好地分析规模对粮食收获损失的影响，下文将区分不同的经营规模进行讨论。

第六章

农户规模对粮食收获环节
损失的影响研究[①]

从前文可知，机械化程度的不同对收获损失的影响也不同。联合机械化显著增加了粮食收获损失，但分段半机械化相较于手工的收获方式没有显著增加粮食损失。联合机械化使用的是联合收割机，机械相对较大，而不同的规模会影响机械的效用的发挥（曾勇军等，2014）。当规模达到一定程度时，机械的不可分性将可以忽略，而产生规模经济的效果，如第五章的实证检验中，种植规模显著降低了收获损失。而不同规模农户在作业方式、技术采用、种植决策等生产收获特征方面也有差异，小规模农户会更倾向于兼业经营，大规模农户则追求成本的降低，中等规模的农户生产效率最高（李亮科和马骥，2015）。因此，分规模分析农户收获环节粮食损失的影响异同，特别是何种规模的农户适合何种收获方式，更显重要。

第一节　基于规模的损失模型设定及数据描述

一、模型设定

为了实证分析规模对粮食收获环节损失率的影响，本节将建立计量经济模型进行检验。由于"规模"是本章分析的关键，首先根据规模大小将所有样

---

① 本章内容发表在《中国软科学》2019 年第 8 期，内容有所修改。作者为李轩复、黄东、武拉平。

本区分为三组，分别建立模型进行计量检验，然后对比三个模型的系数从而说明规模对粮食损耗的影响。这一框架比仅将规模作为一个解释变量能够更好地反映其对粮食收获损失的影响。

种植规模对机械的效力发挥有重要作用，但种植规模是可以变化的，相对而言经营规模更加稳定，对于经营决策影响更大。为了在考量机械的技术进步效用的同时，兼顾考虑农户行为决策的检验，因此本章所使用的规模概念不同于前文的种植规模而是经营规模。从现有研究来看，农户规模的界定差异较大，并无统一标准，有些研究根据常规习惯，如罗丹等（2017）将粮食种植户规模划分为 0 ~ 5 亩等 8 个组别；有学者界定作物种植面积 20 亩及以上为种植大户（黄祖辉和俞宁，2010）；章磷等（2018）根据统计数据和文件概念测算出边界值，划定黑龙江玉米种植户规模类型；另有部分研究是基于样本情况进行划分，如刘颖等（2016）根据样本农户土地经营规模的统计特征对农户进行分组。

本章根据样本的实际情况和前人研究进行相对区分，将农户分为小规模农户（耕地面积 < 10 亩）、中规模农户（耕地面积为 10 ~ 20 亩）、大规模农户（耕地面积 > 20 亩）。

根据前文设定双对数模型如下：

$$\ln hlr_{in} = \alpha + \beta_1 hmeth2_{in} + \beta_2 hmeth3_{in} + \beta_3 \ln X_{in} + \beta_4 M_{in} + Z_{in} + \mu_n + \varepsilon_{in}$$

$$(6-1)$$

其中，hlr_{in} 是被解释变量，表示农户 i 生产的第 n 种粮食（包括小麦、水稻、玉米）收获环节的损失率。核心解释变量为收获方式，包括人工 hmeth1、分段半机械化 hmeth2、联合机械化 hmeth3 三种收获方式。人工收获定义为农户在收割、脱粒、田间运输、清粮环节均不采用机械，将其作为参照；联合机械化收获定义为农户收获环节使用联合收割机，主要为收割脱粒一起完成；其余则为分段半机械化收获。决策者性别、年龄、受教育程度、培训情况等农户家庭特征变量影响农户行为决策，而不同规模农户间存在差异（马长凤，2015），有助于检验，因此上述变量均继续使用。而劳动力数量前文表现不显著，本章更换为主观评价性的充裕度指标，其本身具有相对概念，与规模具有一定的相关联系，强调了农户主观感受及决策。同样，为进一步区分不同作业态度的影响，对作业态度也进行了细分。此外，收割时间在前人研究中及前文均显著，本章继续使用。而相较于前文收入水平所使用的经营收入占比，为更好地比较不同规模的经营差异，使用家庭经营收入作为收入水平变量，而家庭财富变量继续由家庭居住房屋价格替代。相较于前文模型，本章的解释变量也有所精简，如解释变量中剔除了种植规模变量。同时，本章也加入种植优势区域虚拟变量 X_{in} 和粮食品种虚拟变量 μ_n，用来控制不同粮食品种之间的差别。

二、变量选取

（1）被解释变量。被解释变量为粮食收获环节损失，本章仍然选取粮食收获环节的损失率代表，即收割、脱粒、田间运输和清粮四个粮食收获环节的总损失量占总产量（实际产量＋损失量）的百分比。

（2）解释变量。收获方式（人工、分段半机械化和联合机械化，其中人工为参照方式）、收割时间、劳动力充裕度（分为三组：不足、一般充裕、充裕，以"不足"为参照组）、收获的作业态度（分为三组：粗糙、一般、精细，以"粗糙"为参照组）以及收获时的天气情况（收获时是否有异常天气）、虫害状况（收获时的虫害情况：较少或没有＝0，一般或严重＝1），也包括农户决策者的性别、年龄、受教育程度（受教育年限）、培训情况和农户家庭经营收入水平、家庭财富水平（由家庭居住房屋价值替代）。具体定义如表6-1所示。

表6-1 变量定义

变量名称	变量代码	变量定义
被解释变量		
收获损失率	hlr	损失量/（实际产量＋损失量）（％）
解释变量		
生产和收获特征		
收获方式	hmeth1	收获时为人工收获：是＝1，否＝0
	hmeth2	收获时为分段半机械化收获：是＝1，否＝0
	hmeth3	收获时为联合机械化收获：是＝1，否＝0
收割时间	hdays	完成收割所用时间（天）
劳动力充裕度	分为三组：不足、一般充裕、充裕（以"不足"为参照组）	
	labor1	收获时劳动力充裕度为"不足"：是＝1，否＝0
	labor2	收获时劳动力充裕度为"一般充裕"：是＝2，否＝0
	labor3	收获时劳动力充裕度为"充裕"：是＝3，否＝0

变量名称	变量代码	变量定义
收获作业态度	分为三组：粗糙、一般、精细（以"粗糙"为参照组）	
	caut1	收获时作业态度为"粗糙"：是 =1，否 =0
	caut2	收获时作业态度为"一般"：是 =2，否 =0
	caut3	收获时作业态度为"精细"：是 =3，否 =0
天气情况	weather	收获时是否有异常天气：是 =1，否 =0
虫害情况	pest	收获时的虫害情况：较少或没有 =0，一般或严重 =1
农户家庭特征		
性别	gender	决策者性别：男 =1，女 =0
年龄	age	决策者年龄（岁）
受教育程度	edu	决策者在校时间（年）
农业培训	train	决策者是否参加过农业培训：是 =1，否 =0
家庭经营收入水平	fhinc	家庭年经营收入（万元）
家庭财富水平	vhouse	家庭居住房屋价值（万元）

三、数据来源与描述分析

本章将农户分为小规模农户、中规模农户和大规模农户，最后结果为：水稻种植户1588户，其中小规模农户1182户、中规模农户246户、大规模农户160户；小麦有1029户，其中小规模农户857户、中规模农户122户，大规模农户50户；玉米种植户1888户，其中小规模农户1224户、中规模农户321户，大规模农户343户[①]。

如图6-1、图6-2、图6-3所示，随着农户规模的增加，水稻和玉米的收获环节损失率呈现下降趋势，大规模农户的损失率最低，而小麦的中规模损失率最低。

如表6-2所示，随着规模的增加，粮食损失率不断降低；三个品种中，玉米的损失率最低，小麦的损失率最高。同时，机械化收获方式（联合机械化及分段半机械化）比例也随农户耕地规模的增加而提高，大中小规模农户分别为95%、91%、83%，可见规模农户有利于机械化收获。农户耕地规模

---

① 因其中有粮食品种兼业情况，将其分品种作为独立样本进行分析。

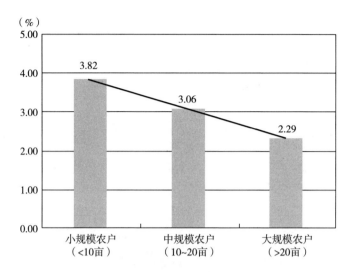

图 6 - 1　不同规模农户水稻收获环节损失率

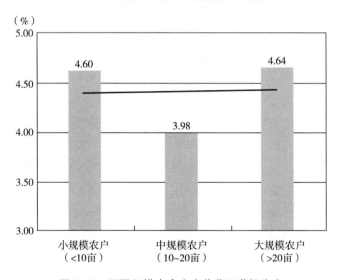

图 6 - 2　不同规模农户小麦收获环节损失率

不断增大，农户的收割时间也在不断增加，从 2.97 天到 9.21 天。三种规模农户基本都认为劳动力一般充裕，其中大规模农户的充裕度最高。农户的耕地规模越大，作业态度越精细。大规模农户在收获时遇到异常天气的比例最低，为 10%，中规模最高，为 16%。虫害情况也一样，中规模农户最高，为 26%，小规模农户为 24%，大规模农户最低，为 17%，这与大规模农户对于新技术的接受程度更高有关。农户经营决策者均以男性为主，超过八成。而决策者年

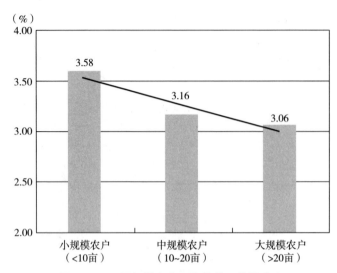

图 6-3 不同规模农户玉米收获环节损失率

表 6-2 描述性统计

变量	小规模农户 （＜10 亩）	中规模农户 （10～20 亩）	大规模农户 （＞20 亩）	水稻种植户	小麦种植户	玉米种植户
粮食损失率	3.93	3.27	2.99	3.55	4.53	3.41
人工收获	0.18	0.08	0.06	0.12	0.04	0.23
分段半机械化收获	0.33	0.45	0.53	0.30	0.17	0.54
联合机械化收获	0.50	0.46	0.42	0.58	0.79	0.23
收割时间	2.97	5.58	9.21	3.34	2.20	5.83
劳动力充裕度	1.92	1.92	1.95	1.91	1.98	1.90
作业态度	2.17	2.23	2.24	2.11	2.09	2.30
天气情况	0.12	0.16	0.10	0.16	0.09	0.11
虫害情况	0.24	0.26	0.17	0.24	0.22	0.24
性别	0.82	0.86	0.80	0.83	0.83	0.82
年龄	54.86	53.12	49.41	53.51	55.09	53.65
受教育程度	7.15	7.15	7.41	6.98	7.29	7.28
农业培训	0.12	0.13	0.20	0.10	0.12	0.16
经营收入水平	2.50	4.04	5.80	3.62	2.63	3.00
家庭财富水平	7.64	7.36	7.19	8.52	7.43	6.47

龄却随着规模的增加而降低，从小规模农户的年龄从 54.86 岁下降到中规模农户的 53.12 岁再到大规模农户的 49.41 岁。受教育程度随规模增加而提高，大规模农户平均学习年限为 7.41 年，中小规模农户为 7.15 年。大规模农户参加农业培训的比例最高，为 20%，中规模农户次之，为 13%，小规模农户最低，为 12%。随着规模的增加，经营收入水平不断提高，但是家庭财富水平（住房价值）不断降低，这是由于规模越大的农户越愿意将资金用于在生产而不是住房建设。

第二节 不同规模农户粮食收获环节 损失的结果分析

从三个粮食品种总体来看（见表 6-3），与人工收获相比，大规模农户的联合机械化收获会增加粮食收获环节损失，且在 1% 的水平上显著，从下文可知，主要由于玉米的机械技术水平相对较低的原因，分段半机械化收获显著降低了小规模农户收获损失，说明分段半机械化收获的小型机械更适合小规模农户；收割时间与大中规模农户的损失显著负相关，均在 1% 水平上显著；精细的作业态度显著降低了三种规模农户收获损失，但随着规模的增加，影响降低，说明态度越认真损失越小，特别是对小规模农户作用最明显。收获时，异常天气会显著增加小规模农户的粮食收获环节损失，但对大中规模农户不显著，这可能是在一些地区由于大规模农户更注意关注天气变化，而且联合机械化收获比例较高，有利于提高收获效率，通过抢收，降低异常天气影响；虫害对三种规模农户的粮食损失均显著增加，并且对小规模农户影响最大。

表 6-3 粮食总体分规模回归结果

变量	小规模农户 （<10 亩）	中规模农户 （10~20 亩）	大规模农户 （>20 亩）
分段半机械化收获	-0.106* （-1.821）	0.052 （0.290）	0.044 （0.155）
联合机械化收获	0.066 （1.072）	0.272 （1.444）	0.860*** （2.944）

续表

变量	小规模农户 （＜10 亩）	中规模农户 （10～20 亩）	大规模农户 （＞20 亩）
收割时间	−0.013 （−0.533）	−0.161*** （−3.306）	−0.140*** （−3.001）
劳动力一般充裕	−0.050 （−1.198）	0.034 （0.361）	−0.052 （−0.482）
劳动力充裕	−0.045 （−0.770）	−0.178 （−1.455）	−0.240 （−1.647）
收获作业态度一般	−0.267*** （−4.860）	−0.065 （−0.572）	−0.233* （−1.911）
收获作业态度精细	−0.557*** （−8.435）	−0.319** （−2.350）	−0.282* （−1.923）
异常天气	0.582*** （10.608）	−0.075 （−0.719）	0.181 （1.338）
虫害	0.381*** （9.185）	0.264*** （2.915）	0.277** （2.245）
性别	0.044 （0.884）	0.026 （0.228）	0.224* （1.765）
年龄	0.166* （1.913）	0.195 （1.053）	0.338 （1.510）
受教育程度	0.114*** （2.592）	0.041 （0.459）	0.174 （1.122）
农业培训	0.200*** （3.401）	−0.106 （−0.788）	−0.102 （−0.965）
经营收入水平	−0.107*** （−6.803）	−0.148** （−2.407）	−0.174*** （−3.097）
家庭财富水平	0.052*** （3.442）	0.191*** （4.204）	0.055 （1.186）
区域效应	已控制	已控制	已控制
品种差异	已控制	已控制	已控制
N	3263	689	553
adj. R − sq	0.176	0.209	0.306

注：括号中为 t 值，***、** 和 * 分别表示在 1%、5% 和 10% 的水平上显著，并使用了稳健标准误。

在农户家庭特征中，男性决策者相比较而言，收获损失更多，这主要是由于男性与女性相比，男性细心程度较弱；决策者年龄越大，小规模农户的损失越多，并在 10% 水平上显著；受教育程度及参加培训状况均与小规模农户收获环节粮食损失正相关，随着农户技能的提升，从事生产经营活动的机会成本越高；随着经营收入提高，三种规模农户的损失均显著降低，并且随规模增加影响更大；但是随着家庭财富水平的提高，中规模农户和小规模农户的粮食损失也增加，并均在 1% 水平上显著，这主要是由于经济富裕后，相较于同规模其他农户节粮意识不强。

分品种来看，如表 6-4 所示，在水稻种植户中，相较于人工收获，分段半机械化显著降低了大规模农户的损失，联合机械化收获增加了小规模农户的收获损失，但对大中规模农户影响不显著，说明随着规模的增大，水稻机收作业效率和效力均得到更好发挥，对损失的正向影响减弱；大规模农户的收获损失与收割时间负相关，时间越长损失越小；精细的作业态度会显著降低中小规模农户的水稻收获损失，说明态度越精细水稻收获损失越小，这主要是由于一方面中小规模农户人工比例较高，另一方面中小规模农户的耕地面积小，机械效力发挥受到的约束更多，对机械操作者的技术要求和作业精细度要求更高；收获期间的异常天气对于小规模农户的水稻收获损失均有正向影响，但对大中规模农户影响不显著，如前文所述，说明大中规模农户抗风险能力更强，更关注天气变化；虫害显著增加了大规模农户和小规模农户的收获损失；对于中规模农户，随着决策者年龄增加，水稻收获损失也增加，说明年龄越大，对于新技术的认识和技能的掌握相对越差，因此增加了损失；对于小规模农户，随着家庭经营收入提高收获损失越小，但对大中规模农户影响不显著；而对于中规模农户，家庭财富水平的提高会显著增加粮食收获损失。

表 6-4 水稻分规模回归

变量	小规模农户 （<10 亩）	中规模农户 （10~20 亩）	大规模农户 （>20 亩）
分段半机械化收获	0.005	0.008	-0.771**
	(0.052)	(0.031)	(-2.585)
联合机械化收获	0.361***	0.144	-0.032
	(4.013)	(0.586)	(-0.112)

续表

变量	小规模农户 （<10 亩）	中规模农户 （10~20 亩）	大规模农户 （>20 亩）
收割时间	-0.045	-0.077	-0.398***
	(-1.183)	(-0.803)	(-2.875)
劳动力一般充裕	-0.054	0.147	-0.289
	(-0.868)	(1.121)	(-1.307)
劳动力充裕	0.031	-0.216	-0.109
	(0.354)	(-1.062)	(-0.335)
收获作业态度一般	-0.394***	-0.149	-0.351
	(-5.338)	(-0.933)	(-1.541)
收获作业态度精细	-0.519***	-0.616***	-0.412
	(-5.376)	(-2.705)	(-1.544)
异常天气	0.369***	-0.133	0.174
	(4.617)	(-0.852)	(0.787)
虫害	0.384***	0.123	0.518***
	(6.006)	(0.862)	(2.859)
性别	0.080	-0.073	0.179
	(1.148)	(-0.385)	(0.641)
年龄	0.037	0.666**	0.860
	(0.288)	(2.182)	(1.479)
受教育程度	0.011	-0.107	0.278
	(0.180)	(-0.738)	(1.096)
农业培训	0.035	-0.023	-0.133
	(0.415)	(-0.092)	(-0.435)
经营收入水平	-0.065***	-0.066	0.023
	(-2.760)	(-0.627)	(0.118)
家庭财富水平	0.022	0.150*	-0.079
	(0.966)	(1.915)	(-0.828)
区域效应	已控制	已控制	已控制
品种差异	已控制	已控制	已控制
N	1182	246	160
adj. R-sq	0.124	0.117	0.277

注：括号中为 t 值，***、**和*分别表示在 1%、5% 和 10% 的水平上显著，并使用了稳健标准误。

如前文所述，小麦的机收比例最高，人工收获最少。为避免多重共线，便于更好地估计关键变量，在小麦分规模估计模型中，收获方式仅报告联合机械化收获变量。在小麦种植户中（见表6-5），相较于其他收获方式，联合机械化收获对小麦收获损失的影响均不显著，这主要是由于小麦的机收水平相对较高，技术装备发展更加成熟；收割时间与小规模农户的收获损失正相关，这主要是由于小麦的机械化程度高，收割时间长是受异常天气或机械故障等原因造成，而这也会产生更多的损失；较充裕的劳动力可以显著降低小规模小麦种植户的损失，而对大中规模农户影响不显著，这主要是由于大中规模农户机收比例更高，对人力依赖度较低；收获时的态度也会影响小麦收获损失，特别是中小规模农户，精细的作业态度降低了小麦收获损失；同粮食总体和水稻一样，收获期间的异常天气均会显著增加小规模农户的小麦收获损失，但对大中规模农户不显著；小规模农户小麦收获损失受虫害影响较大。同粮食总体一样，对于小规模农户，年龄越大损失越多，这与农户的体能降低而造成的收获精细度下降有关，并且小规模对于人力的依赖度更高。此外，随着经营收入的提高，大规模农户和小规模农户收获损失显著降低；中小规模农户的收获损失与家庭财富水平显著正相关，其住房价值越高其小麦收获损失越大，说明由于经济条件较好，节粮意识相对较低。

表6-5 小麦分规模回归结果

变量	小规模农户 （<10亩）	中规模农户 （10~20亩）	大规模农户 （>20亩）
联合机械化收获	-0.069 （-0.729）	-0.010 （-0.031）	-0.320 （-0.793）
收割时间	0.225*** （4.061）	-0.127 （-0.722）	0.163 （0.769）
劳动力一般充裕	-0.141* （-1.833）	0.082 （0.351）	0.014 （0.042）
劳动力充裕	-0.188 （-1.634）	0.092 （0.378）	-0.098 （-0.229）
收获作业态度一般	-0.224** （-2.179）	-0.502** （-2.200）	0.590 （1.492）

续表

变量	小规模农户 （＜10 亩）	中规模农户 （10～20 亩）	大规模农户 （＞20 亩）
收获作业态度精细	−0.465＊＊＊ （−3.257）	−0.963＊＊＊ （−3.386）	0.518 （1.073）
异常天气	1.032＊＊＊ （7.975）	0.036 （0.139）	−0.129 （−0.293）
虫害	0.278＊＊＊ （3.204）	0.118 （0.454）	0.374 （1.121）
性别	0.118 （1.210）	−0.163 （−0.661）	0.054 （0.175）
年龄	0.451＊＊＊ （2.621）	−0.633 （−1.558）	−0.124 （−0.172）
受教育程度	0.137＊ （1.647）	0.122 （0.601）	0.167 （0.442）
农业培训	−0.085 （−0.752）	0.504＊ （1.851）	0.488 （1.612）
家庭经营收入水平	−0.087＊＊＊ （−2.996）	−0.158 （−1.227）	−0.356＊＊＊ （−4.186）
家庭财富水平	0.085＊＊＊ （2.897）	0.154＊ （1.728）	0.006 （0.048）
区域效应	已控制	已控制	已控制
N	857	122	50
adj. R − sq	0.206	0.118	0.569

注：括号中为 t 值，＊＊＊、＊＊和＊分别表示在 1%、5% 和 10% 的水平上显著，并使用了稳健标准误。

如表 6 - 6 所示，在玉米种植户中，相较于人工收获，机械收获（分段半机械化收获和联合机械化收获）显著增加了大规模农户损失，这主要是由于玉米的机械化发展相对落后，技术装备水平较低；收获时间越长，大中规模农户的玉米收获损失越低，因为时间越长作业越精细；对于小规模农户，精细的作业态度会显著降低玉米收获损失；同小麦和水稻一样，异常天气对于小规模农户有影响，会显著增加玉米收获损失，但对大中规模农户影响不显著；虫害对于中小规模农户的影响都显著，均使玉米收获损失增加。大规模农户中，男性作为决策者的农户损失更大；受教育年限越多，接受过培训的小规模农户玉米损失显著增加，这主要是由于农户外出兼业产生的机会成本更高，玉米收获存在过早抢收等现象；对于三种规模农户，经营收入的提高显著降低了玉米收获损失。

表6-6　玉米分规模回归结果

变量	小规模农户 （<10 亩）	中规模农户 （10~20 亩）	大规模农户 （>20 亩）
分段半机械化收获	-0.115 （-1.416）	0.114 （0.482）	1.159*** （2.651）
联合机械化收获	-0.049 （-0.465）	0.488* （1.837）	2.058*** （4.516）
收割时间	-0.029 （-0.690）	-0.176*** （-2.914）	-0.134** （-2.449）
劳动力一般充裕	-0.034 （-0.435）	-0.147 （-1.016）	-0.045 （-0.350）
劳动力充裕	-0.086 （-0.823）	-0.306* （-1.746）	-0.194 （-1.248）
收获作业态度一般	-0.079 （-0.733）	-0.197 （-1.025）	-0.286** （-2.045）
收获作业态度精细	-0.605*** （-5.201）	-0.254 （-1.246）	-0.058 （-0.374）
异常天气	0.595*** （5.805）	-0.188 （-1.131）	0.145 （0.682）
虫害	0.480*** （6.689）	0.422*** （2.911）	0.172 （0.854）
性别	0.060 （0.688）	0.115 （0.643）	0.246* （1.882）
年龄	0.138 （0.882）	-0.158 （-0.523）	0.329 （1.233）

变量	小规模农户 （<10 亩）	中规模农户 （10~20 亩）	大规模农户 （>20 亩）
受教育程度	0.174 ** (2.015)	0.027 (0.199)	-0.093 (-0.477)
农业培训	0.387 *** (4.190)	-0.055 (-0.310)	-0.208 (-1.628)
经营收入水平	-0.150 *** (-5.071)	-0.184 ** (-2.102)	-0.138 * (-1.903)
家庭财富水平	0.090 *** (3.310)	0.200 *** (2.817)	0.140 ** (2.134)
区域效应	已控制	已控制	已控制
品种差异	已控制	已控制	已控制
N	1224	321	343
adj. R-sq	0.166	0.236	0.274

注：括号中为 t 值，***、**和*分别表示在 1%、5%和 10%的水平上显著，并使用了稳健标准误。

第三节 本章小结

本章深入分析了机械化收获及生产与收获特征和农户家庭特征等因素对不同规模农户粮食收获损失的影响。通过上述分析，可以得到以下四点结论：

第一，总体来看，规模越大，损失率越低。分品种综合来看，种植水稻和玉米的农户随着规模扩大，粮食收获损失率降低，大规模农户的损失率最低，水稻的变化最明显。但小麦的中规模农户损失较低。

第二，联合机械化收获不适宜小规模农户，但适宜大中规模农户。对于水稻，联合机械化收获显著增加了小规模农户的收获损失，但对大、中规模农户影响不显著，并且大、中规模农户无论是粮食总体还是三个品种单品，异常天气的影响均不显著，说明联合机械化收获的高效率抢收所降低的异常天气负向影响超过了其机械性能对损失产生的正向作用。此外，玉米虽然损失较大，但这与玉米当前技术装备水平有关，随着机械技术不断发展特别是农机农艺技术结合度的提高，损失也会降低。

第三，不同规模的农户其影响因素有较大差异。除收获方式和天气的影响外，对小规模农户而言，粮食收获损失与农户决策者年龄、受教育程度正相关，并且接受过培训的农户损失更多，这主要与机会成本相关。

第四，虫害和异常天气影响显著，农业培训有待加强。虫害显著增加了粮食收获损失。异常天气对小规模农户的粮食收获损失影响也显著。对于小规模农户，农业培训和前文实证研究结论一样，一方面是由于农业培训提高了农户的技能，提高了粮食种植的机会成本；另一方面也说明农业培训的针对性有待提高。

相较于技术进步、自然条件等客观因素，农户的主观因素的影响更大。农户的作业态度对粮食总体及水稻、小麦和玉米单品种均显著影响收获损失。农户的作业态度表现形式多样，根据作业条件对于收获方式的选择、机械操作前后的认真调试以及稳定操作、收获后的捡拾等均是作业态度的一种体现。通过补贴、培训等政策是否可以引导农户增强节粮意识，提高作业认真程度，既是更深入了解粮食收获损失影响的研究方向，也是探求行之有效减速措施的途径。而从前文研究来看，相同的农户家庭特征因素对于不同规模的农户影响各有不同。因此，下文将围绕影响农户行为的因素及不同规模农户差异，对农户粮食捡拾行为进行深入研究。

中篇　粮食分品种研究

第七章

农户水稻收获环节损失及
影响因素研究[①]

第一节　基于田间实验的农户水稻收获环节
损失测算及影响因素分析

一、实验选点

按照农业部颁布的《全国优势农产品区域布局规划（2008－2015 年)》，水稻的生产集中在东北平原、长江流域和东南沿海 3 个优势区。据统计，2014年 3 个优势区的水稻播种面积分别占到全国的 14.89%、63.51%、19.66%[②]。因此，综合考虑水稻优势区的分布和各省播种面积的占比，我们选取湖南、江西、黑龙江、江苏、广东 5 个实验省份，其 2014 年的播种面积分别排在全国的第一位、第二位、第三位、第四位及第九位，累计占到全国的 48.93%。其中湖南、江西、江苏代表长江流域优势区，黑龙江和广东分别代表东北平原优势区和东南沿海优势区，如表 7－1 所示。

对于每个实验省份，选取该省有代表性的市、县，并选择相应的实验村庄和农户地块作为实验点。其中，湖南水稻播种面积和产量均为全国第一，且南北差异较大，因此选取两个点，分别是位于湖南北部洞庭湖平原的益阳和位于

---

①　本章部分内容发表在《自然资源学报》2018 年第 8 期，作者为黄东、姚灵、武拉平、朱欣頔。

②　根据《中国统计年鉴 2015》计算得出。

湖南南部丘陵区的郴州；江西省选取位于鄱阳湖平原的南昌；黑龙江省选取位于三江平原的农垦总局宝泉岭分局；江苏省选取位于江淮平原的泰州；广东省选取位于珠江三角洲的惠州。

表 7 - 1　水稻优势区划分及实验省份

水稻优势区	包含省份	实验省份	播种面积占比（％）
东北平原水稻优势区	黑龙江、吉林、辽宁	黑龙江	10.57
长江流域水稻优势区	四川、重庆、云南、贵州、湖南、湖北、河南、安徽、江西、江苏	湖南	13.59
		江西	11.02
		江苏	7.50
东南沿海水稻优势区	上海、浙江、福建、广东、广西、海南	广东	6.25

注：水稻优势区划分根据《全国优势农产品区域布局规划（2008 - 2015 年)》整理；播种面积占比根据《中国统计年鉴2015》计算得出，指实验省份的水稻播种面积占全国的比例。

二、实验方案

实验的目的是测算水稻收获环节的损失率，并考察不同因素对水稻收获环节损失的影响。基于前人的研究，主要考察如下因素：不同收获方式（联合机械化收获和分段半机械化收获）、水稻品种、收割机机型、操作者熟练程度，同时根据各地情况适当考虑其他因素。

（一）收获方式

据统计，2014 年全国水稻的机收率已达80.4%[1]。绝大部分地区以全喂入式联合收割机收获为主，因此我们将此方式界定为联合机械化收获；少数山区、丘陵土地细碎，高低错落，主要采用镰刀等工具进行手工收割，然后通过小型柴油机或人力带动的简易机械在田间进行脱粒，因此我们将这一方式界定为分段半机械化收获（即手工收割 + 机械或人力脱粒）。实验以联合机械化收获为主，分段半机械化收获为对比。

（二）品种

按照不同分类方法，中国的水稻可分为籼稻和粳稻、早稻和中晚稻、糯稻

---

① 根据《中国农业机械工业年鉴 2015》计算得出。

和非糯稻。由于各实验点品种繁多，各品种间的生长特性差别较大，我们根据各实验点的统计数据并征求农业部门的相关意见，选取种植面积最广泛、最具代表性的两个稻谷品种，记作 V_i（Variety$_i$），其中选取最主流的品种为 V_1，当地的优良品种为 V_2。另外，根据每个实验点的情况适当增加品种的选取。

（三）机型

由于不同地区的机械化水平和结构差别较大，机械的性能也受到脱粒方式等因素的影响，无法确定一个绝对的标准来界定。因此，选取当地最主流的收割机机型，记作 C_1（Combine$_1$），另外选取动力更强、喂入量更大、工作效率更高的先进收割机机型，记作 C_2（Combine$_2$）。

（四）机手选取

根据各实验点的机械操作人员情况，选取驾龄大于或等于 5 年的为操作熟练机手，记作 O_1（Operator$_1$），另外为了更方便对比，选取驾龄小于或等于 2 年的为不熟练机手，记作 O_2（Operator$_2$）。

（五）其他因素

考虑到不同实验点的特点，我们还部分选取了其他因素进行对比。例如，在湖南郴州，由于收获时节常遇阴雨，稻田干湿程度影响机械作业，进而影响损失率。根据联合收割机的作业要求，选取泥脚深 ≤5 厘米的干地，记作 L_1（Land$_1$），泥脚深 ≥10 厘米的泥地，记作 L_2（Land$_2$）；另外，在广东惠州，经常受到台风的影响，水稻倒伏现象时有发生，因此选取未倒伏的地块，记作 T_1（Typhoon$_1$），根据当地情况，倒伏角度 ≥60° 的地块，记作 T_2（Typhoon$_2$）。

（六）地块设置

为保证水稻的生长栽培条件相同，我们选取同一农户种植的连片稻田进行实验。设置地块 A 为对照组（基准地块），地块 B 至地块 E 为实验组。其中，地块 A 种植主流品种，由熟练机手操作，采用主流机型进行收割；地块 B 种植其他品种，其他条件与地块 A 完全相同；地块 C 使用先进机型，其他条件与地块 A 完全相同；地块 D 由不熟练机手进行操作，其他条件与地块 A 完全相同；地块 E 采用分段收获，水稻品种与地块 A 相同，如图 7-1 所示。

（七）样本采集

实验需测定的损失来自收割、脱粒、清粮、田间运输四个子环节。需要说明的是，农户一般使用密封性良好的编织袋装运稻谷，田间运输损失接近于零，可忽略不计。由于收获方式的不同，样本采集的方法也不同，现分别进行说明：

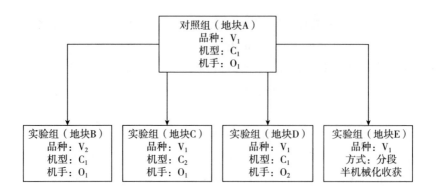

图 7-1　实验组与对照组分组情况

（1）联合机械化收获。一是收割时，机械碰触和自然脱落造成的损失；二是脱粒时，脱粒不完全、清粮时"跑粮"造成的损失。在作业过程中，联合收割机排出茎秆杂余和颖壳，收割、脱粒、清粮损失均匀散落在田间。因此联合机械化收获环节的损失，可由捡拾田间散落的稻谷来测定[①]。根据国家标准《农业机械试验条件测定方法的一般规定》（GB/T 5262—2008）所使用的方法，本实验采用五点法对损失质量进行测量。首先在两条对角线上，距四个顶点距离约为对角线长的 1/4 处选取样本点 1~4，对角线交点选取样本点 5。如遇形状不规则的，也按照此原则选取。每个样本点为 1 米×1 米的样本框（见图 7-2）。收割后，将各样本框内的稻谷捡拾干净后分别称重。

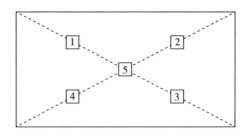

图 7-2　样本选点分布

_____

① 完成一定时间的作业后，农户一般会对收割机内进行清理，收集机内残留的稻谷，因此这一部分的损失基本为零，可忽略不计。

（2）分段半机构化收获。主要分两部分进行采集：第一部分是收割时，人工碰触和自然脱落造成的损失，这一部分采取与联合收获相同的五点法进行选样和称重；第二部分是田间脱粒时，脱粒不完全和溅落到脱粒机外的损失[1]。取 5 米×5 米的篷布铺放于脱粒机下，为了增加准确度，每次抽取约 15 千克收割后的水稻植株进行脱粒，脱粒后分别对脱粒机内完成脱粒的稻谷、水稻植株上未完全脱落的稻谷和散落在篷布上的稻谷进行取样和称重，为了保证一定样本量，如此重复 3 次。

三、测算方法

（一）地块和实验点水稻收获环节的损失率

（1）联合机械化收获的损失率。首先，待收获完成后测量第 i 块地的总产量和面积，分别记作 Q_i 和 $Area_i$，并取一定量收获的稻谷测算含杂率[2]，记作 $\tau\%$；其次，测量第 n 个样本框的损失量，记作 S_n。那么第 i 块地的联合收获的损失率（Loss Rate of Combine）为：

$$LR\_C_i = \frac{1}{5} \sum_{n=1}^{5} \frac{S_n}{S_n + Q_i \times (1 - \tau\%) / Area_i} \times 100\% \qquad (7-1)$$

（2）分段半机械化收获的损失率。包含两部分，第一部分是手工收割的损失率，对第 i 块地，采取与联合收获损失率相同的测算方法；第二部分是田间脱粒的损失率，将 j 次脱粒完成得到的稻谷称重，记作 Tw_{ij}（Threshing weight），水稻植株上未完全脱落的稻谷和散落在篷布上的稻谷即是脱粒环节的损失量，记作 Tl_{ij}（Threshing losses）。那么，两部分加总得到分段收获的损失率（Loss Rate of Segmented Harvesting）：

$$LR\_SH_i = \frac{1}{5} \sum_{n=1}^{5} \left[\frac{S_n}{S_n + Q_i \times (1 - \tau\%) / Area_i} + \frac{1}{3} \sum_{j=1}^{3} \frac{Tl_{ij}}{Tl_{ij} + Tw_{ij}} \right] \times 100\%$$
$$(7-2)$$

（3）两样本 t 检验。将实验组损失率和对照组相减得到均值差，即是该实验因素的净效应。通过两样本 t 检验判断均值差是否在统计意义上显著为 0。

（4）实验点收获环节的损失率。计算得到实验地块的损失率后，根据当地统计或农业部门估算的数据拟定每个地块的实验内容占当地所有情况的比

---

① 分段收获后，农户多使用风谷车等农具进行清粮，清粮损失基本为零，可忽略不计。

② 含杂率为一定量稻谷中空粒杂质的重量占比。

重，并以此为权重分别计算出每个实验点平均的联合和分段收获损失率。

（二）全国水稻收获环节的损失率

一方面，计算每个优势区平均的收获损失率。即用每个实验点的联合机械化收获损失率和分段半机械化收获损失率分别代表所在优势区。其中，黑龙江和广东的损失率分别代表东北平原优势区和东南沿海优势区。湖南、江西、江苏算术平均的收获损失率代表长江流域优势区。再根据《中国农业机械工业年鉴2015》计算得到每个优势区内水稻的机收比例和手工收割比例，然后以此为权重，加权平均得到各优势区的收获损失率。

另一方面，根据《中国统计年鉴2015》计算每个优势区水稻播种面积的占比，以此为权重，加权平均得到全国水稻收获环节的损失率。需要说明的是，《全国优势农产品区域布局规划（2008－2015年）》中规划的3个水稻优势区仅包含19个省份，其水稻播种面积共占到全国的98.06%，但为了保证全国损失率推算的完整性，我们将其他省份根据地理环境和生产条件相似的原则分别划分至相应的优势区中。

四、各实验点损失情况

根据各实验点的收获时间，于2016年先后在5省6地，共计完成了25个地块的实验，累计实验面积22366平方米（33.55亩），样本采集量164个。其中，湖南的郴州和益阳两地为早籼稻，黑龙江宝泉岭和江苏泰州为粳稻，江西南昌和广东惠州为双季晚籼稻。根据实验数据初步计算出了每个地块的损失率（见表7－2），但由于部分实验点分段收获的情况较少或其他条件限制，我们仅在有代表性的湖南郴州、江苏泰州及广东惠州进行了分段收获的实验。

从各地块来看，联合收获损失率为1.18%～6.55%，分段收获损失率不到2%，这与前人大部分的研究结果相似。特别地，各实验点的地块A代表了当地最普遍的收获条件，其收获损失率波动较小，约为3%。其中，湖南郴州和江苏泰州地块A的损失率低于3%，分别为2.57%和2.63%，标准差分别为1.77×10^{-2}和1.66×10^{-2}。而黑龙江宝泉岭、江西南昌、湖南益阳、广东惠州地块A的损失率则高于3%，分别为3.11%、3.36%、3.51%、3.52%，标准差分别为2.78×10^{-2}、0.95×10^{-2}、0.89×10^{-2}、2.12×10^{-2}。除了湖南益阳和江西南昌，其他实验点的地块A的标准差都相对较大，主要是因为靠近地块边沿的样本值波动较大。

表 7 - 2   各地块实验条件及结果

实验点	地块	样本量	实验内容	损失率（%）	标准差/×10⁻²	均值差（%）	平均损失率（%）联合	平均损失率（%）分段
湖南郴州	A	5	$V_1 + C_1 + O_1 + L_1$	2.57	1.77	—	2.88	1.81
	B	5	$V_2 + C_1 + O_1 + L_1$	1.85	1.71	-0.72		
	C	5	$V_1 + C_2 + O_1 + L_1$	1.30	0.74	-1.27*		
	D	5	$V_1 + C_1 + O_2 + L_1$	2.79	1.79	0.22		
	E	5	$V_1 + C_1 + O_1 + L_2$	4.01	1.85	1.44*		
	F	11	分段：$V_1 + L_1$	1.81	0.09	-0.76*		
湖南益阳	A	10	$V_1 + C_1 + O_1$	3.51	0.89	—	3.83	—
	B	10	$V_1 + C_2 + O_1$	3.87	1.39	0.36		
	C	10	$V_1 + C_2 + O_2$	4.10	0.31	0.23		
黑龙江宝泉岭	A	5	$V_1 + C_1 + O_1$	3.11	2.78	—	3.02	—
	B	5	$V_2 + C_1 + O_1$	1.98	1.39	-1.13		
	C	5	$V_1 + C_2 + O_1$	3.23	0.39	0.12		
江西南昌	A	8	$V_1 + C_1 + O_1 + T_1$	3.36	0.95	—	3.71	—
	B	8	$V_2 + C_1 + O_1 + T_1$	4.26	2.07	0.9		
	C	8	$V_3 + C_1 + O_1 + T_1$	1.33	1.15	-2.03**		
	D	8	$V_1 + C_1 + O_1 + T_2$	5.11	1.31	1.75**		
江苏泰州	A	5	$V_1 + C_1 + O_1$	2.63	1.66	—	2.25	1.41
	B	5	$V_2 + C_1 + O_1$	1.31	0.46	-1.32*		
	C	5	$V_2 + C_2 + O_1$	1.18	0.72	-0.13		
	D	5	分段：V_1	1.41	0.75	-1.22*		
广东惠州	A	5	$V_1 + C_1 + O_1 + T_1$	3.52	2.12	—	4.12	1.76
	B	5	$V_2 + C_1 + O_1 + T_1$	4.25	3.36	0.73		
	C	5	$V_1 + C_2 + O_1 + T_1$	1.69	3.07	-1.83		
	D	5	$V_1 + C_1 + O_1 + T_2$	6.55	2.48	3.03**		
	E	11	分段：$V_1 + T_1$	1.76	0.22	-1.76*		

注：V_i、C_i、O_i 分别表示当地的第 i 类水稻品种、收割机型、机械操作者，L_1 和 L_2 分别表示泥脚深≤5 厘米的干地和泥脚深≥10 厘米的泥地，T_1 和 T_2 分别表示无倒伏和倒伏的稻田；均值差表示该实验组与对照组的损失率的均值差，***、** 和 * 分别表示在 1%、5% 和 10% 的水平上显著（t 检验）。

从各实验点平均的损失率来看，江苏泰州的联合机械化收获和分段半机械化收获损失率分别仅为 2.25% 和 1.41%，原因是实验地块位于泰州高标准农田，生产管理先进，收获操作规范，因此损失率控制在相对较低的水平。而广东惠州的联合收获损失率达 4.12%，主要是由于收获前常常遭受台风的影响，据当地农业部门估计，约有 17% 的稻田受灾，伴随大面积的倒伏，所以损失率相对较高。位于长江中下游地区的湖南益阳和江西南昌两地的联合收获损失率相近，分别为 3.83% 和 3.71%。而东北平原的黑龙江宝泉岭，地块面积大，机械化起步早、发展快，联合收获损失率为 3.02%。处于丘陵地区的湖南郴州，地块面积小，收割相对精细，联合收获的损失率为 2.88%。另外，湖南郴州和广东惠州的损失率相近，分别为 1.81% 和 1.76%。

五、水稻收获环节损失率的影响因素

对于每个实验点的每个地块，根据实验组与对照组的均值差和 t 检验结果（见表 7–2），各因素的影响差异较大：

（一）收获方式

联合机械化收获损失率显著高于分段半机械化收获损失率。湖南郴州、江苏泰州、广东惠州的分段收获损失率分别为 1.81%、1.41%、1.76%，其联合机械化收获损失率比分段半机械化收获损失率分别高 0.76%、1.22%、1.76%，且在 10% 的水平下显著，这与我们的经验判断相符。并且在实验过程中发现手工收割后的地块稻谷掉落现象很少，分段半机械化收获过程中的损失基本集中在田间脱粒环节，而其中人工收割环节的损失不到 1%。

（二）品种

不同品种之间的收获损失率差别较大。湖南郴州、黑龙江宝泉岭、江苏泰州优良品种的损失率均低于普通品种，其中江苏泰州的品种差异在 10% 的水平上显著。但江西南昌和广东惠州优良品种的联合机械化收获损失率高于普通品种，其中江西南昌的品种差异在 10% 的水平上显著。这与品种本身的农艺性状有关，部分品种虽然高产，但成熟后容易脱落，损失率较大。

（三）收割机机型

先进机型的收获损失率相对较低。例如湖南郴州、江苏泰州、广东惠州先进机型的收获损失率分别比普通机械低 1.27%、0.13%、1.83%，其中湖南郴州的机型差异在 10% 的水平上显著。因为动力等方面的优势，田间作业更灵活，且脱粒更彻底，能较大程度减少损失。而湖南益阳和黑龙江宝泉岭先进机型的收获损失率略高于普通机型，分别高出 0.36% 和 0.12%，但在统计上不显著。

（四）操作熟练程度

操作熟练程度对收获损失率的影响不明显。湖南郴州和益阳两地熟练机手的收获损失率比不熟练机手分别高 0.22% 和 0.23%，但在统计上不显著，可能是因为联合收割机的操作门槛不高，而实际中熟练机手作业速度较快，风门较大，反而可能增加损失。

（五）其他因素

一是稻田的干湿程度。稻田湿度大的收获损失率更高。湖南郴州泥地的收获损失率达 4.01%，比干地高 1.44%，且在 10% 水平上显著。这是因为收割机在作业时履带深陷泥中，行进转弯困难，割台操控难度大，导致损失增加。二是倒伏情况。倒伏地块的收获损失率比未倒伏的地块高。江西南昌和广东惠州倒伏地块的收获损失率分别比未倒伏地块高 1.75% 和 3.03%，比未倒伏地块高 1.75% 和 3.03%，且均在 5% 的水平上显著。这主要是因为，水稻倒伏后收割机需要根据倒伏的方向和角度非常精准地操控割台高度，容易造成遗漏，增加损失。

六、全国水稻收获环节损失率的推算结果

总体来看，全国水稻收获环节的损失率为 3.02%（见表 7 - 3），在前人测算的范围内，具备一定的可信度。其中，联合收获损失率平均为 3.44%，分段收获损失率平均为 1.66%。

表 7 - 3　全国水稻收获环节损失率推算结果　　　　　　单位：%

水稻优势区	损失率		比例		优势区		全国
	联合 (1)	分段 (2)	机收 (3)	手工 (4)	平均损失率 (1)×(3)+ (2)×(4)	播种面积 占比	平均损失率
东北平原	3.02	1.41	92.32	7.68	2.90	16.42	
长江流域	3.17	1.81	78.05	21.95	2.87	63.93	3.02
东南沿海	4.12	1.76	78.31	21.69	3.61	19.66	

注：优势区播种面积占比根据《中国统计年鉴 2015》计算得出，各水稻优势区的机收比例及手工收割比例根据《中国农业机械工业年鉴 2015》计算得出。

分区域来看,东北平原优势区平均的收获损失率为 2.90%。由于机械化起步早,发展成熟,其水稻机械收获的比例已经达 92.32%,远高于其他两个优势区;而长江流域优势区平均的收获损失率为 2.87%,与东北平原大致相当。这是因为,尽管长江流域优势区的联合收获损失率高于东北平原优势区,但受制于地形方面的原因,手工收割的比例仍占 21.95%,机械化水平远低于东北平原优势区;东南沿海优势区平均的收获损失率为 3.61%,是 3 个优势区中最高的。这是由于东南沿海一带收获季节常常遭遇台风、暴雨的影响,水稻倒伏的比例较高,损失较大。

七、结论和建议

利用全国 5 省 6 地 25 个地块的田间实验数据,本节考察了水稻收获环节损失率的主要影响因素,推算了全国水稻收获环节损失率,并在此基础上进行了减损模拟,主要结论如下:

第一,各实验地块收获环节的损失率为 1.18% ~ 6.55%。其中,水稻联合机械化收获的损失率显著高于分段半机械化收获,先进机型收获的损失率低于普通机型,田地湿度、倒伏程度与水稻收获环节的损失率正相关。

第二,基于水稻优势区的划分推算,全国水稻收获环节的损失率为 3.02%。

结合实验结果和访谈情况,降低水稻收获环节的损失率可从以下几个方面着手:一是完善农机社会化服务。对于大部分农户来说,尽管有一定的农机购置补贴,先进机械的边际成本仍然过高,购买技术装备优良的农机社会化服务是一个理性的选择。但目前市场供给不足,跨区幅度大,作业速度过快,损失也相应增多。因此,要继续支持培育多元化的农机服务组织,推进农机作业服务规模化规范化。二是健全收获期间的异常天气预警。调查发现,2016 年各地收获季节普遍遭遇阴雨,甚至台风等恶劣天气,造成了巨大的经济损失。有关部门应建立健全相关预警机制,提醒农户及时收割,减少损失。三是加强农机手的技术培训。包括机械的相关操作细则,维护保养方法,特别是针对阴雨、大风天气导致的水稻倒伏等应急情况的科学收获方法。

第二节　基于调研的农户水稻损失测算及影响因素研究[①]

长期以来，我国粮食增产主要依靠种植面积的扩大和大量化肥等现代投入而引起的单产提升，但由于资源、环境和技术的限制，通过上述途径增产的空间越来越小（Abass 等，2014），而除了增产（即"开源"）外，对粮食损耗的关注（即"节损"）则不够。已有研究表明，中国每年仅储藏、运输、加工等环节损失的粮食就达 350 亿千克以上，约占全国粮食总产量的 5.8%（Agyekum 等，2016）。巨大的粮食损失和浪费不仅减少了粮食供给，还浪费生产过程中投入的各种资源。胡越等（2004）经测算认为，中国食物浪费总量为 1.2 亿吨，相当于浪费了 184 万公顷播种面积、458.9 万吨施用化肥和 316.1 亿立方米农业用水，造成了巨大的水土资源浪费，也带来了严重的环境问题。

Greeley（2019）在研究孟加拉国的水稻产后损失率中指出，技术变革通常会增大水稻产后损失。而随着农业科技的进步、农村劳动力的老龄化（Basavaraja 等，2007）以及农业劳动力与农机作业服务相对价格的改变（Bellemare 等，2017），农机社会化服务成为未来农业种植的发展趋势。为了研究现阶段中国农业机械的使用对粮食产后收获损失的影响，课题组与农业农村部固定观察点合作，对中国 28 个省份的 4170 户农户、八大类粮油作物（包括小麦、水稻、玉米、大豆等）的产后损失情况进行了调研。水稻是中国第一大粮食作物，年产量 2.08 亿吨，占全国粮食总产量的 33.51%[②]。截止到 2015 年，全国水稻机械收割面积达到 2569.83 万公顷[③]，机械收割率达到 85.05%。机械的普及对水稻种植产生了重要影响，但机械的使用对水稻产后损失的影响目前尚不清楚。因此，本章将利用上述调查中 1032 户农户的水稻田间收获损失数据，定量分析农业机械的使用对水稻产后收获损失的影响。

[①] 本节内容发表在《中国农业大学学报》2019 年第 24 卷第 3 期，作者为屈雪、黄东、曹芳芳和武拉平。

[②] 根据国家统计局数据资料计算所得（http：//data. stats. gov. cn/easyquery. htm？cn = C01）。

[③] 资料来源：《中国农业机械工业年鉴2016》。

一、文献综述与概念界定

一般而言，粮食损失（Food Loss）指粮食实物量的减少或质量的下降，主要发生在供应链的前端，即生产和产后加工阶段往往受客观技术条件的影响。粮食（或食物）浪费（Food Waste）主要发生在供应链的末端，即零售和消费环节，往往受主观的消费理念、习惯和方式的影响（Clark 等，2018；FAO，2014）。粮食的损失和浪费仅指供人类消费的产品，不包括饲料和不可食用部分。本章的研究重点是水稻的收获损失率及其影响因素。考虑到联合收割机的使用，本章将水稻产后收获①损失定义为：从田间收割到水稻收获后到达储藏地或晾晒地之间的损失，具体包括收获、脱粒、运输②和清粮四个环节的总损失。

国内有关水稻收获损失率的研究从 20 世纪 80 年代末开始。李植芬等（2011）采用实验方法测定了浙江省早稻自然脱落、收割、脱粒、清粮、干燥等环节的总损失率为 8.85%，晚稻为 3.95%。水稻收获环节损失占其总产量的 7%，脱粒、干燥和扬净环节分别占 1.5%、0.5% 和 0.5%（FAO，2017）。詹玉荣（1995）对全国 22 个省份 574 个县 1400 户农户进行了问卷调查。调查显示，水稻手工收割损失率为 1.7%，分段半机械化收获和联合机械化收获的损失率分别为 2.32% 和 12.1%；人畜脱粒损失率为 1.84%，机械脱粒损失率为 1.41%；田间人工运输损失率为 0.6%，畜力和机动车运输的损失率分别为 1.31% 和 1.06%。

郑伟（2000）利用江西省 357 户农户调查数据研究表明，水稻在收获期间的损失率为 3.57%。其中，田间脱粒环节和晾晒环节的损失率分别为 3.01% 和 0.56%。高利伟等（2016）对大量文献数据进行甄别筛选，认为中国水稻联合机械化收获损失率为 1.5%，分段半机械化收获损失率为 4.4%，田间运输损失率为 0.9%。黄东等（2018）在中国水稻优势产区进行水稻收获实验，推算出水稻收获环节的损失率为 3.02%。

除了测算水稻的收获损失率，有学者还研究了影响水稻收获损失率的相关因素。研究结果表明，收割方式、脱粒方式、天气、收割时机等都会影响损

---

① 本章所研究的收获环节指从田间收割到水稻到达储藏地或晾晒地之间的所有环节，收割仅指割倒环节。

② 指将水稻从田间运到储藏地或晾晒地。

失率。

机械收获和手工收获的损失率哪一种更低，已有研究尚无结论。一种观点认为机械收获会加大水稻的收获损失率。李植芬等（1991）在浙江省水稻收获实验中发现，镰刀收割的损失率明显比机械收割的小。詹玉荣（1995）在全国22个省份1400多户农户的调查问卷中也有同样的发现。Greeley（2019）在孟加拉国的水稻收获实验中发现，矮秆和高秆的人畜脱粒损失率分别为0.60%和1.45%，脚踏式脱粒机的损失率分别为1.82%和3.49%。也有学者认为手工收获的损失率更高。人畜脱粒的水稻损失率比机械脱粒的损失率高30.50%。水稻采用手工收割的损失率约为10%，而联合收割机的损失率为3%（Hoefer等，1985）。

此外，灾害天气和缺乏劳动力会增大水稻的收获损失率（Holland等，2015；Gustavsson等，2011）。收获期间的虫害越严重，收获损失率越高（Kaminski等，2014）。水稻提早收割的未脱净损失率比适时收割高25%；推迟收割的损失率比适时收割高12.5%（Hodges等，2011）。机械收获损失呈一元二次方程变化规律，越靠近最佳收获日收获，损失率越低（Kantor等，1997）。此外，种粮规模、作业态度等也会对水稻的收获损失产生影响（Holland等，2015；Kantor等，2015）。

通过以上文献梳理，现有关于水稻收获损失的研究存在以下不足：一是现有研究对损失的环节和概念没有清晰界定，并且研究数据较为陈旧。二是目前尚没有学者研究在农机社会化服务的背景下，农业机械的使用对水稻收获损失率的影响。在农业机械化和现代化的背景下，水稻种植和收获的机械化程度越来越高，研究此类问题具有重要的现实意义。因此，本章根据中国现阶段农业机械化的背景，界定水稻收获环节的起止点，利用2015年中国20个省份1032户农户水稻产后收获损失调研数据，定量分析社会化服务背景下，农业机械的使用对水稻收获环节损失率的影响。

二、理论模型与数据来源

（一）理论模型

考察现有样本的分布可以看出，其分布不是典型的正态分布，因而通过简单的线性回归必然导致估计的偏差。分位数回归不要求误差项正态分布，对离群值也不敏感，其回归系数估计量更加稳健。因此，本章采用分位数回归方法分析上述影响因素对不同水平的水稻收获损失率的影响。假设水稻收获损失率的分布函数为：

$$F(y) = Prob(Y \leqslant y) \tag{7-3}$$

水稻收获损失率的τ分位数如下：

$$Q(\tau) = \inf\{y: F(y) \geqslant \tau\}, \ 0 < \tau < 1 \tag{7-4}$$

根据分位数回归的定义，使得加权误差绝对值之和最小，即：

$$\min_{\xi \subset R}\left\{ \sum_{i:Y_i \geqslant \xi} \tau |Y_i - \xi| + \sum_{i:Y_i \geqslant \xi}(1-\tau)|Y_i - \xi| \right\} \tag{7-5}$$

通过求解下式得到其参数估计：

$$\hat{\beta}_\tau = \arg\min_{\xi \subset R^k}\left\{ \sum_{i=1}^{n} \rho_\tau(Y_i - x'_i\beta_\tau) \right\} \tag{7-6}$$

根据前面的讨论，本章的最终模型形式如下所示：

$$PHL = \alpha + \beta_1 com + \beta_2 tme + \beta_3 cme + \beta_4 ser + \beta_5 com \times ser + \beta_6 Z_1 + \beta_7 Z_2 + \varepsilon$$

$$\tag{7-7}$$

（二）被解释变量

考虑到不同区域、不同收获方式、不同规模农户水稻收获的差异，用损失量衡量可能会出现计量单位的差异，并且在与其他品种粮食比较时也存在困难，而收获损失率能较好地避免计量单位和不同品种间比较的不便。为此，本模型中被解释变量为水稻收获环节的损失率，即收获损失量/（收获损失量 + 收获量），用 PHL 表示。

（三）核心解释变量

根据现有文献，影响粮食收获损失的因素主要有以下四类：第一，农户基本情况。包括农户拥有的耕地和劳动力等资源，养殖和外出务工情况，户主性别、年龄和受教育程度，是否参加过培训等。第二，种植的基本情况。包括粮食种植的品种、规模、种植的耕地类型等。第三，收获的情况。包括收获的时机、收获方式（机械或手工）、收获时投入的人工以及收获的精细化程度等。第四，其他。比如收获时的天气、虫害情况等。

由于本章关注的重点是机械对收获损失率的影响，因此核心解释变量如下：

（1）联合收获（com）。将收获方式分为联合机械化收获和分段半机械化收获。联合机械化收获，是指使用联合收割机一次性完成收割和脱粒的情形。分段半机械化收获，是指收割和脱粒不是一次性完成的，具体包含两种情形：①人工收割、机械脱粒或机械收割、人畜脱粒。②机械收割、机械脱粒，但是收割和脱粒不是一次性完成。联合收获减少了作业环节，有利于减少水稻的收获损失。因此，预期符号为负。

（2）机械运输（tme）。指收获完成后，利用机械将水稻从田间运输到储藏地或晾晒地。机械可以缩短运输时间，减少遗漏损失。因此，预期符号为负。

（3）机械清粮（cme）。指水稻收获后，利用机械去除谷粒之间杂质和干瘪谷粒。

（4）农机社会化服务（ser）。将机械来源分为自有机械和社会化服务机械。对于分段半机械化收获，只要在收割或脱粒环节的任一环节使用了社会化服务机械，则视为该农户购买了农机社会化服务。

一方面，由于农机服务一般以收获面积计价，与收获损失不直接挂钩。而恰逢收获季节，农机服务供不应求，通常需要跨区作业。农机服务提供者（以下简称代理方，农户为委托方）为了获得更多的收益，会加快作业速度，导致收获精细程度下降，损失率增大。另一方面，代理方的经验更丰富，设备更先进、更专业，也可能会减小水稻的收获损失率。

（5）此外，考虑到分段半机械化收获中农户的参与程度比在联合机械化收获中的参与程度高，可能会影响代理方的作业质量。样本分析也显示，在分段半机械化收获的农户中，社会化服务机械的收获损失率更低，在联合机械化收获的农户中，情况则相反。因此，为了考察农机社会化服务对水稻损失率的影响是否与收获方式有关，引入了交互项 com × ser。

（四）控制变量

除上述核心解释变量外，为避免遗漏变量，本章根据前人研究加入了两组控制变量 Z_1 和 Z_2。其中，Z_1 为户主及其家庭特征。户主特征包括性别、年龄、受教育程度和是否接受过农业培训。家庭特征包括家庭总收入和水稻收入占家庭总收入的比例。Z_2 为生产和收获特征。包括水稻的收获面积、单产、天气和虫害状况、田间运输距离、收获是否精细、是否缺乏人手、是否有节粮意识、是否及时收割、单价（即损失的成本）。农户对损失的单位成本估计是影响农户收获认真程度和是否捡拾的重要因素，由于缺乏对损失成本的直接测量变量。这里选择收获后水稻的单位销售价格①作为损失成本的代理变量，受

---

① 假设农户是理性的，可以预期到未来水稻的市场销售价格。具体价格选取的是农户收获后距离收获日期最近的销售价格。

地区的影响以及不同销售时机等的差异，不同地区的不同农户销售获得的价格是不同的。

（五）数据来源

课题组和农业农村部农村固定观察点合作，根据全国水稻种植面积分布数据，按比例分配各省样本量，于 2016 年对中部省份 493 户农户，东部省份 233 户农户和西部省份 306 户农户，共计 1032 户农户开展了 2015 年水稻收获环节损失情况调查，并与固定观察点的住户和家庭成员信息相匹配，得到了本章使用的数据。其中，中部省份包括吉林、黑龙江、安徽、江西、湖北、湖南，东部省份包括天津、辽宁、江苏、浙江、福建、山东、广东，西部省份包括广西、四川、贵州、云南、重庆、陕西、新疆，上述省份涵盖了华北、华中、华南、东北、西北和西南六大稻作区，具有较好的空间代表性。

根据问卷设计，本章计算损失率所需的数据是农户根据自身经验所估计。由于收获环节的作业复杂，实地测量损失率的成本过高，难度太大。采用农户估计相对实验方法更贴近真实自然状态下的损失。并且，有学者认为，农户的务农经验丰富，能够从实操层面提供相对精确的反馈（Kong 等，2015）。

三、统计描述分析

变量和统计特征如表 7 - 4 所示，水稻收获环节的损失率为 3.92%，52% 的农户使用联合收割机，78% 的农户购买了农机社会化服务。机械运输和机械清粮的比例分别为 64% 和 55%。

表 7 - 4　变量定义和描述性统计

变量	变量含义	均值	标准差
总损失率/%	损失量/（收获量 + 损失量）（%）	3.92	4.03
联合机械化收获	是 = 1，否 = 0	0.52	0.50
机械运输	是 = 1，否 = 0	0.64	0.48
机械清粮	是 = 1，否 = 0	0.55	0.50
农机社会化服务	是 = 1，否 = 0	0.78	0.42
种植面积	播种面积（公顷）	0.34	0.35
单产	每公顷产量（千克/公顷）	8153.41	2521.55
单位损失的成本（代价）	收获后的销售价格（元/千克）	2.97	0.34
地形	平地 = 1，其他 = 0	0.77	0.42

变量	变量含义	均值	标准差
距离	收获地离储藏地距离（千米）	0.62	0.68
天气	天气异常，是 = 1，否 = 0	0.16	0.37
虫害程度	没有 = 1，很少 = 2，一般 = 3，严重 = 4	1.87	0.79
精细作业	是 = 1，否 = 0	0.22	0.41
缺乏人手	是 = 1，否 = 0	0.28	0.45
节粮意识	是 = 1，否 = 0	0.16	0.37
及时收割	是 = 1，否 = 0	0.94	0.24
性别	男 = 1，女 = 0	0.84	0.37
年龄	年龄（岁）	53.92	10.48
受教育程度	在校时间（年）	7.10	2.62
农业培训	参加过农业培训，是 = 1，否 = 0	0.10	0.29
总收入	家庭年纯收入（万元）	7.43	5.94
水稻收入比例	水稻收入占总收入的比例（%）	16.64	18.80

四、模型估计结果与讨论

（一）模型估计结果

表 7-5 第 3 列～第 7 列为分位数回归结果。为了对比，第 2 列给出了稳健标准误条件下的 OLS 回归结果。$\beta_1 + \beta_5$ 和 $\beta_4 + \beta_5$ 分别是联合收获系数和农机社会化服务系数分别与交叉项系数之和及其 t 值。同时，回归中利用地区虚拟变量控制了不同地区的影响，为节省篇幅，未列出结果。

（二）结果分析

在 OLS 回归中，联合收获的系数在 1% 的统计水平上显著为负，表明联合机械化收获可以降低自有机械的水稻收获损失率。机械清粮的系数在 1% 的统计水平上显著为正，表明机械清粮会加大水稻的收获损失率。$\beta_4 + \beta_5$ 表示的是农机社会化服务对联合机械化收获损失率的影响，系数在 5% 的统计水平上显著。表明农机社会化服务会增大联合机械化收获的水稻收获损失率。

由于 OLS 只能分析影响因素对水稻收获平均损失率的影响，为了分析机械在不同的损失率分布上的作用，以下以分位数回归结果分析为主。

表 7 - 5　OLS 及分位数回归结果

变量	OLS 回归	分位数回归				
		1/10	1/4	1/2	3/4	9/10
联合机械化收获	-1.581***	1.134***	0.761*	-1.490***	-2.268	-1.635
	(-2.79)	(5.65)	(1.86)	(-2.98)	(-1.10)	(-0.61)
机械运输	-0.425	-0.270***	-0.388***	-0.522**	-0.764**	-0.410
	(-1.64)	(-3.66)	(-2.58)	(-2.25)	(-2.49)	(-0.71)
机械清粮	1.137***	0.067	0.280**	0.830***	1.733***	2.415***
	(4.80)	(1.09)	(2.20)	(4.89)	(5.89)	(4.49)
农机社会化服务	-0.301	0.242**	0.242	-1.012***	-1.016**	-0.301
	(-0.74)	(2.11)	(0.90)	(-2.86)	(-2.24)	(-0.29)
农机社会化服务 × 联合机械化收获	1.459**	-1.161***	-0.879**	1.735***	2.175	1.347
	(2.29)	(-5.57)	(-2.03)	(3.38)	(1.04)	(0.47)
收获面积	-1.462	-0.445	-0.196	-1.574***	-1.650	0.060
	(-1.57)	(-1.43)	(-0.49)	(-3.66)	(-0.89)	(0.03)
收获面积^2	0.617*	0.175	0.060	0.565***	0.526	-0.201
	(1.81)	(0.88)	(0.35)	(3.70)	(0.45)	(-0.28)
单产	-0.000***	-0.000	-0.000	0.000	-0.000	-0.000
	(-2.61)	(-1.23)	(-0.19)	(0.00)	(-0.24)	(-0.46)
单位损失成本（代价）	-3.264**	-1.827**	-2.285**	-2.290	-5.018***	-3.627
	(-2.32)	(-2.32)	(-2.01)	(-1.25)	(-3.15)	(-0.09)
单位损失成本（代价）^{2}	0.399**	0.287**	0.329**	0.302	0.582***	0.389
	(2.25)	(2.42)	(2.02)	(1.12)	(3.10)	(0.06)
地形	0.391	0.384***	0.724***	0.493**	-0.571	-0.578
	(1.27)	(4.11)	(3.60)	(2.06)	(-1.15)	(-1.03)
田间运输距离	-0.332***	-0.020	-0.129***	-0.189***	-0.405*	-0.674*
	(-2.67)	(-0.52)	(-4.16)	(-4.56)	(-1.77)	(-1.80)
天气	1.778***	0.370***	0.491***	1.271***	3.214***	3.945***
	(4.67)	(2.81)	(2.72)	(3.67)	(4.29)	(5.68)
精细作业	-0.535*	-0.495***	-0.795***	-1.148***	-0.817**	-0.475
	(-1.78)	(-9.02)	(-7.92)	(-6.82)	(-2.26)	(-0.75)
缺乏人手	0.756***	0.071	0.268	0.537***	0.799**	0.938**
	(2.82)	(1.07)	(1.41)	(2.84)	(2.49)	(2.08)

续表

变量	OLS 回归	分位数回归				
		1/10	1/4	1/2	3/4	9/10
节粮意识	0.644 **	0.071	0.256 *	0.846 ***	0.972 **	1.033
	(2.08)	(0.85)	(1.65)	(3.29)	(2.30)	(1.39)
及时收获	−0.182	−0.137	0.087	−0.159	−0.426	1.310 *
	(−0.31)	(−1.40)	(0.22)	(−0.29)	(−0.53)	(1.95)
虫害程度	已控制	已控制	已控制	已控制	已控制	已控制
农户及家庭特征	已控制	已控制	已控制	已控制	已控制	已控制
地区虚拟变量	已控制	已控制	已控制	已控制	已控制	已控制
常数项	8.709 ***	3.935 ***	4.671 **	5.742 *	12.223 ***	8.253
	(3.00)	(2.97)	(2.31)	(1.78)	(3.74)	(0.13)
$\beta_1 + \beta_5$	−0.121	−0.027	−0.119	0.230	−0.093	−0.195
	(−0.43)	(−0.33)	(−0.83)	(1.21)	(−0.24)	(−0.25)
$\beta_4 + \beta_5$	1.159 **	−0.918 ***	−0.638 *	0.730 *	1.160	1.080
	(2.23)	(−5.14)	(−1.82)	(1.72)	(0.58)	(0.41)
N	1032	1032	1032	1032	1032	1032
R^2（Pseudo R^2）	0.196	0.094	0.101	0.142	0.169	0.231

注：括号内数字为 t 值，*** 、** 和 * 分别表示在 1%、5% 和 10% 的统计水平上显著。

在 0.10 和 0.25 低分位点上，联合收获分别在 1% 和 5% 的统计水平上显著为正；在 0.50 高分位点上，联合机械化收获在 1% 的统计水平上显著为负。表明在使用自有机械收获的情况下，联合机械化收获会使损失率较低的农户水稻收获损失率上升，同时会降低损失率较高的农户的水稻收获损失率。2018 年农业农村部办公厅颁布的《早稻生产全程机械化技术指导意见（试行）》中建议，水稻全喂入式和半喂入式联合收割机的损失率分别小于 3.5% 和 2.5%（Kummu 等，1997）。样本中水稻收获损失率低的农户，收获后返回田间捡拾稻粒的比例明显高于损失率高的农户，而这一部分应当计入的损失没有被观察到，导致真实的损失率被低估。在 0.25 分位点上的损失率是 1.091%，明显低于上述文件所规定的损失率。这些原因使联合收获在低损失率的农户中体现出负的影响。

机械运输在 0.10、0.25、0.50 和 0.75 分位点上显著为负。表明机械运输可以缩短运输时间，减少田间运输途中遗漏的谷粒。机械清粮在 0.25、0.50、0.75 和 0.90 分位点上显著为正。可能是目前机械清粮技术还不能很好地区分谷粒和杂质，在使用过程中会带走部分谷粒。

在 0.10 低分位点上，农机社会化服务在 5% 的统计水平上显著为正；在 0.50 和 0.75 高分位点上，农机社会化服务分别在 1% 和 5% 的统计水平上显著为负。表明在分段半机械化收获中，对水稻收获损失率较低的农户而言，农机社会化服务会增大损失率；但是对水稻收获损失率较高的农户而言，农机社会化服务则可以降低损失率。这可能是因为样本中水稻收获损失率较高的农户劳动力更短缺，农机社会化服务可以解决劳动力短缺带来的收获不精细和不及时问题，减少收获损失。而对于劳动力相对充足的低损失率农户而言，农机社会化服务替代劳动力的作用减小。研究表明，机械行走速度过快会增大损失量（Lipinski 等，2014；Majumder 等，2016）。样本中水稻收获损失率低的农户的耕地较为平整，便于机械收割，为代理方加快收割速度提供了客观条件，从而导致损失率增大。

$\beta_4 + \beta_5$ 在 0.10、0.25 和 0.50 分位点上显著，且在低分位点上为负，高分位点上为正。表明在联合收获中，对水稻收获损失率较低的农户而言，农机社会化服务可以降低损失率；但是对水稻收获损失率较高的农户而言，农机社会化服务则会增大损失率。虽然同样是使用农机社会化服务机械，但是据样本中水稻收获损失率低的农户反映，代理方在收获作业时更加精细，使农机社会化服务在联合收获损失率低的农户中表现出其专业化的优点，有利于减少损失。

五、结论和启示

实现农业机械化是农业现代化的重要目标。随着农业机械化率的不断提高，机械收获质量对粮食收获损失的影响不容忽视。

本章利用全国 20 个省份 1032 户农户的水稻收获损失调查数据，分析得出不同环节农业机械的使用对水稻的收获损失率有不同的影响。联合收获可以减少作业环节，降低收获损失率；机械运输可以缩短运输时间，降低损失率；机械清粮虽然可以将杂质和干瘪的谷粒清理得更干净，但是也会加大损失。因此，推广使用联合收割机和机械运输，提高清粮机械的技术水平，有助于减少收获损失率。

对使用联合收割机的农户而言，购买农机社会化服务可以降低水稻收获损失率较低的农户的粮食损失。对采用分段半机械化收获的农户而言，购买农机社会化服务可以降低水稻收获损失率较高的农户的收获损失。农机社会化服务的代理方可能会为了追求利益最大化加快收割速度，从而使水稻收获损失率变大，也可能因为其作业更专业，降低水稻收获损失率。两者的作用究竟哪一个更大，主要取决于机械操作人员作业的精细化程度。而目前我国的农机社会化服务还不够规范，农户和代理方之间缺乏稳定有效的委托代理合同，即便签订了合同，也难以保证双方的权利义务，双方常常因为作业质量和作业时间产生纠纷（Majumder 等，2014）。规范农户和代理方各自的权利义务，建立起有效的监督管理机制是发挥农机社会化服务专业化特点的关键。

第八章

农户小麦收获环节损失及
影响因素研究

第一节　基于田间实验的农户小麦损失测算及
影响因素研究[①]

本章的目的是测量全国小麦收获环节的损失率，并根据实验数据分析小麦收获损失的主要影响因素。因此，实验地点的选择要具有代表性。根据前人研究和实际生产情况，本章主要考虑了以下几种因素：不同收割方式（联合机械化收获和分段半机械化收获）、种植品种、收割机手操作熟练程度和收割机型，并根据实际情况进行调整。

一、实验地点的选择

2015 年，我国冬小麦产量占总小麦产量的比例大约为 95%[②]，所以本章选择的实验对象主要为冬小麦。2014 年河南、山东和河北的小麦产量排名前三，占到了全国产量的 55.9%，而这些地区的小麦收割机械化率基本都在 95%[③]以上，可以作为平原地区机械收割方式的代表；甘肃的小麦产量在全国排名第

①　本节内容发表在《干旱区资源与环境》2018 年第 7 期，作者为曹芳芳、朱俊峰、郭焱、刘建垒和武拉平。
②　根据《中国统计年鉴 2014》计算得出。
③　根据《中国农业机械工业年鉴 2015》及《中国统计年鉴 2015》计算得出。

十，其手工收割的比例较高，可以作为山区手工收割方式的代表省份。在实验省份，综合考虑了产量和收获方式，选择具有代表性的市县，然后选择实验的农户和地块，具体包括河南兰考和安阳的两个实验点，山东滕州的1个实验点，河北涿州的1个实验点以及甘肃会宁县的1个实验点。

二、实验方案

（一）小麦种植品种选取

不同区域间的小麦种植品种有很大差异，且品种繁多。因此本章研究根据当地农业部门的建议选取实验地区小麦种植面积最广的两个品种，分别记作优良品种 S_1（$Species_1$）和主流品种 S_2（$Species_2$）。

（二）收获方式的选取

目前小麦的收获方式主要分为在大部分平原地区采用的联合机械化收获和在少数山区或丘陵采用的分段半机械化收获。联合机械化收获指的是从收割脱粒到清粮环节一体化完成的全喂入式联合机械化收获的方式。分段半机械化收获是指利用人工收获，采用小型机械带动脱粒或人力带动脱粒的收获方式。本次实验以联合机械化收获为主，分段半机械化收获作为对照。

（三）收割机机型选取

根据实验地的具体情况来选取实验小麦收割机械。一种是当地使用最为普遍的机型 M_1（$Machine_1$），另一种是在当地被认为是收割效果最好的机型 M_2（$Machine_2$）。

（四）收割机操机手选取

收割机操作机手的操作水平和经验都会对小麦收割造成不同的影响。因此选取两种类型的收割机操作机手来考察收割机操作机手操作水平对损失的影响。选取驾龄3年及以上的收割机操作员为熟练机手，记作 O_1（$Operator_1$）；驾龄不足3年的收割机操作员为不熟练机手，记作 O_2（$Operator_2$）。

（五）地块选取

为了保证小麦的生产和栽培条件相同，选取同一农户地形地势相同的小麦种植地，并分为四块实验地：A、B、C、D。其中，地块A为对照组，种植主流品种 S_1，采用主流机型 M_1 和熟练机手 O_1 收割。采用地块B、C、D为实验组，对照组每次只改变一个实验条件，其他条件不变。由图8-1可知，相对于A实验地块，B实验地块只有收割机机型不相同，其他条件不变。与此类似，C实验地块只有收割机操作机手不同，D实验地块只有品种不同。

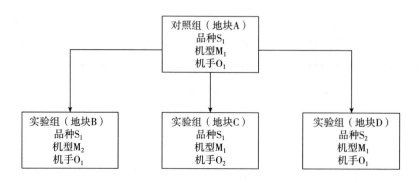

图 8-1 对照组和实验组的设计

（六）样本收集

实验需要测量的是收割、脱粒、田间运输和清粮这四个环节的损失，但我们观察到实验中小麦装运工具的密封性较好，所以田间运输损失基本可以忽略不计。由于采用的收获方式不同，因此测量方法不同。

（1）联合机械化收获方式。小麦采用联合机械化收获时，其损失主要来源于田间自然掉落和联合收割机脱粒不完全的损失。收割机收获时，其吐出的麦秆和未脱净的麦粒均匀洒落在田间。因此，采取选样本框测量的方法推算每块地收割环节损失的小麦重量。考虑到收割机在收割过程中需要掉头或转弯，在此过程中损失的麦粒数量可能与收割机直线行驶时的损失量有所不同，所以选样本框时把地块划分为边沿地块和中间地块。选样方法：边沿地块沿着收割行进方向均匀选取 2 个样本框 B_1 和 B_2；中间地块根据国家标准《农业机械试验条件测定方法的一般规定》使用的谷物类损失率的测量方法，采用五点法对损失质量进行测量。首先在四方形的实验地块对角线的交点处选取样本框 L_1；其次在两条对角线上，距 4 个顶点约为对角线长度 1/4 处选取 4 个取样框 $L_2 \sim L_5$。如遇不规则形状的地块，也尽量按照此要求选择样本框。如图 8-2 所示，每个样本框的规格为 1 米×1 米的正方形。机械收割完后，把各样本框内的麦粒、麦穗捡拾干净脱粒后分别称重。其中，边缘地块面积和中间地块面积比为 4∶1。

（2）分段收获方式。本实验中还涉及手工收割—机械脱粒的分段半机械化收获实验的损失测算。第一，采用联合机械化收获的取样方式采集人工收割后的小麦损失。每个实验地块选取 5 个 1 米×1 米的取样框，将每个取样点内小麦单独收割放置，用传统脱粒机械进行脱粒作业，收集脱粒后的小麦秸秆和麦穗，并对未脱干净的小麦进行收集、称重，获得人工收割的损失。第二，计算机械脱粒的损失。将收割完的小麦随机抽取 15 千克，进行单独脱粒作业，收集收割机脱粒后所有的小麦及秸秆和麦穗，对未脱干净的小麦进行收集，称重，重复以上操作五次。

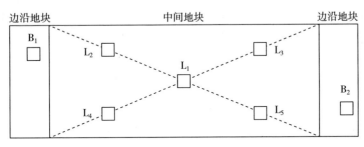

图 8 - 2   选点示意图

三、收获环节损失率测算方法

（一）联合收获的损失率

首先，待收割完成后测量第 i 块地的总产量 Q_i 和面积 $Area_i$，并取适量收获的小麦测算含杂率 $\tau\%$；其次，分别根据中间地块和边缘地块第 j 个选样框收集的小麦损失量，计算中间地块和边缘地块的平均损失量 $Aver\_L_j$ 和 $Aver\_B_j$，并利用中间地块和边缘地块的面积比 4：1，得到联合收获环节损失率为 LR_M_i（Loss Rate of Machine）：

$$LR\_M_i = \frac{Aver\_L_j \times 0.8 + Aver\_B_j \times 0.2}{Aver\_L_j + Aver\_B_j + Q_i \times (1 - \tau\%)/Area_i} \qquad (8-1)$$

（二）分段半机械化收获的损失率

分段半机械化收获的损失率计算主要包括两部分，第一部分是手工收割的损失率，采用跟联合机械化收获一样的方法计算。第二部分是田间脱粒的损失率，将 j 次脱粒完成得到的小麦称重，记作 TW_{ij}（Threshing Weight），小麦机械脱粒环节的损失量，记作 TL_{ij}（Threshing Losses）。那么，两部分损失率之和即为分段收获环节的损失率 LR_sh_i（Loss Rate of Segmented Harvesting）：

$$LR\_sh_i = \frac{Aver\_L_j \times 0.8 + Aver\_B_j \times 0.2}{[Aver\_L_i + Aver\_B_j + Q_i \times (1 - \tau\%)/Area_i]} +$$
$$\frac{1}{5} \sum \frac{TL_{ij}}{TW_{ij} + TL_{ij}} \qquad (8-2)$$

（三）中国小麦收获环节损失率

中国的小麦种植历史悠久，在全国各省均有种植。本章计算中国小麦收获环节损失率的主要思路为：首先，根据《中国农业机械工业年鉴 2015》及《中国统计年鉴 2015》，分别计算出全国 30 个省份（海南小麦种植面积为 0.00，故此处不予考虑）各自采用小麦联合收获方式占总收割面积的比率（以下简称机收率），并根据其分布特点重新将 30 个省份划分为三大区域。其次，计算出三大区域的联合收获方式占比，三大区域播种面积占各自全国小麦播种面积的比例。最后，以这两个比例作为权重，加权计算出全国小麦收获环节的损失率，具体步骤如下：

首先，根据机收率划分三大区域，计算三大区域的联合收获比率：

$$P_a = \frac{\sum MS_{ab}}{\sum RS_{ab}} \ (a = 1,\ 2,\ 3;\ b = 1,\ 2,\ 3) \qquad (8-3)$$

其中，P_a 表示 a 地区的小麦联合收获比率，MS_{ab} 表示 a 区域内 b 省份的小麦联合收获面积，RS_{ab} 表示 a 区域内 b 省份的小麦种植面积，即用三大区域各自包含省份的联合收获面积之和与各自的小麦种植面积之和的比值，计算出三大区域的小麦联合收获面积占比，则三大区域的小麦分段收获面积占比为 $1 - P_a$。

其次，将小麦联合收获损失率记作 LR_M_i，分段收获损失率为 LR_sh_i，则三大区域各自的小麦损失率 WLR_α 为：

$$WLR_\alpha = P_\alpha \times LR\_M_t + (1 - P_\alpha) \times LR\_sh_i \qquad (8-4)$$

最后，将三大区域小麦播种面积占全国小麦播种面积的比例记作 β_a，则全国的小麦收获损失率为：

$$WLR = \sum_1^3 \beta_a \times WLR_a \qquad (8-5)$$

四、结果与分析

根据以上的实验方案和当地农业部门提供的小麦最佳收获时间，于 2016 年在河南兰考、河南安阳、山东滕州、河北涿州、甘肃会宁 4 个地方进行了 5 组共 20 块地的实验。实验地块累计面积为 9586.20 平方米（14.38 亩）。前 4 组均为联合机械化收获实验，而甘肃会宁补充了手工收割—机械脱粒的分段收获实验。实验根据实际条件有所不同，测出的小麦收获损失率如表 8-1 所示。小麦收获损失率的计算主要分为三步。首先，根据实验设计和实际条件，实验测算了小麦收获环节的损失率。其次,根据访谈,比较实验损失率是否符合当地农户和农业部门从业人员的经验估计。最后,参考实验地区农业部门的相关统计数据,估算了各种因素占当地所有情况的比重,并根据该比重对实验结果进行赋权,计算出小麦收获环节的综合损失率。

表8–1 不同收获条件下小麦收获环节损失率

单位:平方米,%

实验点	地块	实验内容	地块面积	中间地块损失率	边缘地块损失率	综合收获损失率
河南兰考①	A	$S_1 + M_1 + O_1$	731.00	6.77	—	6.18
	B	$S_1 + M_2 + O_1$	799.00	3.89		
	C	$S_1 + M_1 + O_2$	748.00	27.13		
	D	$S_2 + M_1 + O_1$	1304.33	6.81		
河南安阳②	A	$S_1 + M_1 + O_1$	349.20	1.02	3.20	1.99
	B	$S_1 + M_2 + O_1$	698.40	0.39		
	C	$S_1 + M_1 + O_2$	349.20	1.86		
	D	$S_2 + M_1 + O_1$	519.92	3.39		
	E	$S_1 + M_3 + O_1$	698.40	2.77		
山东滕州	A	$S_1 + M_1 + O_1$	330.33	1.12	2.58	1.22
	B	$S_1 + M_2 + O_1$	1442.39	0.38		
	C	$S_2 + M_1 + O_1$	924.58	0.53		
河北涿州	A	$S_1 + M_1 + O_1$	734.80	0.89	3.00	1.42
	B	$S_1 + M_2 + O_1$	1283.40	0.11		
	C	$S_1 + M_1 + O_2$	818.40	0.64		
	D	$S_2 + M_1 + O_1$	793.25	1.90		
甘肃会宁③	A	$S_1 + H_1 + M_1 + O_1$	436.80	5.37	—	分段:3.19
	B	$S_1 + H_1 + M_2 + O_1$	436.80	2.48		联合:1.96
	C	$S_2 + H_1 + M_2 + O_1$	218.12	4.17		综合损失率:2.21
	D	$S_1 + H_2 + M_2 + O_1$	1058.78	1.96		

注:①兰考 C 地块的损失率为异常值,舍掉。②M_1:普通机型,M_2:先进机型,M_3:落后机型。③H_1:手工割,$H_2 + M_2$:采用 M_2 机械进行的联合收获,M_1:普通脱粒机,M_2:先进收割机,在甘肃会宁 B 地块和 C 地块只用于脱粒。以上的综合收获损失率计算是通过各实验点的损失率加权计算得到的,权重的选取参考当地农业部门的统计和访谈调查数据。

由表8－1可知，小麦收获环节的算术平均损失率为2.44%（去掉河南兰考地块C）。各地区加权后的综合损失率分别为6.18%（兰考）、1.99%（安阳）、1.22%（滕州）、1.42%（涿州）、2.21%（会宁）。各个实验点的损失率有所差异，除了河南兰考机械收获和甘肃会宁分段收获的损失率比较高以外，其他实验点的损失率相对来说比较低。由于河南兰考是在小麦成熟晚期进行的收割，加上实验前一天下雨，导致实验的损失率比较高，并且其地块C由于新手操作失误，导致数据异常，已在加权计算中剔除地块C的数据。另外，在5组实验中，由于实验条件所限，河南安阳的机械考虑了先进机型、普通机型和落后机型三种，山东滕州没有做机手熟练程度的对比。河南兰考和甘肃会宁没有测算边缘地块的损失率。

五、小麦收获环节损失的影响因素

在进行小麦收获环节损失的影响因素分析之前，需要声明的是：由于本章的实验是"准自然科学实验"，因此实验处理设置可能不符合自然科学实验条件下的唯一差异原则，但是用来分析农户正常收获条件下的小麦收获环节损失的主要影响因素是可行的。为了分析农户正常收获条件下不同因素对小麦收获损失率的影响，主要分析思路为：根据表8－1中实验测量的数据，每次只考虑一种因素，将对照组和实验组的损失率数据进行比较，分析损失率的差异。例如，在控制品种（S）和机手熟练程度（O）不变的情况下，比较了先进收割机型（M_2）和落后收割机型（M_1）的损失率的大小，从而得出收割机械的先进程度对小麦收获损失率的影响。同理，对小麦品种（S）和收割机机手熟练程度（O）进行分析。分析5组实验的总体结果，总结有以下几点发现：

（一）机械类型

对于机械类型来说，实验数据基本表明采用先进机型的损失率要比采用落后机型低得多，其损失率的差异最低也有0.74%，最高达2.89%，说明采用先进机型能够有效降低小麦损失率。

（二）品种

对于小麦品种来说，除山东滕州外，其他实验组的结果显示，优良品种比普通品种的损失要小，其范围为0.04%～1.69%，说明采用优良品种比普通品种能够显著地降低小麦收获环节的损失率。

（三）机手熟练程度

就收割机操作机手的熟练程度来说，熟练机手相对不熟练的机手的损失率来说要低（河北涿州除外），说明熟练的收割机操作机手能够显著降低小麦收获环节的损失率。尤其值得注意的是，虽然在加权计算中剔除了河南兰考实验地块 C 的损失率数据，这是由于新手操作导致的失误，损失率高达 27.13%，但是在实际收割中，我们不能忽略这种由于机手操作失误导致的损失。而河北涿州的数据表明不熟练机手比熟练机手的损失率要低 0.25%。后来根据访谈发现，主要是新手操作员以前有过收割机的操作经验，具体来说应该算是熟练操作员，并且数据表明损失率值相差不大，因此前面关于熟练机手能够降低损失率的判断基本是正确的。

（四）收获方式

对于甘肃会宁手工收割—机械脱粒分段收获实验来说，先进脱粒机比普通脱粒机的损失要低 2.89%，说明采用先进脱粒机型能够有效降低损失率。该实验中分段收获损失率比采用联合收获的损失率要高 0.52%。根据实验情况来看，这可能是分段半机械化收获增加了小麦中间操作的环节，从而导致损失率相对联合收获来说要高。另外，收割实验损失率数据表明，手工收割的损失主要集中在收割环节。

六、中国小麦收获环节损失率

根据各省份计算出的机收率，我们将 30 个省份按机收率的分布特征划分为三大区域，其中北京、天津、河北、内蒙古、吉林、上海、江苏、广西、西藏、青海、浙江、安徽为第一区域，该区域的小麦收获采用联合收获的比例在 99% 及以上，采用河北涿州的小麦收获损失率来代表这些省份的小麦收获损失率；山东、河南、湖北、黑龙江、新疆、陕西、湖南、山西、江西为第二区域，这些省份的联合收获的占比在 80% 到 99% 的区间，采用河南兰考、河南安阳、山东滕州 3 地的算术平均损失率来代表；宁夏、辽宁、甘肃、四川、云南、重庆、贵州、福建、广东联合收获的占比在 80% 以下，采用甘肃会宁的损失率来代表。其中，分段半机械化收获的小麦损失率只有甘肃会宁的实验数据，因此利用甘肃会宁分段半机械化收获损失率替代其他区域的分段半机械化收获损失率。

通过表 8-2 可以发现，利用三大区域的联合收获占比和面积占比加权后的中国小麦收获环节损失率为 2.43%。而这个比例远远低于 1995 年詹玉荣计算出的 6.82%，也低于 1989~1991 年曹宝明等问卷调研出的 4%（在本书统计口径下）。由此可以发现，不同于 20 世纪 90 年代的小麦收获环节的高损失率，农业科技的发展降低了小麦收获环节的损失率。

表 8-2　中国小麦收获环节损失率　　　　单位：%

三大区域划分（P）	包含省份	代表地区	联合收获占比	分段收获占比	联合收获损失率	分段收获损失率	面积占比	收获环节损失率
99%≤P≤100%	北京、天津、河北、内蒙古、吉林、上海、江苏、广西、西藏、青海、浙江、安徽	河北涿州	99.83	0.17	1.42	3.19	32.77	2.43
80%≤P<99%	山东、河南、湖北、黑龙江、新疆、陕西、湖南、山西、江西	河南兰考河南安阳山东滕州	95.40	4.6	3.13	3.19	55.30	
P<80%	宁夏、辽宁、甘肃、四川、云南、重庆、贵州、福建、广东	甘肃会宁	44.98	50.02	1.96	3.19	11.93	

资料来源：根据《中国农业机械工业年鉴2015》及《中国统计年鉴2015》计算，并根据分布特点划分区域。

七、结论及政策建议

（一）结论

本章基于中国4省5地的田间试验调查数据，分析影响小面收获损失的主要因素，并模拟了不同情景条件下的减损效果，估算了减损对粮食安全和资源环境的影响。研究结果显示：

第一，河南的两个实验点的小麦收获环节损失率分别为6.18%和1.99%，山东为1.22%、河北为1.42%、甘肃为2.21%，利用这些实验数据推算出全国小麦收获环节的损失率为2.43%。

第二，采用先进的收割机型和优良的小麦品种，提高收割机手的操作水平能够显著降低小麦收获环节的损失率。

（二）政策建议

从研究的结果来看，相比20世纪90年代，新时期中国小麦收获环节的损失明显降低，而这可能跟农业收获技术的进步有关。尽管小麦的收获已经基本实现机械化作业，损失水平比较低，但仍然有进一步降低的潜力。根据减损模拟的结果，小麦收获环节损失的降低对我国的粮食安全和资源环境具有重要的实践意义。

根据实验数据和实际访谈中的调查结果，针对如何减少小麦收获环节的损失提出了以下几点政策建议：首先，采用先进收割机械能够有效降低小麦的收割损失率。政府应该加快淘汰落后机型，鼓励先进收割机械的发明和采用，对先进机型的补贴政策应有所倾斜。而农户应该尽量使用先进的收割机械，从而降低小麦收获环节的损失。其次，提高社会化农机服务的水平。熟练的收割机操作机手能够大大降低小麦的收割损失率。因此相关农机部门和农机社会化服务公司应该加强对收割机操作人员的技能培训，加大操作技能培训方面的投入。而农户在收割时，尽量雇用有熟练收割技能的操作员。最后，相关农业部门和农户尽量采用优良品种。值得一提的是，农户收获期间要加强对异常天气的关注，能够减少小麦的不必要损失。

第二节　基于调研的农户小麦收获环节损失测算及影响因素研究[①]

一、样本分析

表 8-3 为各省份的平均损失率和有效调研问卷量。各省份的平均损失率通过该省份的调研样本损失率的算术平均值计算得到。根据统计结果可知，不同省份的小麦收获环节平均损失率的差距较大；各个地区回收的样本调研量分布基本遵循小麦的种植分布，例如河南、山东、安徽等小麦种植面积比较大的地区的样本回收量也比较大，而宁夏、青海和内蒙古等小麦种植比较少的地区，回收的样本量就比较少。

按照损失率的高低将损失率分为 4 个区间：1% ~3% 为较低损失率区间，3% ~5% 为中等损失率区间，5% ~10% 为较高损失率区间，而 10% 以上的为非常高的损失率区间。因此，根据表 8-3 的结果，损失率在较低区间的有云

---

① 本节内容发表在《中国农村观察》2018 年第 2 期，作者为曹芳芳、黄东、朱俊峰和武拉平。

南、宁夏、天津和安徽这4个地区;损失率在中等区间的地区包括山东、山西、河北、江苏、内蒙古和河南;损失率在较高区间的则有湖北、四川、甘肃和陕西;新疆和青海的损失率超过了10%,属于损失率非常高的区间。根据总体样本统计,有12.86%的被调查农户认为小麦收获环节的损失率低于3%,57.62%的农户认为小麦收获损失率处于3%~5%,25.46%的农户认为小麦收获损失率处于5%~10%,而大概4.06%的农户认为小麦收获环节的损失率超过了10%。由于不同地区的气候和地理条件,加上不同的农业技术条件和社会经济条件,导致地区间小麦收获损失率的差异较大,尤其是陕西、青海和新疆等西部省份的损失率非常高。

表8-3　各省份小麦收获环节的平均损失率和有效样本量分布　单位:%

省份	平均损失率	样本量	省份	平均损失率	样本量
云南	1.040	24	内蒙古	3.994	15
宁夏	1.543	7	河南	4.65	258
天津	2.034	19	湖北	5.292	75
安徽	2.755	96	四川	5.43	54
山东	3.016	127	甘肃	5.773	44
山西	3.075	24	陕西	8.196	116
河北	3.229	96	青海	11.645	18
江苏	3.736	134	新疆	13.593	28

资料来源:根据调研问卷计算所得,总计有效样本量1135份。

二、计量模型和变量选取

(一) 模型和方法选择

根据样本的特征和研究目的,本章采用分位数回归的实证分析方法。Koenker 和 Bassett(1978)提出"分位数回归"(Quantile Regression, QR)。相比使用古典的 OLS 回归,分位数回归有两个主要的优势:第一,不同于 OLS 的条件期望均值回归,QR 回归能够描述解释变量对不同分位数上被解释变量的影响;第二,QR 对误差项并不要求很强的假设条件,因此对于非正态分布而言，QR 不易受极端值的影响，更加稳健。由于调研样本来源地区收获时期自然条件和社会经济因素差异较大，而这些差异则体现在不同分位数上小麦收获损失率的不同上。相关的统计结果也表明了小麦收获损失率分布的差异较大，虽然采用最小二乘法也能得出各种因素对损失率平均值的影响，但却无法像分位数回归方法一样全面观察各种因素对不同分位点上损失率的影响。因此，本章采用分位数回归的方法来考察影响小麦收获损失的因素。

分位数回归的基本思想可以简述为：使用残差绝对值的加权平方作为最小化的目标函数，来描述条件分布 Y|X 的全面分布，通过计算数据点到回归线垂直距离的加权总和，赋予拟合线之上数据点的权重为 τ，拟合线之下的数据点的权重为 1 − τ。对于不同的值，都会产生各自不同条件分位数的拟合函数，从而为每一种可能寻找合适的估计量。其原理可以用以下的函数形式表达：

假设小麦收获损失率的概率分布为：

$$F(y) = Prob(Y < y) \qquad\qquad (8-6)$$

则 Y 的 τ 分位数 Q（τ）的定义满足 F（y）≥τ 的最小 y 值，即：

$$Q(\tau) = \inf\{y: F(y) \geq \tau\}, \ 0 < \tau < 1 \qquad\qquad (8-7)$$

假设小麦收获损失的分位数回归的条件均值函数 E（Y|X）是线性的，即：

$$E(Y \mid X = x) = X'_i\beta \qquad\qquad (8-8)$$

其中，X_i 表示小麦损失率的解释变量向量，β 表示回归系数。

当对 τ 分位的样本分位数进行回归时，其目标函数是使加权误差绝对值之和最小，即：

$$Q(\tau) = \min\{\sum_{Y_i \geq X'_i\beta} \tau |Y_i - X'_i\beta| + \sum_{Y_i \leq X'_i\beta}(1-\tau)|Y_i - X'_i\beta|\} \qquad (8-9)$$

对分位数求解得到参数估计值为：

$$\hat{\beta}_\tau = \text{argmin}\{\sum_{Y_i \geq X'_i\beta}\tau|Y_i - X'_i\beta| + \sum_{Y_i \leq X'_i\beta}(1-\tau)|Y_i - X'_i\beta|\} \qquad (8-10)$$

其中，Y_i 表示被解释变量小麦收获环节的损失率；X_i 表示自变量向量；$\hat{\beta}_\tau$ 表示当其他协变量保持不变时，估计差异来自一个连续性协变量的单位增量，或者虚拟变量从 0 到 1 的变化。当 τ 取 0~1 的不同值时，可以刻画条件分布下 Y 在 X 上的所有条件分布轨迹。因此利用分位数回归的方法可以全面地探究不同条件分布下的各因素对小麦收获环节损失的影响。

（二）变量选取及描述性统计

（1）被解释变量。本章利用"小麦收获环节的损失率"来代表小麦收获环节的损失，即收获期间收割、脱粒、田间运输和清粮环节四个环节总的每亩平均损失和每亩产量的比值。

（2）解释变量。根据前人研究，小麦收获环节损失的影响因素主要分为以下几种：收获时的天气、收获时小麦的成熟程度、收割方式、收获的作业态度以及一些社会经济条件。因此，本章在实地调研和前人研究基础上，主要选取了农户特征、小麦收获特征和粮食损耗认识三类变量作为小麦收获环节损失率的影响因素。

农户特征变量主要包括户主的性别、年龄、受教育程度和家庭户年纯收入。通过对户主特征的识别，将这些户主特征变量作为小麦收获损失影响因素的控制变量，并同时可以观察户主性别、年龄、受教育程度以及家庭户年纯收入对小麦收获环节损失的影响。

小麦收获特征包括天气因素、是否赶种、收获方式、作业态度以及小麦的单产和播种面积变量。收获期间天气是影响小麦守护环节的重要因素，主要考察异常天气（包括大风、暴雨等非正常天气）对小麦收获损失的影响。在收获期间，如果农户急着赶种下一季作物，可能会对小麦的收获损失造成影响，例如提前收获，或者由于赶时间而加快了收获速度，导致损失的增加。而农户采用手工收割、半机械化收割或机械收割等不同收获方式，其小麦损失的程度也有可能不一样。收获作业态度的精细程度也会影响收获，作业态度越精细，损失越低。用小麦的单产来粗略表示小麦品种的优良程度。如果小麦的单产越高，损失率越低，代表优良的小麦品种会降低损失率。播种面积指的是农户这一年的实际小麦种植面积，播种面积用来考察种植规模对损失率的影响。

粮食损耗认识则是通过考察农户潜在的节约粮食意识对小麦收获损失的影响。如果农户潜意识里觉得本地区当前小麦收获环节中的损失过高，可能会采取减少损失的措施；相反，如果觉得损失较低或损失一般，可能就不会采取减少损失的措施，而这可能间接影响到小麦的产后损失的高低。

变量的具体含义和赋值如表8-4所示。可以发现，全国小麦收获环节的平均损失率为4.715%，处于中等损失率的区间。从户主特征来看，男性作为户主的占95.9%，平均户主年龄为57.104岁，户主的平均受教育年龄为7.332年，而小麦平均播种面积为4.523亩，这与当前中国农业种植呈现的"老龄化""低人力资本""小规模种植"特征相一致。

表 8 - 4 模型的变量名称、含义及描述性统计

变量	含义	均值	标准差
被解释变量			
损失率	收获的总损失量占总产量的比值（%）	4.715	6.332
农户特征			
性别	户主的性别，女性 = 0，男性 = 1	0.959	0.197
年龄	户主年龄（年）	57.104	10.287
受教育年限	户主的受教育年限（年）	7.332	2.451
家庭收入	家庭户一年总的纯收入对数（万元）	10.781	0.742
播种面积	家庭户小麦播种面积（亩）	4.523	5.237
收获特征			
单产	小麦的单产（千克/亩）	454.308	168.602
赶种	是否赶种：是 = 1，否 = 0	0.811	0.391
天气	天气是否异常：异常 = 1，正常 = 0	0.097	0.296
收获成熟度	分为三组：成熟、未完全成熟、过熟，以"成熟"为对照组		
成熟度_2	是否未完全成熟：是 = 1，否 = 0	0.921	0.270
成熟度_3	是否过熟：是 = 1，否 = 0	0.046	0.209
虫害程度	分为三组：很少、一般和严重，以"很少"为参照组		
虫害程度_2	虫害程度是否一般：是 = 1，否 = 0	0.196	0.398
虫害程度_3	虫害程度是否严重：是 = 1，否 = 0	0.019	0.138
收获方式	分为三组：手工收割、半机械化收割和联合机械收割，以"手工收割"为对照组		
收获方式_2	是否为半机械收割：是 = 1，否 = 0	0.088	0.284
收获方式_3	是否为联合机械收割：是 = 1，否 = 0	0.816	0.388
收获作业态度	分为三组：粗糙、一般和精细，以"粗糙"为对照组		
作业态度_2	是否作业态度一般：是 = 1，否 = 0	0.679	0.467
作业态度_3	是否作业态度精细：是 = 1，否 = 0	0.215	0.411
粮食损失认知			
收获损失认知	现有的粮食收获损失多吗？分为三组：少、一般和严重，以"少"为对照组		
损失认知_2	粮食收获损失是否一般：是 = 1，否 = 0	0.209	0.407
损失认知_3	粮食收获损失是否严重：是 = 1，否 = 0	0.707	0.455

三、模型估计结果与讨论

（一）模型估计结果

根据上述选取的变量，本章利用分位数回归的方法考察了农户特征、小麦收获特征以及粮食损失认知三类影响因素对小麦收获环节损失率的影响程度和作用方向。为了对比普通最小二乘回归与分位数回归结果的不同，表8-5的第2列列出了使用稳健标准误条件下的OLS回归结果，第3列至第7列分别为1/10、1/4、1/2、3/4、9/10分位点上回归的结果。其中，利用省份虚拟变量代表区域变量，控制了不同地区的影响，由于省份变量较多，在表中未列出结果，具体如表8-5所示。

表8-5　小麦收获环节损失率的影响因素回归结果

变量	OLS回归	分位数回归				
		1/10	1/4	1/2	3/4	9/10
性别	1.867**	0.106	0.360	0.859	1.028	2.576
	(0.879)	(0.346)	(0.387)	(0.541)	(1.018)	(1.867)
年龄	0.005	-0.004	0.001	0.008	0.008	0.006
	(0.018)	(0.007)	(0.008)	(0.011)	(0.021)	(0.038)
受教育年限	0.016	0.020	0.029	0.041	0.006	0.007
	(0.074)	(0.029)	(0.033)	(0.046)	(0.086)	(0.158)
家庭年收入	0.001	-0.017	-0.179	-0.129	-0.241	-0.554
	(0.252)	(0.099)	(0.111)	(0.155)	(0.292)	(0.536)
面积	-0.018	-0.033**	-0.027	-0.024	-0.026	-0.029
	(0.037)	(0.015)	(0.016)	(0.023)	(0.043)	(0.079)
单产	-0.006***	-0.001***	-0.002***	-0.001	-0.003**	-0.006**
	(0.001)	(0.000)	(0.001)	(0.001)	(0.001)	(0.003)
是否赶种	-0.510	0.396	0.549**	0.625	-0.102	-0.566
	(0.630)	(0.248)	(0.278)	(0.388)	(0.730)	(1.340)
天气	2.891***	0.228	0.431	0.463	1.848**	8.014***
	(0.635)	(0.250)	(0.279)	(0.391)	(0.735)	(1.349)
收割成熟度_2	-1.162	0.268	0.102	0.088	-0.244	0.067
	(1.011)	(0.398)	(0.445)	(0.622)	(1.171)	(2.148)

续表

变量	OLS 回归	分位数回归				
		1/10	1/4	1/2	3/4	9/10
收割成熟度_3	1.908	0.181	0.830	1.155	6.940***	4.258
	(1.278)	(0.503)	(0.563)	(0.787)	(1.480)	(2.716)
虫害程度_2	1.984***	0.162	0.647***	1.428***	2.456***	2.661***
	(0.459)	(0.180)	(0.202)	(0.283)	(0.531)	(0.975)
虫害程度_3	2.128	-0.565	1.498**	1.636**	3.034**	2.784
	(1.331)	(0.524)	(0.586)	(0.820)	(1.542)	(2.829)
收割方式_2	-0.489	-0.317	-1.228***	-1.733***	0.316	1.211
	(0.972)	(0.382)	(0.428)	(0.599)	(1.126)	(2.066)
收割方式_3	-0.828	-0.351	-1.116***	-1.451***	-0.067	0.777
	(0.814)	(0.320)	(0.358)	(0.501)	(0.943)	(1.730)
作业态度_2	0.285	-0.510**	-0.617**	-0.619*	-0.819	-0.171
	(0.602)	(0.237)	(0.265)	(0.371)	(0.698)	(1.280)
作业态度_3	-0.030	-0.781***	-0.972***	-0.863*	-0.741	-0.268
	(0.747)	(0.294)	(0.329)	(0.460)	(0.865)	(1.588)
损失认知_2	1.335*	1.085***	1.018***	1.723***	1.726**	0.237
	(0.731)	(0.287)	(0.322)	(0.450)	(0.846)	(1.553)
损失认知_3	-0.672	-0.072	-0.079	0.005	-0.307	-2.479*
	(0.630)	(0.248)	(0.277)	(0.388)	(0.730)	(1.339)
常数项	5.947	1.503	4.101**	2.549	5.697	13.473*
	(3.813)	(1.500)	(1.679)	(2.348)	(4.416)	(8.102)
省级虚拟变量	省略	省略	省略	省略	省略	省略
R^2/Pseudo R^2	0.195	0.117	0.148	0.171	0.236	0.283
N	1135	1135	1135	1135	1135	1135

注：***、**和*分别表示在1%、5%和10%的水平上显著；括号内为标准误；OLS 回归的 F 值为9.3173。

（二）结果与讨论

根据表8-5可以发现多元线性回归的结果与分位数回归的结果存在明显的差异。相比 OLS 回归，分位数回归的结果提供了更加全面的信息。

（1）OLS 回归结果分析。OLS 回归的结果表明，户主为男性、异常天气、单产水平和虫害程度为一般这几个影响因素通过了 1% 的显著性检验，损失认知态度为一般的通过了 10% 的统计性水平检验。其中，单产水平对损失率的作用是负向显著的，其他因素均是正向显著的，表明单产水平对损失率的降低有正向显著的作用，而其他几个因素对损失率的降低则有负向显著的作用。剩下的其他因素均不显著。

（2）分位数回归分析。以下的分析将围绕分位数回归结果展开，具体从农户特征、小麦收获特征和小麦收获损失认知三个方面考察相关因素对小麦收获环节的损失率（以下简称损失率）的影响。

从农户特征来看，户主的性别、年龄、受教育年限和家庭年收入均没有通过显著性检验，表明这些因素对损失率没有显著的影响。在 1/10 分位点上，家庭小麦播种面积在 5% 的统计性水平上显著为负，表明小麦播种面积对损失率的降低作用是正向显著的。

从小麦的收获特征来看，相关因素的作用结果如下：①在 1/10 和 1/4 的低分位点上，单产在 1% 的统计性水平上显著；在 3/4 和 9/10 高分位点上，单产在 5% 的统计性水平上显著，且符号均为负。表明单产越高，损失率越低。一方面，单产高的小麦品种优良，能够从源头降低损失；另一方面，产量越高，相对的损失率可能就越低。②在 1/4 分位点上，赶种是正向显著的；在 3/4 和 9/10 分位点上，符号发生了改变，但并不显著。根据调研的经验，收获完小麦赶种下一季作物的时候，会进行土地的整理。因为损失率较高，农户会对田间可见的损失进行捡拾，从而降低小麦的损失率，导致赶种在高分位点的作用方向发生了改变，但这种影响并不会对损失率造成显著的影响。③收获时机的不同，对损失率的影响是不一样的。相对于在小麦成熟时收获，不成熟时收获对损失率影响不显著，而在 3/4 分位点上，小麦过熟时收获对小麦损失率的影响是正向显著的。这可能是由于小麦未成熟收获时掉落的颗粒较少，损失主要来源于产量的减少，而通常这些则不会被农户计入小麦收获环节的损失范围，所以过早收获的影响不显著；而在过于成熟时收获，麦粒掉落较多，其损失是可见的，会被农户计算到最终的损失中，损失率提高，影响就较为显著。④自然因素的影响很显著。在 3/4 和 9/10 分位点上，异常天气对于损失率的影响是正向显著的。相比收获期间虫害程度很少或没有的情况，在 1/4、1/2、3/4 和 9/10 分位点上，虫害程度一般在 1% 的统计性水平上显著；在 1/4、1/2、3/4 分位点上，虫害程度严重通过了 5% 的统计性检验，两者的符号均为正，且后者的回归系数绝对值大于前者，表明收获期间的虫害程度提高了损失率，并且虫害越严重，影响越大。⑤收获方式和作业态度的影响是显著的。在1/4和1/2分位点上，相对于手工收获，分段半机械化收获和联合机械化收获是负向显著的，表明机械收获能够显著地降低小麦收获的损失率。而20世纪90年代詹玉荣（1995）的研究结果相反，说明农业收割机械技术的提高明显降低了小麦收获损失的损失率。在1/10、1/4、1/2分位点上，相对于粗糙的收获作业态度，作业态度一般和作业态度精细是负向显著的，并且后者的回归系数绝对值大于前者，表明越是精细的作业态度越能够降低小麦的损失率，这与吴林海等（2015）的研究一致。

就当前农户对小麦收获损失的认知态度来看，相较于小麦收获损失少的认知态度，在1/10、1/4、1/2和3/4分位点上，小麦收获损失一般的认知是正向显著的；在9/10分位点上，认为粮食损失多的认知是负向显著的。这可能是因为相较于认为粮食收获环节损失少和一般的农户，意识到粮食损失越多的户主，节约粮食的意识越强，更有动机去采取减少小麦收获环节损失的行为。

四、结论和启示

本章根据全国20个省份共1135份小麦收获环节损失的调研问卷，利用分位数回归方法考察了不同因素对小麦收获环节的损失率影响，并比较了稳健标准误条件下的OLS回归和分位数回归结果。统计结果表明，新疆和青海的小麦收获环节的损失率超过了10%，而陕西、甘肃、四川和湖北地区的损失率也在5%以上，表明在一些中西部地区，小麦收获环节的损失率还是挺高的。这可能与当地落后的社会经济技术条件有关。就全国而言，70.48%的农户认为小麦收获环节的损失率低于5%，超过一半的农户认为该环节的损失率为3%~5%。相关的经验分析也表明，不同分位点上损失率影响因素的作用程度也不一样。性别、异常天气、虫害以及过晚收获显著提高小麦收获环节的损失率，播种面积和单产越大，越能降低小麦收获环节的损失率。同时，采用联合机械化收获比分段半机械化收获和手工收获更能降低小麦收获环节的损失率，更精细的作业态度和较高的粮食认知水平也能降低小麦收获环节的损失率。

由经验分析的结果可以得出一些启示：首先，在小麦种植时，应选取性能优良的小麦品种，这是减少小麦收获损失的前期重要工作。其次，在小麦收获时，要注意收获期间的管理安排，在造成小麦收获环节的损失之前，采取相应的措施。例如，要重点关注收获期间的天气因素、虫害因素以及不要过早或者过晚进行小麦收割，避免一些非必要的损失。尤其是在收获时，采取的收获方式至关重要，采用分段半机械收获和联合机械化收获能够降低损失率。最后，在减少小麦收获上，要重视人的因素。提高培训收割机手的操作水平，提高人们对于收获期间粮食损失的认知水平，均有利于减少小麦收获期间的损失。

　　当然本章也存在一些不足之处。由于被调研农户基本是由普通农户组成的，因此，本章没有考察普通农户、种粮大户和家庭农场不同类型农户的小麦收获损失问题。我国小麦按收获季节分为冬小麦和春小麦，本章未充分考虑不同季节收获的小麦收获环节损失问题。另外，由于小麦收获过程中的质量损失难以测量，因此本章在一开始就排除了该方面的考虑。而这些将是后续研究需要进一步关注和探究的问题。

第九章

农户玉米收获环节损失及
影响因素研究[①]

第一节　基于田间实验的农户玉米损失
测算及影响因素研究

一、研究设计

我国幅员辽阔,地域之间资源禀赋、气候环境差异较大,玉米种植形式多样,因而收获工艺也因人工成本、玉米种植规模、种植品种、种植方式、地形、气候条件等因素不同分为分段收获法和联合收获法。其中,分段半机械化收获法指玉米摘穗和脱粒两个过程是分开进行的;联合机械化收获法又称籽粒收获法,指摘穗和脱粒一次性完成。分段半机械化收获中的摘穗又分为机械摘穗和人工摘穗两种方式,因此,本章需要考察两种不同的摘穗收获方式对玉米收获损失的影响。同时,鉴于人工成本不断上涨,且玉米人工脱粒费时费工,这种方式本身也越来越少,因而本章中脱粒方式均为机械脱粒。这样,本章将分三种方式进行试验:机械摘穗—机械脱粒、人工摘穗—机械脱粒、籽粒收获。

（一）试验地点选择

农业部数据显示,2015 年,我国玉米机收水平超过 63%[②]。结合《中国

---

① 本节内容发表在《玉米科学》2018 年第 5 期,作者为郭焱、占鹏、李轩复和朱俊峰。

② 资料来源:http://www.nj.agri.gov.cn/nxtwebfreamwork/zz/detail.jsp?articleId = ff80808151d2c6040151d6ba88a337ec。

统计年鉴 2015》，在玉米种植面积排名靠前的省份选点，最终的选点省份为黑龙江、吉林、河南、河北和甘肃。对于每一个省份，选取该省具有代表性的地点作为最终的试验点。

本章最终选择机械化程度最高、机械装备水平最佳的黑龙江农垦 A 农场作为籽粒收获的试验点；选择甘肃省民乐、河南省兰考、吉林省公主岭和河北省涿州作为分段收获的试验点，其中甘肃省民乐、河南省兰考和吉林省公主岭作为两种不同摘穗方式的试验点；选择甘肃省民乐和吉林省公主岭作为脱粒损失的试验点。

（二）玉米品种选取

我国玉米种植分为春玉米和夏玉米，同时又有不同的种植区域。由于各试验点所种植的玉米品种繁多，因此，在具体试验中主要参考当地农业部门的建议选取种植面积最多、最具代表性的两个玉米品种，分别记作 S_1（Specie$_1$）和 S_2（Specie$_2$）。

（三）机型选取

本章根据各试验点农业机械化发展及农机使用情况来选取机型。摘穗机型的选取分为两种；一种是当地最先进的机型，记作 P_1（Picking$_1$）；另一种是当地使用最普遍的机型，记作 P_2（Picking$_2$）。籽粒收获机型的选取方法同摘穗机型的选取方法一样，分别记作 C_1（Combine$_1$）和 C_2（Combine$_2$）。脱粒机型的选取主要考虑到玉米从摘穗到脱粒和出售之间时间较长，农户脱粒不存在抢时间的问题，且各试验点的脱粒机型相对单一，因此，本章未对脱粒机型进行专门区分，仅以具体参与试验的机械为主，记作 T（Threshing）。

（四）机手选取

机械操作需要平衡收获速度和收获质量，而一个经验丰富的机手能够做到在保证收获质量的前提下提高收获速度，因此，需要选取摘穗机械机手和籽粒收获机手进行损失率的测算。本章选取驾龄大于等于 3 年的为熟练机手，记作 O_1（Operator$_1$）；选取驾龄不足 3 年的为非熟练机手，记作 O_2（Operator$_2$）。

（五）地块选取

为保证玉米的生长和栽培条件相同，所选取的地块均为同一农户的连片玉米地。在每个试验点选取地块 A 为对照组，地块 B 至地块 E 为试验组。其中，地块 A 种植的玉米品种为 S_1，摘穗机型为 P_1（籽粒收获机型为 C_1），机手为 O_1；其他地块相对于地块 A 均只改变一个条件，以便与 A 地块进行对照；若地块采取人工摘穗，那么，玉米品种和脱粒机型与地块 A 相同。基于以上研究设计，本章提出如图 9-1 所示的试验内容。

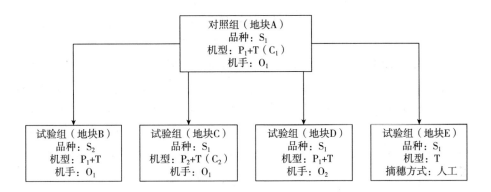

图 9-1　对照组与试验组试验设计

二、测算方法

本章需要分别采集机械摘穗—机械脱粒、人工摘穗—机械脱粒和籽粒收获三种不同收获方式下玉米损失的数据。其中，损失量为正常收获之后，不再对地块进行捡拾等活动而留在地里边的玉米穗和玉米粒。

（一）产量测算

（1）摘穗环节产量。由于玉米摘穗完成时含水率较高，且烘干设施尚未普及，因此，不能马上进行机械脱粒得出产量，而需要进行折合才能得出实收产量，记作 W。从摘穗后的玉米穗中随机选取 20 千克，人工脱粒后对玉米粒进行称重，记作 W_1；将此时的生物系数记作 Q_1：

$$Q_1 = \frac{W_1}{20} \times 100\% \qquad\qquad (9-1)$$

重复以上操作 5 次，计算平均生物系数：

$$Q = \frac{1}{5} \sum_{i=1}^{5} Q_i \qquad\qquad (9-2)$$

对剩下的玉米穗进行称重，记作 W_2。玉米摘穗完成时的实收产量为：

$$W = (W_2 + 100) \times Q \qquad\qquad (9-3)$$

理论产量为实收产量与损失量之和。

（2）籽粒收获产量。农户在收获籽粒后会直接出售，而此时的产量则为实际出售量。

（二）损失率测算

1. 机械摘穗—机械脱粒

该种收获方式需要分别测算机械摘穗环节损失率和机械脱粒环节损失率。

（1）机械摘穗环节损失率测算。通过试验需要测定的摘穗环节损失包括两部分：第一部分是机械在作业时漏摘的玉米穗；第二部分是机械剥皮造成的籽粒脱落。在实际操作中，摘穗机械造成的损失均匀分布在地里。根据国家标准《农业机械试验条件测定方法的一般规定》（GB/T 5262—2008），本章采用五点法选择测量点，即在四方形的地块内找到两条对角线（非四方形地块近似按四方形对待），两条对角线的交点作为测量点1；然后，在两条对角线上，距4个顶点距离约为对角线长的1/4处取另外4个点作为测量点2至测量点5，如图9－2所示。每个测量点为1米×1米的样本框。机械收割完毕后，把各测量点框内的玉米粒及玉米穗捡拾干净，对玉米穗进行脱粒后称重。本章对机械摘穗损失测算的选点没有参考宋洪远等（2015）的做法增加对地块边沿的选点，原因是机械摘穗前农户为了使地头的玉米株不被机械碾压而提前对地头的玉米进行清理。

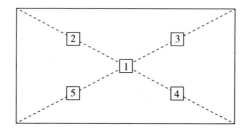

图9－2 机械摘穗环节损失测算测量点分布示意图

待各试验地块完成摘穗后，对四方形地块，丈量其长、宽，按几何方法计算面积；对非四方形地块，则由两名试验员同时手持GPS测亩仪沿相反方向进行测量，然后取算术平均值作为最终测定面积。那么，第i地块的机械摘穗环节损失率 RPL_{mi} 为：

$$RPL_{mi} = \frac{Aver\_L_{mi} \times Area_i}{Aver\_L_{mi} \times Area_i + W} \times 100\% \qquad (9-4)$$

其中，$Area_i$ 表示第i地块最终测定的面积；$Aver\_L_{mi}$ 表示第i地块各测量点的平均损失量，损失量为对漏摘玉米穗脱粒后与捡拾到的玉米粒的总重量。

（2）机械脱粒环节损失率测算。机械脱粒造成的损失主要有两部分：第一部分是未脱净的损失；第二部分是溅落在收集区域外的损失。脱粒损失的测算方法为：从收获的玉米穗中随机抽取玉米穗30千克进行脱粒；脱粒完成后对玉米芯进行检查，收集未脱干净的玉米粒和溅落在收集区域外的玉米粒；对玉米芯、损失的玉米粒和实收玉米粒称重。那么第 j 次脱粒环节损失率 RTL_j 为：

$$RTL_j = \frac{L_{tj}}{L_{tj} + W_j} \times 100\% \qquad (9-5)$$

其中，L_{tj} 表示未脱干净及溅落在收集区域外的玉米粒即为脱粒环节的损失量；W_j 表示实收玉米粒。

重复以上操作5次，计算脱粒环节平均损失率：

$$RTL_i = \frac{1}{5} \sum_{j=1}^{5} RTL_j \qquad (9-6)$$

（3）机械摘穗—机械脱粒收获方式损失率。玉米不同收获环节损失率不能直接加总作为玉米收获环节损失率，需要进行转换。玉米收获环节损失率计算公式如下：

$$HL_{mi} = RPL_{mi} + (1 - RPL_{mi})RTL_i \qquad (9-7)$$

其中，HL_{mi}、RPL_{mi} 和 RTL_i 分别表示第 i 地块玉米收获环节损失率、机械摘穗环节损失率和机械脱粒环节损失率。

2. 籽粒收获

籽粒收获造成的损失主要来源于三部分：一是收获机械排草口夹带的玉米粒；二是漏摘的玉米穗；三是未脱净的玉米粒。这种收获方式的试验点是黑龙江农垦 A 农场，由于农场地块面积较大，农户不会对地头的玉米株进行处理，因而本章在选点时参考了宋洪远等（2015）的做法，增加了地头的选点，同时也对上述五点法进行了改进：测量点的样本框扩大为2米×2米，并且增加至10个测量点，如图9-3所示。

同机械摘穗一样，待收获完成后测量地块面积及各测量点的玉米损失。由于地头对籽粒收获损失影响较大，因此，要根据实际情况加权计算损失量，本章中将地头权重设定为5%，将地中权重设定为95%。将地头和地中各测量点损失量分别记作 L_{fi} 和 L_{mi}，那么，籽粒收获环节损失率 HL_{ci} 为：

$$HL_{ci} = \frac{\left[\text{Aver\_L}_{fi} \times 5\%/4 + \text{Aver\_L}_{mi} \times 95\%/4 \right] \times \text{Area}_i}{\left[\text{Aver\_L}_{fi} \times 5\%/4 + \text{Aver\_L}_{mi} \times 95\%/4 \times \text{Area}_i + W \right.} \times 100\% \qquad (9-8)$$

其中，$Area_i$ 表示第 i 地块最终测定的面积；$Aver\_L_{fi}$ 表示第 i 地块地头各测量点的平均损失量；$Aver\_L_{mi}$ 表示第 i 地块地中各测量点的平均损失量；损失量为对漏摘玉米穗脱粒后与捡拾到的玉米粒的总重量。

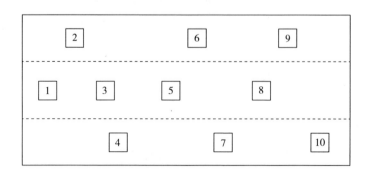

图 9-3　籽粒收获损失测算测量点分布示意图

3. 人工摘穗—机械脱粒

（1）人工摘穗环节损失率测算。人工摘穗造成的损失主要为漏摘的玉米穗及玉米穗归集过程中遗落的玉米穗。因此，人工摘穗损失测算所选择的样本点为整个试验地块，试验员沿着已收获区域检查玉米株及地面是否有漏摘、掉下的玉米穗，将它们计为损失产量。那么，第 i 地块的人工摘穗环节损失率 RPL_{ai} 为：

$$RPL_{ai} = \frac{L_{ai}}{L_{ai} + W} \times 100\% \qquad (9-9)$$

其中，L_{ai} 表示第 i 地块捡拾到的玉米穗脱粒后的重量。

（2）机械脱粒环节损失率测算。人工摘穗—机械脱粒收获方式中的机械脱粒损失测算同机械摘穗—机械脱粒收获方式中的机械脱粒损失测算方法一样。

（3）人工摘穗—机械脱粒收获方式损失率。同样地，人工摘穗—机械脱粒收获方式损失率也需要将摘穗环节同脱粒环节进行统一，此种收获方式的损失率计算公式如下：

$$HL_{ai} = RPL_{ai} + (1 - RPL_{ai}) RTL_i \qquad (9-10)$$

其中，HL_{ai}、RPL_{ai} 和 RTL_i 分别表示第 i 地块玉米收获环节损失率、人工摘穗环节损失率和机械脱粒环节损失率。

三、各试验点玉米收获环节损失率

根据各试验点玉米成熟期的不同,本章分别于 2016 年 9~10 月在全国 5 个省份完成了 17 个地块的试验。其中,黑龙江农垦 A 农场、吉林公主岭和甘肃民乐的玉米品种是春玉米,河南兰考和河北涿州的玉米品种是夏玉米。

在具体试验时按照各试验点的实际情况,并未完全按照图 9-1 中所列举的情形进行试验。根据各试验点数据计算得出每个地块的损失率(见表 9-1)。从收获环节损失率来看,各试验点相差较大。其中,最低的为甘肃民乐试验点,损失率为 4.76%;而最高的为黑龙江农垦 A 农场试验点,损失率达 12.41%。可能的原因是,甘肃民乐位于西北内陆,耕地资源、水资源相对匮乏,且种植业收入占家庭收入的比重较高,因而农民具有较强的节粮意识。在试验中发现,农民收获玉米之后还会去地里捡拾,因而其收获环节损失率较低。黑龙江农垦 A 农场资源条件较好,人均耕地较多,收获期时间较短,存在着抢收的情况,同时因为籽粒收获对玉米成熟度有一定的要求,因此收获环节损失率较高。同时,由于农场地块大,劳动力紧缺,在收获后基本没有捡拾环节。这些原因共同导致了该农场玉米收获环节损失率较高。而资源禀赋较为相似的河北和河南两个试验点,玉米收获损失率也相差较大。可能的原因是,河北涿州是中国农业大学教学试验场所在地,依托于学校的资源,在从玉米品种选择到栽培、田间管理、收获等环节上具有相对优势,所以,收获环节损失率较低。

从机械摘穗环节损失率来看,各地块损失率差别较大。而从平均损失率来看,各试验点之间差别也较大,河南兰考和吉林公主岭的损失率要明显高于河北涿州和甘肃民乐,吉林公主岭试验点的损失率为 5.27%,是甘肃民乐损失率的 3.43 倍。本章是在各地区玉米最佳成熟期进行试验的,因此可以排除收获时期对损失的影响;同时两个试验中所使用的机型均为当地的主流机型,所以,两者差距较大的原因可以认为是机手熟练度不同。

从人工摘穗环节损失率来看,甘肃民乐和河南兰考均低于 1%,而吉林公主岭却高达 2.56%。这符合人们的经验判断。吉林位于世界三大黄金玉米带,人均耕地资源丰富,但同样面临着玉米收获时节的抢时间且近年来人工成本不断上涨的问题,导致秋收时节缺少人手,从而作业相对比较粗放,因此,吉林人工摘穗环节损失率较高。河南兰考位于黄淮海玉米主产区,尽管秋收时节也存在着抢种下一季作物的压力,但由于人多地少,能够精耕细作,因此,其人工摘穗环节损失率并没有超过1%。

从脱粒环节损失率来看，本章两个试验点的测算结果较为接近，甘肃民乐的损失率略大于吉林公主岭的损失率，但均超过了行业2%的标准[1]。

表9-1　各试验点玉米收获环节损失率

试验地点	地块	试验处理	摘穗环节损失率（%）		试验点机械摘穗环节损失率（%）	脱粒环节损失率（%）	收获环节损失率（%）
			机械	人工			
河南兰考	A	$S_1 + P_1 + O_1$	3.79	—	6.09	3.44[a]	8.79
	B	$S_2 + P_1 + O_1$	7.50	—			
	C	$S_1 + P_2 + O_1$	6.74	—			
	E	人工：S_1	—	0.63			
河北涿州	A	$S_1 + P_1 + O_1$	1.53	—	1.88	3.44[a]	5.24
	B	$S_2 + P_1 + O_1$	2.16	—			
	D	$S_1 + P_1 + O_2$	2.69	—			
	E	人工：S_1	—	0.63[b]			
甘肃民乐	A	$S_1 + P_1 + O_1$	0.36	—	1.54	3.88	4.76
	B	$S_2 + P_1 + O_1$	3.60	—			
	D	$S_1 + P_1 + O_2$	1.33	—			
	E	人工：S_1	—	0.31			
吉林公主岭	A	$S_1 + P_1 + O_1$	4.68	—	5.27	3.44	8.49
	B	$S_2 + P_1 + O_1$	5.49	—			
	D	$S_1 + P_1 + O_2$	9.03	—			
	E	人工：S_1	—	2.56			
黑龙江农垦A农场	A	$S_1 + C_1$	9.28	—	—	—	12.41
	C	$S_1 + C_2$	15.54	—			

注：河南和河北玉米种植条件相似，同时吉林、河南和河北均为玉米主产区，因此，a为本章中河南兰考和河北涿州脱粒环节损失率以吉林公主岭脱粒环节损失率代替；b为河北涿州人工摘穗环节损失率以河南兰考人工摘穗环节损失率代替。各试验点玉米机械摘穗环节损失率由该试验点各地块损失率加权计算得到；收获环节损失率由机械摘穗比例和人工摘穗比例加权得到，其中机械摘穗比例、玉米品种、摘穗机型、机手分布等权重信息根据对各试验点农业部门的统计和访谈调查得到。

---

① 资料来源：《中华人民共和国机械行业标准JB/T 10749-2007玉米脱粒机》。

四、玉米收获环节损失率的影响因素

对每个试验地块，都是在控制了一个对照组之后进行的单因素变化试验，可以较好地对比玉米品种、摘穗机型、机手熟练度、收获方式、脱粒机械等因素对玉米收获环节损失的影响。总体来看，各因素对收获环节损失率的影响较大：

（一）玉米品种

本章在各试验点选取两个主流玉米品种进行机械摘穗坏节损失率测算。发现在控制收获方式、摘穗机型和机手熟练度方面，甘肃民乐、吉林公主岭、河南兰考和全样本主流玉米品种 1 比主流玉米品种 2 平均摘穗损失量要低 11 克/平方米以上（见表 9-2）。但仅甘肃民乐试验点的差异在 1% 显著性水平上具有统计学意义。究其原因在于，甘肃民乐由于地形原因以前并没有大规模进行机械摘穗，玉米品种的种植方式、栽培技术未能与机械摘穗有效地结合，导致摘穗环节损失量较高。而在吉林公主岭和河北涿州，并没有因玉米品种差异造成损失率有较大的区别。这主要得益于在这些地方，玉米是主要的种植作物且种植时间较长，它们对玉米的地区适宜性做了大量改进。

表 9-2　不同玉米品种摘穗损失量的两样本 T 检验

试验地点	试验处理	样本数	均值 （克/平方米）	均值差 （克/平方米）	两样本 T 检验
河北涿州	主流品种 1	5	10.75	-2.80	-1.413 (0.195)
	主流品种 2	5	13.55		
甘肃民乐	主流品种 1	5	2.94	-26.23	-3.906 *** (0.003)
	主流品种 2	7	29.17		
吉林公主岭	主流品种 1	10	74.17	-11.43	-0.199 (0.844)
	主流品种 2	10	85.60		
河南兰考	主流品种 1	5	9.84	-14.46	-1.589 (0.147)
	主流品种 2	6	24.30		
全样本	主流品种 1	25	34.37	-11.12	-0.487 (0.629)
	主流品种 2	28	45.49		

注：括号内数值为相应检验统计量的概率值，*** 、** 和 * 分别表示在 1%、5% 和 10% 的显著性水平上通过检验。

（二）摘穗机型

机械摘穗环节损失率因摘穗机型不同而有较大差异。本章以河南兰考试验点为例，对不同玉米摘穗机型进行损失率测算。从检验结果来看，先进机型的损失量比主流机型的损失量低 21 克/平方米，且该差异在 5% 显著性水平上具有统计学意义（见表 9-3）。兰考试验点玉米摘穗机型分为两种：背负式玉米摘穗机和自走式玉米摘穗机。而损失率较高的正是背负式玉米摘穗机。背负式玉米摘穗机是一种组装的半自动机型，存在着操作不便、适应性差、效率低等缺点，因此，它所造成的损失率高于自走式玉米摘穗机。

表 9-3　不同摘穗机型玉米摘穗损失量的两样本 T 检验

试验地点	试验处理	样本数	均值 （克/平方米）	均值差 （克/平方米）	两样本 T 检验
河南兰考	先进机型	5	9.84	−21.00	−3.154 ** （0.0135）
	主流机型	5	30.84		

注：***、**和*分别表示在 1%、5% 和 10% 的显著性水平上通过检验。

（三）机手熟练度

从 3 个试验点的数据来看，机手熟练程度对机械摘穗环节损失率大小的影响是一致的，即熟练机手造成的摘穗损失量均低于非熟练机手，其中吉林公主岭试验点因机手操作原因造成的平均损失差异在 58 克/平方米以上。而从不同机手熟练度下玉米摘穗损失量的两样本 T 检验结果来看，只有甘肃民乐试验点通过了 10% 显著性水平检验（见表 9-4），原因在于甘肃民乐采用机械摘穗收获方式时间不长，因而机手操作时间存在长短差异，对非熟练机手，在面临不同作业场面时不能很好地调整机械的运行状态，故造成的损失较多。而其他区域没有通过统计检验，可能的原因是这些区域机械摘穗开始时间较早，且已大范围推广，因而能够训练机手操作，所以损失量没有显著差异。

（四）籽粒收获机型

C_1 机型和 C_2 机型均为黑龙江农垦 A 农场最先进的进口籽粒收获机型，两种机型作业幅度均可达到 8 垄。从不同籽粒收获机型损失量的两样本 T 检验结果来看，没有通过显著性检验，即两种籽粒收获机型造成的损失量没有差异（见表 9-5）。尽管两种籽粒收获机型都可以一次性完成摘穗、剥皮、脱粒等作业，但两种机型所造成的收获环节损失率均较高，可能的原因是籽粒收获对玉米的成熟度、含水量等有一定的要求，而农场玉米种植面积较大，同时为了给翻地留出足够的时间，因而造成了损失率较高。随着收获机械的改进、人工成本的提升、烘干设备的普及，籽粒收获将是玉米收获方式未来发展的趋势（柳枫贺等，2013）。

表9-4　不同机手熟练度下玉米摘穗损失量的两样本 T 检验

试验地点	试验处理	样本数	均值（克/平方米）	均值差（克/平方米）	两样本 T 检验
河北涿州	熟练机手	5	10.75	-6.65	-1.346 (0.215)
	非熟练机手	5	17.40		
甘肃民乐	熟练机手	5	2.94	-12.03	-1.936* (0.089)
	非熟练机手	5	14.97		
吉林公主岭	熟练机手	10	74.17	-58.30	-1.200 (0.246)
	非熟练机手	10	132.47		
全样本	熟练机手	20	40.51	-33.82	-1.196 (0.239)
	非熟练机手	20	74.33		

注：***、**和*分别表示在1%、5%和10%的显著性水平上通过检验。

表9-5　不同籽粒收获机型损失量的两样本 T 检验

试验地点	试验处理	样本数	均值（克/平方米）	均值差（克/平方米）	两样本 T 检验
黑龙江农垦 A 农场	C_1 机型	10	948.60	418.71	0.795 (0.437)
	C_2 机型	10	529.89		

（五）收获方式

3种不同收获方式收获环节损失率差异最大。籽粒收获方式下的收获环节损失率超过10%，最高达15.54%；而甘肃民乐人工摘穗—机械脱粒的损失率仅为4.76%，仅相当于籽粒收获损失率平均水平的1/3，这与闫洪余（2009）的结论相一致。机械摘穗—机械脱粒的综合损失率虽较人工摘穗—机械脱粒的损失率高，但在目前人工成本抬升、籽粒收获损失严重的状况下，这是一种最经济的收获方式。

（六）脱粒机械

本章中脱粒损失主要包括未脱净损失和飞溅损失两个方面。在具体试验时，本章发现两个不同试验点（甘肃民乐和吉林公主岭）的损失均表现为未脱净损失明显大于飞溅损失，农民即使发现有未脱净的玉米粒但由于在脱粒时已将玉米穗打碎，不方便对未脱净的玉米穗进行再次脱粒，因此，脱粒环节损失率较高（见表9－6）。

表9－6　不同脱粒机型下脱粒环节损失量的两样本 T 检验

试验地点	试验处理	样本数	均值（克/平方米）	均值差（克/平方米）	两样本T 检验
甘肃民乐	脱粒机型	5	1.2	0.9	0.565（0.587）
吉林公主岭	脱粒机型	5	1.11		

五、中国玉米收获环节损失率测算

如前文所述，由于玉米具有良好的适应性，我国各省份均有玉米种植。根据《中国农业机械工业年鉴（2015）》及《中国统计年鉴（2015）》，计算出全国30个省份（海南玉米种植面积为0，故此处不予考虑）玉米机收率[①]，按照5个试验省份及各省份的玉米机收率，将全国30个省份划分为4个区域，具体情况如表9－7所示。

表9－7　我国玉米机收率分布情况

玉米机收率（P）	省份个数	包含省份	代表性省份
P≤30%	15	上海、浙江、福建、江西、湖北、湖南、广东、广西、重庆、四川、贵州、云南、西藏、甘肃、青海	甘肃
30%＜P≤60%	5	山西、内蒙古、辽宁、吉林、陕西	吉林
60%＜P≤80%	7	北京、河北、江苏、安徽、河南、宁夏、新疆	河南、河北
P＞80%	3	天津、黑龙江、山东	黑龙江

资料来源：根据《中国农业机械工业年鉴2015》及《中国统计年鉴2015》计算得出。

[①] 《中国农业机械工业年鉴2015》中各地区玉米机收面积情况包含新疆生产建设兵团，为了与《中国统计年鉴2015》相统一，将新疆生产建设兵团机收面积并入新疆，从而计算其玉米机收率。

各区域内包含各省份玉米种植面积记作 C_{kl}，玉米机收面积记作 MH_{kl}，那么各区域玉米机收率为：

$$P_k = \frac{\sum MH_{kl}}{\sum C_{kl}} \times 100\% \qquad (9-11)$$

其中，$k = 1, 2, 3, 4$；$l = 1, 2, 3\cdots$。

本章以试验点机械摘穗环节损失率、人工摘穗环节损失率、机械脱粒环节损失率及籽粒收获环节损失率代表其所在区域的机械摘穗环节损失率、人工摘穗环节损失率、机械脱粒环节损失率及籽粒收获环节损失率，那么，区域摘穗环节损失率 RPL_k 为：

$$RPL_k = P_k \times RPL_{mk} + (1 - P_k) \times RPL_{ak} \qquad (9-12)$$

其中，RPL_{mk} 表示区域代表性省份的机械摘穗环节损失率；RPL_{ak} 表示区域代表性省份的人工摘穗环节损失率。

区域玉米收获环节损失率 HL_k 为：

$$HL_k = RPL_k + (1 - RPL_k)RTL_k \qquad (9-13)$$

其中，RTL_k 表示区域代表性省份的机械脱粒环节损失率。

虽然近年来玉米籽粒收获机械在我国不断增加，但因其对籽粒含水率要求较高且机械成本高而并未真正大面积推广，只在部分区域使用。根据《黑龙江统计年鉴（2016）》，黑龙江农垦总局玉米播种面积占黑龙江全省播种面积的 11.59%[1]。因此，本章假设在玉米机收率高于 80% 的区域，玉米籽粒收获面积占机收面积的 11.59%，且对于其他玉米机收比例较低的区域不考虑籽粒收获方式。因此，机收率 P 大于 80% 的区域收获环节损失率记作 HL_4，则：

$$HL_4 = P_4 \times 11.59\% \times HL_{c4} + P_4 \times 88.41\% \times \left[RPL_{m4} + (1 - RPL_{m4}) \times RTL_4 \right] +$$
$$(1 - P_4) \times \left[RPL_{a4} + (1 - RPL_{a4}) \times RTL_4 \right] \qquad (9-14)$$

我国玉米收获环节损失率 HL 为：

$$HL = \sum_{k=1}^{4} HL_k \times \beta_k \qquad (9-15)$$

其中，β_k 表示各区域玉米种植面积占我国玉米种植总面积的比重。各区域玉米收获环节损失率及我国玉米收获环节损失率计算结果如表 9-8 所示。

---

① 葛新. 黑龙江统计年鉴 2016 [M]. 北京：中国统计出版社，2016.

表9-8 各区域及我国玉米收获环节损失率

	P≤30%	30%<P≤60%	60%<P≤80%	P>80%
机收面积（千公顷）	356.00	6556.00	5991.00	8148.00
播种面积（千公顷）	7093.00	12229.00	9031.00	8769.00
机收率（%）	5.02	53.61	66.34	92.91
机械摘穗环节损失率（%）	1.54	5.27	3.98	5.27
人工收割率（%）	94.98	46.39	33.66	7.09
人工摘穗环节损失率（%）	0.31	2.56	0.63	2.56
脱粒损失率（%）	3.88	3.44	3.44	3.44
收获环节损失率（%）	4.23	7.31	6.19	8.75[a]
播种面积占比（%）	19.11	32.94	24.33	23.62
我国玉米收获环节损失率（%）	6.79			

注：a表示由于黑龙江和吉林的玉米种植条件、资源禀赋相似，因此，本章中黑龙江的机械摘穗环节损失率、人工摘穗环节损失率和脱粒环节损失率分别用吉林公主岭的试验数据代替。

资料来源：根据试验数据及《中国统计年鉴2015》计算得出。

从结果来看，我国玉米收获环节损失率为6.79%，损失率处于一个较高的水平，这与张健等（1998）、郑伟等（2000）的研究结论相吻合。根据《GB/T 21962-2008玉米收获机械技术条件》性能指标要求，摘穗收获的玉米收获方式总损失率小于等于4%，结合《中华人民共和国机械行业标准JB/T 10749—2007玉米脱粒机》，得出机械摘穗—机械脱粒收获环节的总损失率应小于等于5.92%。如果收获环节的损失率从6.79%降到5.92%，那么，根据2015年我国玉米产量，相当于当年增产195万吨，节约耕地33千公顷。而直接脱粒的玉米收获方式总损失率标准为5%，如果损失率从6.79%降到5%，相当于增产402万吨，节约耕地68.2千公顷。在我国耕地、水资源、农业污染形势不断严峻，粮食增产尤其是玉米增产难度进一步加剧的背景下，减少损失就是增加产量。因此，减少玉米收获环节损失浪费具有重要性和紧迫性。

分区域来看，机收率最高的区域其收获环节损失率也是最高的，可能的原因是机械摘穗及籽粒收获对玉米种植条件、种植密度、种植品种等相关农艺要求较高，而部分区域还未能充分适应这种收获方式，从而损失率较高。玉米机收率越低的区域，其收获环节损失率也就越低，这主要是因为人工摘穗环节的损失率较低。

六、结论与政策启示

本章依据河南省兰考、河北省涿州、甘肃省民乐、吉林省公主岭和黑龙江农垦 A 农场 5 地共 17 个地块及甘肃省民乐和吉林省公主岭 2 地 2 次脱粒的试验调查数据，测算了我国玉米不同收获方式及不同收获环节的损失率，得出以下主要结论：第一，我国玉米收获环节损失率为 6.79%，高于国家和行业的相关标准。第二，我国玉米收获环节的主要影响因素有玉米品种、摘穗机型、机手熟练度、收获方式和脱粒机型，其中摘穗机型通过了显著性检验。第三，籽粒收获方式的损失率最高，机械摘穗—机械脱粒收获环节损失率次之，人工摘穗—机械脱粒收获环节损失率最低。第四，玉米机收水平最高的区域其收获环节损失率也最高，玉米机收率最低的区域其收获环节损失率也最低。

上述结论主要有三方面的政策含义：一是改进玉米收获及脱粒机械。人工收获玉米的损失率明显低于机械收割，但随着我国人口红利的消失，用工成本不断上升。在此背景下，由于农业尤其是粮食生产先天不具有比较优势，因而依靠增加用工数量来减少损失是不现实的。可行的途径是进一步提高机械装备水平，改进机械工艺，减少收获环节的损失。二是提高玉米种植技术。玉米机械化作业需要玉米种植方式与机械作业方式相适应。从人工收获到机械收获的过程中需要对传统的玉米种植方式做出一些改变，如适当扩大垄距。此外还应培育适合机械摘穗和籽粒收获的玉米品种，提高玉米穗位一致、株型整齐、成熟后抗倒伏等性状，为机械收获提供便利。三是加强机手培训力度。机械作业质量不仅与机械本身的技术状态有关，机手的操作熟练度更是影响机械作业质量的关键因素。因此，需要对机手进行培训，使其全面掌握机械的性能和正确的操作方法，从而使机械达到最佳状态，减少损失。

第二节 基于调研的农户玉米收获环节 损失测算及影响因素研究[①]

一、变量选择

影响农户玉米收获环节损失的因素有很多，结合我国玉米收获的实践，参考 Martins 等（2014）、Kong 等（2015）、吴林海等（2015）的研究，本章选定户主个体特征、家庭经济特征、种植特征、收获特征及区位特征五方面的主要影响因素进行考察，具体变量定义如表 9-9 所示。

表 9-9 模型变量说明

变量类别	变量名称	问卷指标	均值
户主个体特征	户主年龄	受访者实际年龄（岁）	47.33
	户主文化程度	小学及以下 =1，初中 =2，高中或中专 =3，大专 =4，本科及以上 =5	1.91
家庭经济特征	农业收入比重	<50% =0，≥50% =1	0.33
种植特征	商品化率	<50% =0，≥50% =1	0.88
	是否赶种下一季	是 =1，否 =2	1.58
收获特征	收获时是否成熟	未完全成熟 =1，成熟 =2，过熟 =3	1.95
	收获时天气	正常 =1，非正常 =2	1.11
	收获方式	手工 =1，分段机械 =2，联合机械 =3	1.55
	收获时作业态度	粗糙 =1，一般 =2，精细 =3	2.34
	收获时人手富余程度	缺乏 =1，一般 =2，充足 =3	1.91
区位特征	地区	东部地区 =1，中部地区 =2，西部地区 =3	2.01

户主个体特征。户主对农业生产具有决定性作用，因此户主的年龄、文化程度等个体特征在不同程度上均会影响玉米种植面积、种植品种和农艺等与收获相关的方面。年纪较大的农户户主对农业生产方式的选择相对来说比较保

[①] 本节内容发表在《玉米科学》2019 年第 27 卷，第 1 期，作者为郭焱、张益、占鹏和朱俊峰。

守，对家庭经济稳定性考虑较多，不愿改变自己多年的种植习惯；年轻户主接受新生事物的能力较强，会根据政府倡导或企业宣传选育新的玉米品种，会对玉米收获损失造成影响。

户主文化程度越高、受教育年限越长，素质越高，越容易采用先进的生产方式，可能会降低玉米收获损失率；文化程度相对较低的农户，玉米生产主要是靠自己的经验和周边农户的示范效应，因此具有滞后性。

家庭经济特征。农户的生产决策除了受到户主个体影响外，还会受到家庭经济特征的影响。本章选取农业收入比重作为家庭经济特征变量，农业收入比重越高，农户家庭越依赖于农业生产，因此会更加重视玉米收获损失，其损失率可能会更低。

种植特征。本章分别采用商品化率和是否赶种下一季作为种植特征变量。如果农户在玉米收获时面临着赶种下一季作物，农户为了下一季作物能够赶上农时，那么玉米收获损失率可能会增大。

收获特征。玉米收获特征直接影响到玉米收获环节损失率。本章分别选取了收获时是否成熟、收获时天气、收获方式、收获时作业态度和收获时人手富余程度五个变量来表征。一般而言，收获时天气正常、玉米成熟、作业态度认真且人手富余情况下玉米收获损失率最低。同样，人工收获方式下的玉米收获损失率也较低。

区位特征。不同地区的玉米收获损失率不同，因此，本章引入虚拟变量，以考察区位对玉米收获损失率的影响。其中，样本省的东部地区、中部地区、西部地区的划分是依据《中国农业年鉴2016》的划分标准。

通过对问卷的整理得出，农户玉米收获环节损失率为 2.74%（见表 9-10）。其中，收获时天气对玉米收获环节的损失率影响较大，非正常情况下玉米收获环节损失率为正常情况下损失率的 1.91 倍。收获时如果面临赶种下一季，那么收获损失率将会升高 46.8%。由于农业的特殊性，赶种引起的损失不容忽视。玉米联合机械化收获造成的损失高于人工收获或者分段半机械化收获，尽管联合机械化收获不存在田间运输环节，但其收获损失率却是最高的，从长期来看，玉米联合机械化收获是一种不可逆转的趋势，但现阶段的玉米联合机械化收获机械的工艺水平还不能满足现实需要。从收获作业态度来看，随着精细程度的提高，玉米收获损失率呈下降趋势。在现阶段不论是联合机械化收获还是分段半机械化收获，不论是手工收获还是分段半机械化收获，实际参与玉米收获的人员对损失率的大小影响明显。同样，收获时人手充足造成的损失率是最低的，随着人手富余程度的减弱，收获损失率也逐渐提高。从地区控制变量来看，西部地区的玉米收获损失率同样也是最高的。

表9－10 收获环节变量的描述性分析

变量名称	变量含义	损失率均值（%）	标准差
户主年龄	受访者实际年龄（岁）	2.74	3.89
户主文化程度	在校几年	2.73	3.86
农业收入比重	<50% =0	2.70	3.83
	≥50% =1	4.43	5.95
商品化率	<50% =0	2.73	3.99
	≥50% =1	2.79	3.38
是否赶种下一季	是 =1	3.39	4.69
	否 =2	2.31	3.19
收获时是否成熟	未完全成熟 =1	2.85	3.24
	成熟 =2	2.72	3.94
	过熟 =3	3.17	3.77
收获时天气	正常 =1	1.36	3.17
	非正常 =0	2.60	5.83
收获（割）方式	手工 =1	2.39	3.96
	分段 =2	2.93	2.88
	联合 =3	3.84	3.85
收获时作业态度	粗糙 =1	4.04	5.39
	一般 =2	2.87	3.72
	精细 =3	2.24	3.65
收获时人手富余程度	缺乏 =1	3.06	4.36
	一般 =2	2.72	3.77
	充足 =3	2.33	3.48
地区	东部地区	2.54	3.03
	中部地区	2.42	3.53
	西部地区	3.48	4.97
平均		2.74	3.89

二、模型与估计结果

（一）模型构建

由于因变量损失率最低为 0，最高为 1，具有非负截断特征。对于这类受限因变量的估计，采用 OLS 法通常会得到有偏的估计结果。同时本章为 2016 年调查数据，属于截面数据，因此，使用 Tobit 回归模型来分析受访者年龄、教育、面积、非农收入比重、家庭非农就业时间、产量、收获时天气、是否赶种下一季、收获时是否成熟、收割方式、作业态度、人手富余程度、地区、商品化率的影响。

Tobit 模型也称为"Type I Tobit"，模型在 $y_i > 0$ 时的概率密度函数同多元线性回归方程，而将 $y_i \leqslant 0$ 时，将其分布归于某一点上，本章归于零点，因此 Tobit 模型为混合的分段模型，模型密度函数可表述为：

$$y_i^* = x_i \beta + \varepsilon_i \tag{9-16}$$

其中，$\varepsilon_i \in N（0，\sigma^2）$，$y_i^*$ 是观测值大于 0 的变量值，其截尾值为 0，所以 y_i^* 的测量方程如下：

$$y_i^* = \begin{cases} 0 & （y_i^* \leqslant 0） \\ y_i^* & （y_i^* > 0） \end{cases} \tag{9-17}$$

当 x_i 变化时的边际效应为：

$$\frac{\partial E\left[y^* \mid x\right]}{\partial x_i} = \beta_i \tag{9-18}$$

可观测 y 的效应为：

$$\frac{\partial E\left[y^* \mid x\right]}{\partial x_i} = \beta_i \times P_r（a < y_i^* < b） \tag{9-19}$$

其中，a 和 b 分别为受限因变量的左右截尾值，以本章研究对象为例，左截尾值为 0，即 $a = 0$，$b = +\infty$，当 x_i 增大意味 $E\left[y \mid y > 0\right]$ 也将增大，而对左截尾值个体的影响不大，因此边际效应体现了函数的组合效应。

（二）模型估计结果

1. 农户收割环节损失影响因素估计结果

为了更好地考察农户玉米收获环节损失的影响因素，本章分别选择收获损失量对数和收获损失率作对比分析。具体回归结果如表 9-11 所示，其中，第 2 列是因变量为收获损失量对数时的 OLS 回归结果，第 3 列是因变量为收获损失率时的 Tobit 回归结果。

表 9 – 11　收获环节损失 OLS 模型与 Tobit 模型估计结果

变量	损失量对数（OLS）	损失率（Tobit）
产量（对数）	0.696 *	—
户主年龄	– 0.024 **	– 0.040 **
户主文化程度	0.050	0.035
农业收入比重	– 0.153	– 0.129 *
商品化率	0.004 **	0.001 **
收获时是否成熟（参照组：未完全成熟）		
成熟	0.201	0.020
过熟	– 0.879 **	– 0.086
收获时天气（1 = 正常）	– 0.024	– 0.013
收获方式（参照组：手工）		
分段	0.763 **	0.291 **
联合	1.148 **	0.461 **
收获时作业精细度（参照组：粗糙）		
一般	– 0.311	– 0.067
精细	– 0.534 **	– 0.183 **
收获时人手富余程度（参照组：缺乏）		
一般	– 0.062	– 0.102 **
充足	– 0.504 **	– 0.167 **
地区（参照组：东部地区）		
中部地区	– 0.123	– 0.047 *
西部地区	0.107	0.079

注：＊＊＊ 、＊＊ 和 ＊ 分别表示在 1% 、5% 和 10% 的水平上显著。

2. 收割环节估计结果分析

收获损失量 OLS 回归结果分析。户主年龄对玉米收获损失量和损失率都具有显著的负向影响。表明其他条件不变的情况下，户主年龄越大，玉米收获损失越少。可能的原因是户主年龄越大，种植经验越丰富，种植农艺越科学，能够在技术层面上较好地控制玉米收获损失。户主文化程度对玉米收获损失量具有显著的负向影响，户主文化程度越高，越容易采用先进的玉米品种、耕作方式，玉米收获损失也越少。玉米产量对玉米收获损失量具有显著的正向影响，玉米产量越高，收获损失量也越高。商品化率对玉米收获损失量具有显著的正向影响，这说明农户种植玉米主要是为了售卖，随着农户玉米商品化率的提高，农户留存少量玉米为了食用，对待玉米收获损失的重视程度下降，进而导致玉米收获损失量增加。玉米收获时为过熟对玉米收获损失量具有显著的正向影响，可能的原因是，如果采用分段半机械化收获或联合机械化收获，那么在收获过程中机械会造成玉米籽粒的溅落，使得收获损失增加。分段半机械化收获和联合机械化收获分别对玉米收获损失量具有显著的正向影响，玉米从手工收获到分段半机械化收获再到联合机械化收获，随着机械化程度的不断提高，玉米收获损失量也在不断增加，尽管近年来我国玉米收获机械取得了突飞猛进的成绩，但由于起步时间较晚，仍存在着工艺水平不能满足现实需要的问题。收获时作业精细度对玉米收获损失具有显著的负向影响，表明随着作业精细度的提高，玉米收获损失量在下降，符合精耕细作的判断。收获时人手富余程度对玉米收获损失量的影响显著为负，可能的原因是，玉米收获是一件费时费力的农事，而充裕的人手，可分担相应的农活，使劳动者的劳动强度降低，作业效果增强。地区控制变量中，西部地区系数为正，表明西部地区由于机械装备落后、种植条件较差，导致收获损失量高于东部地区。

收获损失率 Tobit 回归结果分析，与玉米收获损失量的影响因素一样，户主年龄、户主文化程度、收获时作业态度为精细和收获时人手富余程度为充足均对玉米收获损失率产生显著的负向作用。商品化率、收获方式为分段半机械化收获和联合机械化收获均对玉米收获损失率具有显著的正向影响。农业收入比重对玉米收获损失率具有显著的负向影响，可能的原因是非农收入占比越高，农户从农业上所获得的收入越低，造成农户对玉米收获的不重视，使玉米收获损失率提高。收获时人手富余程度和地区为中部对玉米收获损失率有显著的负向影响。

三、结论与启示

本章利用全国 25 个省份 2186 份玉米种植户的实地调查数据评估了玉米收获环节的损失率，并利用 OLS 模型和 Tobit 模型分别分析了影响农户收获损失的影响因素。研究表明，农户玉米收获环节的损失率为 2.74%，低于国家标准。户主年龄、户主文化程度、收获时作业态度为精细和收获时人手富余程度为充足均对玉米收获损失量和玉米收获损失率具有显著的负向影响；商品化率、收获方式为分段半机械化收获和联合机械化收获均对玉米收获损失量和玉米收获损失率具有显著的正向影响。收获时过熟会对玉米收获损失量具有显著的正向影响；农业收入比重、人手富余程度为一般和中部地区对玉米收获损失率具有显著的负向影响。

基于上述研究结论，相应的政策启示如下：第一，提高农民的受教育水平，充分宣传先进的种植方式和农艺，大力推广高产优质玉米品种，进而提升农民采纳新品种新技术的水平；第二，要改进中国玉米收获机械的工艺水平，随着劳动力成本的不断上升，玉米联合机械化收获将是未来发展的趋势，而居高不下的损失率又会限制其发展，因而需要改进并提高玉米收获机械的工艺水平；第三，提高人们尤其是收获参与人员的作业态度，上述研究表明，作业精细度能显著降低收获损失，因而需要政府及相关部门一方面提高节粮爱粮的宣传力度，另一方面要加强农机手的培训工作。

第十章

其他作物收获环节损失及影响因素研究

第一节　农户马铃薯收获环节损失测算及影响因素研究[①]

马铃薯是我国重要的农作物之一，种植面积、鲜薯产量均居世界首位。2015 年，农业部提出"马铃薯主食化"战略，使其进一步成为了我国的第四大主粮。不过，这同时也对马铃薯的产量和品质提出了更高要求。作为地下产物，而且是块茎繁殖，收获作业无疑是保证马铃薯产量和品质的关键环节（Abass 等，2014）。然而，长期以来，人们一直致力于从改善生产条件的角度增加马铃薯产量，而对减少马铃薯产后损失尤其是收获环节损失的关注较少。与此同时，针对马铃薯机械收获质量的研究也逐渐多了起来。据估计，马铃薯 70%的总损伤量来自于收获环节（Akar 等，2004）。较高的伤薯率已成为制约马铃薯收获机高效可靠工作的最大技术"瓶颈"之一（Bala 等，2004）。鉴于此，一些文献探讨了影响马铃薯收获块茎损伤的可能因素。Akar 等（2004）指出，由于目前马铃薯机械收获从挖掘、薯土分离、薯秧分离到集薯输送，各个环节的输送距离较长，薯块翻滚次数较多，造成伤薯率较高。Basavaraja 等（2007）也认为，机械损伤是马铃薯产后损失的主要原因，除了一些非机械性

---

① 本节内容发表在《中国农业大学学报》2018 年第 23 卷，作者为占鹏、郭焱、陈伟和朱俊峰。

因素，马铃薯收获机械本身的挖掘部件、抖动运输部件、各级链交接处等都可能造成薯块的损伤。陆祥辉等（2015）进一步明确指出，土薯分离输送装置是马铃薯收获机设计的关键，将直接影响收获机的伤薯率和含杂率。

不同马铃薯品种、种植区域、种植模式及土壤类型对种植株距、行距及覆土厚度等参数均有一定要求，从而影响马铃薯收获机的田间作业效果。因此，有文献强调了收获机械的适用性对马铃薯机械收获质量的重要性。王洪娴等（2015）对不同类型马铃薯收获机作业性能的对比实验发现，收获机械的适用性对马铃薯收获质量起着至关重要的作用，应当尽快开发出适宜国内不同地区种植特点的马铃薯收获机。史明明等（2013）认为，当马铃薯收获机具与农艺结合不好时，比如种植行距和拖拉机轮距、收获机挖掘铲间距不适应，就会导致机具挤伤薯皮、漏薯、压碎和铲切薯块，直接影响收获质量。刘红波（2015）总结了影响马铃薯收获机伤薯率的主要因素，包括机械挖掘深度、马铃薯的成熟度、马铃薯品种、种植模式、土壤含水率等。王海军等（2013）通过田间实验，从损失率和伤薯率两个方面分析了以上诸因素对马铃薯收获机适用性的影响，发现只有挖掘深度、马铃薯品种、茎秧状况、土壤含水率和种植模式有显著影响，而马铃薯成熟度只对收获机的伤薯率有影响。杨然兵等（2018）发现对于土壤较为黏重和采用覆膜种植模式的区域，薯土分离效果、地膜分离能力对马铃薯收获机的田间作业效果也有较大影响。

以上研究主要从收获机械的适用性角度对影响马铃薯收获质量的因素进行了总结分析，研究结论多基于经验判断或小地块实验，尚无文献对马铃薯收获环节的损失进行完整科学的实地测量；在研究视角上，也主要集中于马铃薯收获机具和机械操作方面，缺乏对其他收获因素的考量；在研究范围上，选点多基于一两个农场，鲜有同时对全国几个省份的收获情况进行考察。有鉴于此，本章采用田间小区实验对马铃薯在收获环节的总损失大小进行测算。在田间实验过程中，为尽量避免土质、土壤含水率等因素对实验的影响，选择条件比较均匀的实验田建立对比实验点。同时，考虑到我国地域广阔，东西南北的自然地理、气候条件差别显著，马铃薯的种植条件亦大不相同（FAO，2019），本章从种植面积、总产量、单产水平、机播率、机收率等方面对全国主要马铃薯栽培区提前做分析比较，最终确定从东部的广东、中部的内蒙古和西部的甘肃随机挑选11个地块作为本次实验的实验用地，以期反映更具代表性区域马铃薯的实地收获损失状况，为马铃薯收获环节漏损的科学完整评估提供数据支持。

一、材料与方法

(一) 实验设计

实验分三个地方进行。其中，第一个实验于 2016 年 9 月下旬在内蒙古乌兰察布市商都县七台镇的东坊子村和小海子镇的麻尼卜村进行。供试品种为冀张薯 12 号、夏波蒂和克新 1 号。实验设三个处理：一是收获品种。冀张薯 12 号实验进行 2 次，夏波蒂实验和克新 1 号实验各进行 1 次。二是收获方式，分人工收获和机械收获。其中，人工收获实验进行 1 次，收获小区面积为 135 平方米；机械收获实验进行 3 次，实验样机为呼和浩特市得利新农机制造有限责任公司生产的 4ULDX - 4.0 型薯类收获机。三是收获地形，分平地和低洼地。其中，平地实验进行 3 次；低洼地实验进行 1 次。

第二个实验于 2016 年 9 月底在甘肃省张掖市民乐县六坝镇的四堡村进行。供试品种为克新 1 号和大西洋。实验同样设三个处理：一是收获品种。克新 1 号实验进行 3 次；大西洋实验进行 1 次。二是收获方式。人工收获实验进行 1 次，收获小区面积为 152 平方米；机械收获实验进行 3 次，实验样机为青岛洪珠农业机械有限公司、青岛农业大学联合研制的 4U - 90 型薯类收获机。三是收获地块。平地实验与低洼地实验各进行 2 次。

第三个实验于 2017 年 3 月上旬在广东省惠州市惠东县铁涌镇的石桥村和博罗县园洲镇的田头村进行。供试品种为荷兰引进品种——费乌瑞它下的 2 个品系：刘氏 1 号和高原荷 15。实验设两个处理：一是收获品种。高原荷 15 实验进行 2 次；刘氏 1 号实验进行 1 次。二是收获方式。人工收获实验进行 2 次，收获小区面积分别为 221.1 平方米和 271.4 平方米；机械收获实验进行 1 次，实验样机为甘肃实验中提到的 4U - 90 型薯类收获机，收获小区面积为 114.3 平方米。

三个实验中，内蒙古、甘肃马铃薯种植均为单作，即一季仅种植马铃薯一种作物；广东为轮作，即两季水稻（或玉米）加一季马铃薯。三个实验地的马铃薯种植模式均为垄作，其中，内蒙古、甘肃和广东惠东县为单垄双行覆膜栽培，而广东博罗县为单垄双行不覆膜栽培。为确保实验结果能够尽可能地反映实际情况，实验一般在农户收获前 1 天或 2 天进行。实验前，所有参试地块均已清除了垄面薯秧及地膜。

（二）测定指标与方法

1. 产量

理论产量等于实收产量与损失量之和。其中，在测算实收产量时，只对单薯重大于 100 克的商品薯称重，非商品薯（包括收获前已经腐烂或者带病斑的烂薯、病薯以及一些尚未完全发育成熟、重量小于 50 克的绿皮薯、小薯等薯块）不计入产量。具体计算公式为：

$$P_m = DP_m \times (1 - W_m) \tag{10-1}$$

其中，P 表示第 m 个参试地块的马铃薯实收产量，按鲜重计；DP 表示出田马铃薯（商品薯）总重量；W 表示杂质率，一般情况下，扣除收获薯块总重的 1.5% 作为杂质、含土量；若收获时薯块带土较多，则在收获后分 5 次取样，每次取样 1 千克，冲洗前后分别称重，计算杂质率。

2. 损失量采集和选点

本章中的马铃薯收获损失是指，马铃薯在田积较大，每个样本框面积取 3 平方米（2 米 × 1.5 米），相当于 2 个垄面加 1 个垄沟；在甘肃的实验中，由于多为条田地，地块狭小，每个样本框面积取 1 平方米（1 米 × 1 米），相当于 1 个垄面加 1 个垄沟；在广东的实验中，根据当地农户和农机站专家建议，将每个样本框面积扩大为 10 平方米（3.2 米 × 3.2 米），相当于 3 个垄面加 2 个垄沟。

样本点确定严格按照农业部农业机械化管理司制定的《马铃薯收获机质量评价技术规范（NY/T 648-2002）》进行，并遵循"大地块多选样"的原则适当调整。其中，在内蒙古的实验中，按照 5 点法取样。即首先在 2 条对角线交点上选取样本点 1，然后在距 4 个顶点距离约为对角线长的 1/4 处依次选取剩下的 4 个样本点。如遇地块面积较大的，则分别在 2 条对角线上等距离增加 1~2 个样本点。选点示例如图 10-1 所示。

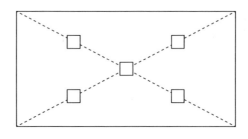

图 10-1 五点法取样

在甘肃和广东的实验中，根据参试地块形状，采用了沿地块对角线方向等距抽样的方法确定样本点。其中在甘肃的实验中，抽样是逐（隔）垄进行的，即沿地块对角线每垄或每隔 1 垄选取 1 个样本点；而在广东的实验中，则选择了对角线上等距的 5 个点，即在对角线每 1/6 距离处选取 1 个样本点。选点示例如图 10 - 2 所示。

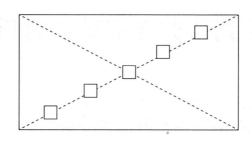

图 10 - 2　沿对角线等距取样

当收获作业（含捡拾装袋）全部完成后，由实验人员对样本框内遗落的薯块和掩埋在土层下的薯块进行二次挖掘和捡拾，采集到样品被装入专用样本袋并拴上标签，然后由两名实验人员使用标准秤（最大称量 1 千克）称出重量并登记称重结果，记为样本框区域损失量。在此基础上，对地块内所有样本框的损失量求算术平均值，记为样本框区域平均损失量。最后，将单位样本框区域平均损失量乘以地块总面积，得到参试地块的总损失量。计算公式为：

$$L_m = \frac{1}{n} \sum_{1}^{n} (SL_i/s_i) \times (1 - W_i) \times S_m \tag{10 - 2}$$

其中，L 表示第 m 个参试地块的马铃薯总损失量；SL 表示第 i 个样本框区域的马铃薯（商品薯）损失量，S 表示对应的样本框面积；W 表示杂质率；S 表示参试地块总面积，对于形状规则的地块，丈量其长、宽，按几何方法计算面积；对不规则的地块，则由两名实验人员同时手持 GPS 测亩仪进行测量，然后取算术平均值作为最终测定面积。

3. 损失率

参试地块的马铃薯收获损失率按照下式计算：

$$q_m = \frac{L_m}{P_m + L_m} \times 100\% \tag{10 - 3}$$

其中，q 表示第 m 个参试地块的马铃薯损失率。

二、结果与分析

(一) 马铃薯收获损失率测算

表 10-1 汇报了各参试地块在相应实验处理下的马铃薯收获损失率。可以看到，不同实验处理下的马铃薯收获损失率变异很大。首先，从收获地形来看，当控制住种植品种和收获机械后，测算发现无论是在内蒙古实验还是在甘肃实验中，在低洼地条件下的马铃薯（机械）收获损失率都要明显高于平地条件下的损失率，前者平均要比后者高出 6.76% ~ 8.51%。其次，从种植品种来看，在相同收获方式、收获机械和地形条件下，测算发现夏波蒂的（机械）收获损失率要比冀张薯 12 号高出约 0.3%，克新 1 号的（机械）收获损失率要比大西洋高出 4.94%，即便是同为费乌瑞它品系的高原荷 15 的（人工）收获损失率也要比刘氏 1 号高出约 0.3%。最后，从收获方式来看，当控制住种植品种和地块地形后，测算发现无论是在甘肃实验还是广东实验中，马铃薯机械收获的损失率都要高于人工收获。当然，上述差异是否具有显著统计学意义，还需要借助下面的双样本 T 检验分析来实现。

表 10-1　各参试地块实验处理及马铃薯收获损失率

单位：千克/公顷，%

实验地点	参试地块	种植品种	收获方式	收获地形	单产	损失率
内蒙古	a	冀张薯 12 号	机械	平地	56640	6.59
	b	夏波蒂	机械	平地	56250	6.89
	c	冀张薯 12 号	机械	低洼地	45000	15.09
	d	克新 1 号	人工	平地	33750	5.01
甘肃	a	克新 1 号	机械	平地	44145	11.03
	b	克新 1 号	人工	低洼地	40200	3.79
	c	克新 1 号	机械	低洼地	41940	17.79
	d	大西洋	机械	平地	47550	6.10
广东	a	刘氏 1 号	人工	—	39120	0.79
	b	高原荷 15	人工	—	39180	1.10
	c	高原荷 15	机械	—	37905	2.19

(二) 不同收获方式下的马铃薯损失比较

根据收获作业中的机械化程度，马铃薯收获方式可分为人工收获、畜力收获和机械收获三种（Agyekum 等，2016），其中机械收获又可细分为联合机械化收获和分段半机械化收获（Goldsmith 等，2016）。

在本章中，人工收获是指薯块的挖掘、分拣和装袋均由人工完成；机械收获则统一是指分段半机械化收获，其作业由两个阶段组成：第一阶段包括薯块的挖掘、土薯分离和集条或集堆铺放，第二阶段包括薯块的捡拾、分级和装袋。另外，按照工艺过程完成的程度，马铃薯收获机械大致可分为挖掘机和联合机械化收获机两种。本章中的马铃薯收获机械专指挖掘机，其一般通过 3 点后悬挂的方式与轮式拖拉机挂接，作业时，以后输出的方式将挖掘出的马铃薯呈条状铺放于地面，而后由人工捡拾。这也是目前我国各地使用较广泛的一种马铃薯机械化收获方式（Hamilton 等，2019；Hodges 等，2011）。

一般认为，马铃薯人工收获既费工又费时，效率低且损失大；而机械收获不仅能节省劳动力，加快收获进度，而且损失率低、作业效果好（Hoefer 等，1985；Holland 等，2015）。为比较马铃薯的人工收获方式和机械收获的损失情况，我们控制了地形、种植品种因素，对两种收获方式下的各样本框内马铃薯损失量变动进行双样本 T 检验。结果报告如表 10 – 2 所示。可以看到，在其他收获条件相同的情况下，马铃薯机械受获的损失要远远高于人工收获，并且这种差异在甘肃和广东的实验中都具有统计显著性（1% 和 5% 显著性水平上）。显然，这与人们的经验认识相悖。

表 10 – 2　不同收获方式下马铃薯收获损失量的两样本 T 检验

单位：克/平方米

实验地点	实验处理	样本数	均值	均值差	T 统计量
甘肃	机械	8	907.58	749.14	2.5473 ***
	人工	6	158.43		(0.004)
广东	机械	3	85.04	41.43	2.1042 **
	人工	3	43.61		(0.013)

注：小括号内数值为相应检验统计量的概率 P 值。显著性检验结果利用自助法（Bootstrap）得到，重复抽样次数为 1000 次。***、** 和 * 分别表示在 1%、5% 和 10% 的水平上显著。

之所以出现这种情况，本章认为至少与以下几方面因素有关。首先，马铃薯机械化收获对地块的大小、地形、土壤条件、播种技术等都有一定的要求。如待机收地块的面积最好应大于 33.3 公顷；最好选用沙壤土质的地块；马铃薯的种植行距要与机组行走宽度和工作幅宽相匹配，薯块结薯深度要与机组挖掘深度相一致；作业时最好选用与播种机组相匹配的收获机等（Gustavsson 等，2011；Kaminski 等，2014；Kantor 等，1997）。然而，受马铃薯机播种技术发展滞后影响，实验地区马铃薯种植目前仍然主要采用犁翻人工点播的作业方式，既保证不了行距、株距，也很难控制播深，容易出现行距、株距不统一，播种深度不一致，播种不均、缺苗断垄的现象。而现有的马铃薯收获机械一般只适用于单一的环境条件下工作，还难以适应不同种植农艺下的收获要求。作业机具的工作幅宽、挖掘深度与马铃薯的垄距、播深之间差距较大，造成收获时漏挖、伤薯、二次掩埋现象严重，收获损失率也就相对较高。其次，目前国内使用的马铃薯收获机械大都只具有挖掘功能，不仅分离、清选和输送功能较差，而且挖掘出来的薯块还需要人工捡拾和分级，事实上的手工工作量仍然相当大（Kong 等，2015）。劳动力在长时间、无间歇劳作的情况下，极易发生薯块的漏捡、漏拾。这无疑也会增加马铃薯机械收获的损失。最后，马铃薯机械收获质量还受挖掘机作业速度的影响。在收获时，如果机器行走过快，则容易造成挖掘深度不够和漏挖；但是，如果行走过慢、挖掘过深，则又容易导致已经挖掘出的薯块被土壤二次掩埋以及壅土现象的发生。在实验中也观察到，机组作业速度是否匹配，直接决定了马铃薯机械收获的总体成效。而这往往又与机手的操作技术及其对机器的熟练程度、地形、土质、土壤湿度等许多可控、不可控因素相关联。

与机械收获相反，人工收获虽然劳动强度大，但灵活性较高，受地形、土壤条件、马铃薯种植株距、行距影响较小，而且还可以一边挖一边捡，不容易漏捡和发生二次掩埋。因此，收获损失也相对较低。

（三）不同地形下的马铃薯收获损失比较

影响马铃薯（机械）收获损失的另一个因素是地形，如地块是否平整，是否易于机组行走，是否存在土壤板结情况等。据农户自述，当地块高低不平时，一方面在浇灌时容易发生大水漫垄现象，造成土壤发硬板结，用机械收获时土壤抖落较困难，影响收获机的清选效果，埋薯率（主要是二次掩埋）较高；另一方面地块不平整也会影响收获机的作业性能。在这种地块里，操作人员稍掌握不当，机器便会产生左右摇摆和挖掘深度深浅不一，造成漏挖和伤薯现象。

为了确定地形因素对马铃薯机械收获损失的影响，实验设计了平地和低洼地两种情形。前者地形开阔，地势起伏不大，土质好且无明显土壤板结；

后者呈四周高中间低格局，浇灌时由于大水浸过垄顶，地块有不同程度的土壤板结。从表 10-1 可以看到，地形在影响马铃薯产量的同时，也对其机械化收获效果产生了直接影响。在甘肃的实验中发现，相较于平地，低洼地不但亩产更低，而且收获损失率相对要高。同样地，在内蒙古的实验中也有类似发现。

表 10-3 给出了两种地形条件下马铃薯机械收获损失差异的双样本 T 检验结果。可以看到，在控制了种植品种、收获方式、收获机械以及机手后，低洼地由于曾发生过涝害，存在土壤板结情况，相应的损失程度要高些，每公顷损失达到 7995~9075 千克；而在平地条件下，由于土壤易抖落，薯块与土壤分离相对彻底，损失程度相应也要轻一些，每公顷损失介于 3990~5475 千克。进一步地，当检验的显著性水平取 10% 时，发现无论是在内蒙古实验还是在甘肃实验中，两种实验情形下的每平方米样本框内损失量变动均通过了显著性检验（10% 和 5% 显著性水平上），表明两种地形条件下的马铃薯机械收获损失差异具有统计学意义。因此，可以认为，地形尤其是土壤条件确实对马铃薯的机械收获效果有影响。

表 10-3　不同地形下马铃薯收获损失量的两样本 T 检验

单位：克/平方米

实验地点	实验处理	样本数	均值	均值差	T 统计量
内蒙古	低洼地	5	799.91	400.52	2.1656 *
	平地	5	399.40		(0.063)
甘肃	低洼地	8	907.58	360.08	3.1116 **
	平地	17	547.50		(0.029)

注：*** 、 ** 和 * 分别表示在 1%、5% 和 10% 的水平上显著。

（四）不同品种下的马铃薯收获损失比较

马铃薯为地下作物，且是块茎繁殖，种植品种对其（机械）收获质量亦有较大影响（Kong 等，2015）。王海军等（2013）实验发现，同样是起垄种植、正常挖掘、成熟晚期和机械收获，品种克新 1 号的平均损失率明显高于品种荷 15，而且克新 1 号的平均伤薯率大约是品种荷 15 的 2 倍。在本次实验中，也发现不同马铃薯品种的机械收获损失率差异明显（见表 10-4）。那么，这种差异是否具有统计学意义呢？表 10-4 汇报了相同收获条件下不同马铃薯品种收获损失量的双样本 T 检验结果。可以看到，当控制住收获方式、收获机械和地块地形后，品种克新 1 号的平均收获损失量要比品种大西洋高出 238.94克/平方米，且该差异在 10% 显著性水平上具有统计学意义。究其原因在于，与块茎呈卵圆形或圆形的大西洋相比，块茎呈椭圆形的克新 1 号体形更大，质量重，生长深，且结薯范围宽，机械化挖掘收获时需入土较深，土薯分离量大，增加了机具前行阻力和挖掘收获负荷，从而使伤薯率、埋薯率（主要是二次掩埋）相对上升。

表 10 - 4   不同品种下马铃薯收获损失量的两样本 T 检验

实验地点	实验处理	样本数	均值 （克/平方米）	均值差 （克/平方米）	T 统计量
内蒙古	夏波蒂	5	416.36	16.97	0.0926
	冀张薯 12 号	5	399.40		(0.947)
甘肃	克新一号	17	547.50	238.94	1.5099 *
	大西洋	11	308.55		(0.097)
广东	高原荷 15	3	43.61	12.30	0.7471
	刘氏 1 号	3	31.30		(0.909)

注：* * *、* * 和 * 分别表示在 1%、5% 和 10% 的水平上显著。

另外注意到，虽然品种冀张薯 12 号的机械收获平均损失量要比品种夏波蒂高出 16.97 克/平方米，但其结果并无统计学意义（P > 0.1）。与此类似的还有同属费乌瑞它品系的高原荷 15 和刘氏 1 号，虽然前者的人工收获平均损失量要比后者高出 12.30 克/平方米，但并没有统计学上有意义的差异（P > 0.1）。

三、结论与启示

（一）主要研究结论

本章采用田间小区实验对马铃薯收获环节的损失进行测算，结果显示，该损失在不同地区和不同实验处理下的变异很大。进一步采用双样本 T 检验分地区对不同收获方式、地形和种植品种下的马铃薯收获损失大小进行比较分析，研究有以下发现：

（1）不同收获方式下的马铃薯收获损失量大小有差异。相较于传统的人工收获方式，机械收获尽管效率高，但由于目前市面上的收获机械尚难以适应不同种植农艺、品种和地形下的具体收获要求以及收获后仍然需要人工捡拾，劳动强度仍较大，收获损失率反而更高。

（2）地形尤其是土壤条件对马铃薯机械收获损失有很大影响。在种植品种、收获机械和操作机手都相同的情况下，低洼地的收获损失量平均要比平地高出 360.08 ~ 400.52 克/平方米，且差异在两个实验中都达到了显著水平。

（3）不同种植品种对马铃薯机械收获损失也有影响。同样是起垄覆膜种植、机械收获和平地地形，克新 1 号机械收获的损失量平均要比大西洋高出 238.94 克/平方米，且差异具有统计学意义（P < 0.1），说明块茎体形大、生长深、结薯不集中的马铃薯品种，其机械收获损失率更大。

（二）启 示

（1）加强科研攻关，从结构、工艺、材料以及马铃薯生物学特性等方面综合考量，研制开发技术更加先进、生产效率更高，能适应不同地形、土壤、种植模式、品种的马铃薯收获机械，实现不同使用条件，选用不同机具，提高机具的可靠性和适用性。

（2）加快推进农机农艺融合，积极整合不同地区的不同栽培模式，对种植方式进行标准化，统一各类种植标准，保证深浅一致、行距一致等，以便于对其进行机械收获，使机械化作业的高效率与高产、优质相结合，减少因为机器不适配等原因造成的收获损失。

（3）统筹推进马铃薯生产的全程机械化，优选更为合理的播种和收获的配置方式，如采用与播种机组相匹配的收获机进行收获。进一步优化集成挖掘机的薯块清选、输送、分级、捡拾乃至根茬、残膜的收集功能，确保收获工艺的流程顺畅和连续，降低捡拾、清选、分级环节的人工成本，真正实现马铃薯收获的多功能联合作业，提高收获效率。

（4）加强农田基本改造，通过平整地块、改善灌溉条件和排水条件等措施，为马铃薯作业机械创造良好的作业环境，以减少机械收获过程中的埋薯损失和漏薯损失。引导农户在灌溉时尽量采取对土壤通透性影响小的灌溉方式，如遇到大雨、大水漫垄等情况，要及时排水，以防止土壤板结。另外，为了改善土壤的抖落性和通透性，以利于土薯分离、地膜分离，建议把收获后的秸秆还田作为改良土壤结构的一种措施。

第二节 农户甘薯收获环节损失测算及 影响因素研究[①]

一、研究背景与意义

作为一个全球性话题，粮食安全受到国际社会的广泛关注由来已久，目前全球粮食安全依然没有解除危机，甚至某些指标还在恶化，每年全球粮食产量的8%~14%在产后环节被损失掉（Abass等，2014）。根据FAO对粮食损失的定义，任何使粮食的使用性、食用性、有益于健康的特性和质量受到损失，从而降低其对人类价值的后果都称为粮食损失（Agyekum等，2016）。受多重因素影响，我国目前在粮食产后收获、储存、运输、加工、消费等环节也一直存在着较为严重的损失和粮食资源利用效率不高的问题（Akar等，2004）。保障粮食安全，不仅要从增加粮食产量入手，更应注重减少粮食产后的损失与浪费（Bala等，2004）。中国作为粮食生产大国和人口大国，在目前粮食需求不断增加而增产潜力有限的情况下，研究如何减少粮食产后损失对于增加粮食的有效供给具有重要意义。

甘薯是我国主要粮食作物之一，具有产量高、增产潜力大的优点，在较好的栽培条件下，能够大面积获得折粮（5:1）500千克/667平方米以上的高产。此外，甘薯适应性强，抗旱、耐瘠、抗风、抗雹，在土质差、施肥水平低的情况下，也能获得500千克/667平方米以上的鲜薯。因此，甘薯是一种高产、稳产作物。此外，甘薯还具有较高的营养价值。甘薯块根中淀粉含量占鲜重的15%~26%，高的可达30%，可溶性糖占鲜薯重的3%左右，蛋白质约占2%，脂肪占0.2%，还含有多种维生素，尤其是丙种维生素和胡萝卜素含量丰富。以5千克鲜薯折1千克粮食计算，其营养成分除脂肪外，比大米和白面都高。自古以来，甘薯就是很好的救灾作物。甘薯为无性繁殖作物，块根和茎叶均可作为繁殖器官，而块根又无明显的成熟期，只要条件适宜就可持续生长。因此，甘薯的栽种期和收获期不像其他作物那样严格，能够充分利用生长季节和土地。在因旱、涝灾害其他作物不能播种时，改换甘薯仍可获得一定收

---

① 本节内容发表在《西南农业学报》2019年第32卷第6期，作者为韩嫣、屈雪、黄东和武拉平。

成。因此，本节对甘薯收获环节的损失情况及损失率影响因素进行研究，针对如何减少甘薯收获环节损失率提出相应的建议，对保障我国的粮食安全具有重要意义。根据联合国粮农组织（FAO）的定义，"从粮食收获到播种的过程中，任何改变粮食可用性、可食性以及有益于健康的特性或质量，从而产生减少它对人的价值的后果，统统被称为产后系统粮食损失"。由于甘薯不存在脱粒环节，因此，本节将甘薯收获损失界定为：甘薯从收割到装车运输之前的过程中，其数量的减少或品质的降低。

目前关于甘薯收获损失的研究较少，但现有研究表明，适时收割是影响甘薯收获损失的重要因素。随着收获时间的延迟，甘薯损失率呈线性增长（Nejm Smit，1997）。国内学者研究表明，甘薯块根是无性营养体，没有明显的成熟期，在适宜的气候条件下，能持续生长，生育期愈长，营养积累就愈多，产量就愈高。收获早，会人为缩短薯块在地下的生长期，降低产量，且块根积累养分时间缩短，出干率相应降低，甘薯出干率是指甘薯块根的干物质含量，是甘薯最重要的经济性状之一，主要受土壤、气候条件、品种和施肥技术等因素的影响。收获迟，气温下降，茎叶不能进行光合作用，增产效果不明显，易受冻害，且低温导致薯块内淀粉水解转化为糖和水分，减少出干率和出粉率（王钊等，2019）。目前国内外对甘薯收获损失及其影响因素的研究较少，仅有少量文献中提到了收获时机这一因素，鲜有研究对其他影响因素进行考察。

课题组与农业部农村固定观察点合作，采用实地测量和问卷调研相结合的方法，在四川和河南进行了甘薯收获损失实验和访谈，在全国进行了甘薯损失问卷调研，涵盖了四川、贵州、重庆、湖南、湖北、广东、广西等13个省份共30个村，调查内容主要包括农户基本情况、土地经营状况、土地流转意愿和收获环节损失情况等。因此，本节将在前人研究的基础上，以实验和调查所得数据为对象，对甘薯收获损失率进行计算，探索影响甘薯收获损失的因素。

二、材料与方法

（一）供试材料

四川和河南是我国甘薯产量大省，选取四川作为丘陵地区的代表进行手工收获实验，于2016年10月2~5日在眉山市珠嘉镇棚村进行。根据当地调研情况，手工收获分四个环节，包括刨地、捡拾、运输以及晾晒，收获时，先用镰刀将茎叶从根部割去，再用锄头将甘薯翻出，然后捡拾装袋运回家中，最后进行晾晒；选取河南作为平原地区代表进行机械收获实验，于 10 月 29 日在河南省汝州市陵头镇寇寨村展开。收获时，先人工杀秧去蔓，然后采用机械挖掘，最后人工捡拾并装框运输。

一是测量甘薯不同收获方式下收获环节的损失情况；二是研究收获条件的改变对甘薯收获环节损失的影响情况。手工收获主要考察地形、品种、栽培方式等条件的改变对甘薯收获环节损失的影响程度；机械收获主要考察不同品种、机型对甘薯收获环节损失的影响。

（二）实验步骤

1. 手工收获

（1）品种选取。仁寿是眉山市历史悠久的甘薯种植县。农户多购买甘薯藤进行栽种，以品种一为代表的甘薯，黄皮黄心，个大高产，可食用或做饲料，当地称之为"糖心一号"。另外，以品种二为代表的甘薯，紫皮红心，香甜味美，营养价值高，适合食用，但产量不高，当地称之为"水果红薯"。因此，本实验将品种一选为主流品种，选取品种二作为对照组。

（2）地形选取。这里指坡地和平地。根据访谈情况，仁寿县在 21 世纪前多在平地种植甘薯，随后种植结构调整，平整肥沃的土地多用来种植水稻、小麦、玉米及一些经济作物，甘薯种植转移到起伏不平的坡地，面积和产量也呈下降趋势。为了方便对比，本实验选取两块坡地、两块平地。其中两块坡地坡度约 20°，均为缓坡耕地①。

（3）栽培方式。当地采用有机和无机两种方式栽培，对甘薯收获环节损失率的影响在于：一是产量，有机栽培的产量相对较低；二是土壤质量，有机栽培的土壤质地更好，不易结块，更有利于甘薯的刨出。仁寿县中盛禾甘薯种植专业合作社在棚村建有有机农场，根据实际情况，选取三块有机田，同时选取一块当地农户的无机田进行对照。

（4）地块选取。实验地块位于仁寿县东北部（北纬 N30°04′25″东经 E104°11′24″），地形多为坡地，小范围种植，生长环境一致。根据实验要求和实际情况，共选取四块田地。其中，地块 A 种植主流品种一，有机田，坡地；地块 B 为平地，其他条件与地块 A 相同，用于评估不同地形之间的差异；地块 C 种植非主流品种二，其他条件与地块 B 相同，用于评估不同品种之间的差异；

---

① 根据 1984 年中国农业区划委员会颁发《土地利用现状调查技术规程》对耕地坡度的分级，将 6°~25°划为缓坡耕地。

地块 D 为无机田，其他条件与地块 A 相同，用于评估不同栽培方式之间的差异。

（5）损失测量。由于甘薯不存在脱粒环节，因此，实验需测定的损失只有收割时掉落和遗漏的损失。本实验采用五点法对损失质量进行测量，首先在两条对角线上，距 4 个顶点距离约为对角线长的 1/4 处选 4 个点，对角线交点为 1 点（见图 10 - 3）。如遇形状不规则的，也尽量按照此要求选点。根据甘薯栽种情况，选取两垄，宽为 1 ~ 1.8 米（包括垄间距，视实际宽度而定），长为 2 米的样本框。人工刨地捡拾完后，把各选点框内遗漏的甘薯捡拾干净后称重。

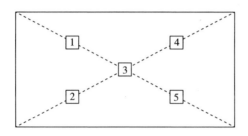

图 10 - 3　选点示意图

（6）计算损失率。首先待收获完成后测量实验地块的总产量，地块总产量 =（收获量/样本框总面积）× 地块面积，然后计算样本框区域平均损失量 = 样本框总损失量/样本框总面积。那么收获环节损失率 = 样本框区域平均损失量 ÷ ［样本框区域平均损失量 + 总产量/面积］ × 100%。

2. 机械收获

（1）品种选取。根据甘薯品种类型的差异，实验品种选取的是当地种植广泛的陇薯 9 号和商薯 19。其中陇薯 9 号是甘肃省农业科学院马铃薯研究所选育的甘薯新品种，出苗至成熟约 118 天。株型半直立，株高 65 ~ 75 厘米，天然结实性较弱。薯形扁圆，淡黄皮淡黄肉，薯皮粗糙，芽眼较浅。结薯集中，单株结薯 4 ~ 5 个，商品薯率 95% 以上。薯块平均含干物质 26.18%，淀粉 20.39%，适合加工。商薯 19 由商丘市农林科学研究所培育，结薯早而特别集中，无"跑边"，极易收刨。薯块多而匀，表皮光洁，上薯率和商品率高。薯块纺锤形，皮色深红，肉色特白，晒干率 36% ~ 38%，淀粉含量 23% ~ 25%，淀粉特优特白。食味特优，被农民誉为"栗子香"，适合食用和加工。根据当地农户的估计,以陇薯9号为代表的产量高,商品薯率高的品种和以商薯19为代表的多食用,淀粉含量高的品种的比例大约为0.65:0.35。

(2)机型选取。当地农户基本使用单行的小型薯类专用收获机,操作简便、机动性强,约占当地机型的90%。实验选取的是4U-900,厂家来自山东,农户自购于2011年,价格3200元,无补贴,配套自家的四轮拖拉机使用,马力为28匹。工作效率为(3~5)×667平方米/小时。当地一些农业企业或合作社也使用双行的大型薯类收获机,工作效率更高,约占到当地机型的10%。实验选取的是4U-1600,厂家来自山东,购买于2016年,价格8600元,无补贴,配套四轮拖拉机马力为80匹,工作效率6~8×667平方米/小时。驾驶拖拉机操作收获机的均是驾龄在6年以上的熟练机手,对收获机的操作要求有一定的了解和经验。

(3)地块选取。本次实验选取的是整块地,均为平地,壤土,连片种植,生长环境一致。该地来自陵头镇寇寨村村民徐某,现年52岁,种植甘薯面积有120×667平方米,种植已有6年。选取地块A为对照组,地块B和地块C为实验组。其中地块A为基准地块,面积为0.48×667平方米,种植陇薯9号,平均垄距为0.82米,采用小型机械进行收获;地块B与地块A相接,面积为0.14×667平方米,种植陇薯9号,平均垄距为0.78米,采用大型机械进行收获;地块C面积为0.47×667平方米,种植商薯19,平均垄距为0.86米,采用小型机械进行收获。

(4)损失测量。由于目前尚无关于甘薯收获机相关的质量评价技术规范和试验方法,此次试验参照农业行业标准NY/T 648—2015《马铃薯收获机质量评价技术规范》和《甘薯收获机试验方法及质量评价规范(草案)》开展具体的实验验证工作,机具主要指标按照厂家出厂标准来评定。结合当地的情况,沿地块对角线等距抽样的方式来确定样本点,如遇形状不规则的,也尽量按照此要求选点。为保证样本计算的精确性,样本框宽选取两垄[①],长选取2米。根据地块的大小和形状,地块A和地块C选取5个样本点,地块B由于面积较小,选取4个样本点。实验需测定的损失包含两部分,第一部分是被收获机挖掘出来但没有捡拾起来的薯块,即遗漏在地面上的薯块,称之为漏薯;第二部分是收获机没有挖掘出来的薯块以及挖掘出来后被二次掩埋的薯块,即掩埋在土层下的薯块,称之为埋薯。收获作业完成后,漏薯量和埋薯量之和为

---

① 包含两个垄和两个垄间距。

总损失薯量。实验地块中的甘薯收获总损失量是把样本框内的甘薯（包括漏薯和埋薯）全部捡拾起来，装入专用样本袋并拴上标签，然后由两名调查人员使用标准秤（最大称量 1 千克）称出重量并登记称重结果，最后以此乘以地块总面积来推算得到整块地的总损失量。

（5）计算损失率。实验地块的马铃薯总产量是将装袋的薯块用磅秤直接称重得到。马铃薯收获损失率按照下式计算：

损失率 = 样本框区域平均损失量 ÷ ［样本框区域平均损失量 + 总产量/面积］×100%

求出各个样本框的算术平均值作为该地块的损失率。

三、实验损失率

（一）手工收获

如表 10 - 5 所示，坡地和平地比例根据各省甘薯播种面积计算，资料来源于《中国统计年鉴 2015》；品种比例根据实验地访谈得出。采用加权平均的方法推算全国甘薯手工收获损失率：

$$Hr = (r_{f1} \times p_1 + r_{f2} \times p_2) \times p_f + r_{s1} \times p_s \tag{10 - 4}$$

其中，Hr 表示全国手工收获甘薯综合损失率；r_{f1}、r_{f2}、r_{s1} 分别表示平地种植品种一、平地种植品种二、坡地种植品种一的甘薯收获损失率；p_1、p_2、p_f 和 p_s 分别表示品种一、品种二在当地的种植比例以及全国甘薯种植地形中平地、坡地的比例。根据表 10 - 5 中数据计算得出全国甘薯手工收获综合损失率为 2.28%。

表 10 - 5　实验结果　　　　　　　　　　　　　　单位：%

实验点	收获方式	比例	地形/机型	比例	品种	比例	损失率
四川仁寿	手工	74	坡地	56.63	品种 1		1.95
			平地	43.37	品种 1	40	1.52
					品种 2	60	3.52
河南汝州	机械（平地）	26	大型	24.72	陇薯 9 号		7.97
			小型机械	75.28	陇薯 9 号	65	2.72
					商薯 19	35	6.22

资料来源：实验数据、《中国统计年鉴 2015》、中国农机网。

（二）机械收获

如表 10 - 5 所示，大型机械和小型机械比例根据《中国统计年鉴 2015》大中型拖拉机和小型拖拉机数量计算；各品种比例由实验地访谈得出。同样采用加权平均的方法推算全国甘薯机械收获损失率：

$$Mr = (r_{l3} \times p_3 + r_{l4} \times p_4) \times p_1 + r_{b3} \times p_b \qquad (10 - 5)$$

其中，Mr 表示全国机械收获甘薯损失率；r_{l3}、r_{l4}、r_{b3} 分别表示小型机械收获陇薯 9 号、小型机械收获商薯 19、大型机械收获陇薯 9 号的损失率；p_3、p_4、p_1 和 p_b 分别表示陇薯 9 号、商薯 19 在当地的种植比例以及全国甘薯机械收获中小型机械、大型机械所占比例。根据表 10 - 5 中数据计算得出全国甘薯机械收获综合损失率为 4.94%。

（三）全国综合损失率

如表 10 - 5 所示，其中机械化率按照中国农业网行业统计甘薯耕种收综合机械化水平 26% 来计算。加权平均得到全国综合损失率：

$$Tr = Hr \times p_H + Mr \times p_M \qquad (10 - 6)$$

其中，Tr 表示全国甘薯收获环节综合损失率；p_H 表示全国甘薯手工收获率；p_M 表示全国甘薯机械收获率。根据表 10 - 5 中数据计算得出全国甘薯收获环节综合损失率为 2.97%。

四、损失率影响因素分析

对比实验结果可以得出以下结论：①地形的差异。在人工收获中，坡地的损失率比平地损失率仅高 0.01%，两块地的损失率基本相等。因为都是人工收获，收获过程比较仔细，因此地形对损失率的影响作用不大。②品种的差异。在人工收获中，个头较大的品种更容易从土里挖出来，并且捡拾装袋的时候也不容易遗落，因此损失率较低。且农户从农业部购买的主流品种比从市场上购买的品种损失率更小，因此建议农户购买农业部推广的品种。另外，在机械收获中，单产较低的商薯 19 比单产较高的陇薯 9 号损失率高，实验中发现陇薯 9 号扁圆而粗短，单株结薯个数不多，比较容易被机器刨出，因此遗漏情况较少。而商薯 19 则块多而细长，且埋薯深度较大，机械作业时容易遗漏生长较深和块头较小的薯块。③机型的差异。在机械收获中，大型机械收获损失率高于小型机械，一是大型机械的工作宽度与垄距不完全匹配。以 4U - 1600 为代表的甘薯双行收获机工作效率高于小型机械，但其工作宽幅 160 厘米，适应垄距 55～80 厘米，考虑到机器本身的配件厚度，以及地块中垄距的不规则波动，导致挖掘时甘薯的破损率较高，造成损失率较高。而以4U-900为代表的单行收获机适应垄距最宽达90厘米，实践中破损率较低；二是大型机械在挖掘、输运中的甘薯就会直接与杆条碰撞，且各级链条交接处也常存在高度落差，这些都增大了块茎碰伤的可能。④收获方式的差异。可以看到，甘薯机械收获损失率要远大于手工收获，机械化收获虽然效率高，但目前市面上还没有能够适应不同地形、品种的收获机械，且收获后仍需要人工捡拾，依然存在一定的劳动强度，而收获损失率反而更高。

五、结果与分析

（一）调查设计

本节选取了北京、山西、浙江、安徽、福建、湖北、湖南、广东、广西、四川、贵州、重庆、陕西13个省份进行抽样调查，2015年，这13个省份的薯类产量占全国总产量的58.22%[①]，其中，四川、重庆、贵州、广东、福建、湖南均为全国排名前十位的薯类种植大省。以东部地区（浙江、福建、广东）、中部地区（湖北、湖南、安徽）、西部地区（四川、重庆、贵州、广西）以及北部地区（山西、陕西、北京）作为抽样区域不仅考虑了中国各大区域，而且涵盖了北方春夏薯区、长江中下游流域夏薯区和南方薯区三大薯区[②]，在地区分布上具有较强的代表性。此次调研共回收有效问卷237份，本次调查于2016年5~6月完成。

（二）样本分析

1. 受访者统计特征

表10-6是受访者的基本统计特征。从表10-6中可以看到，在237位受访者中，男性占91.98%，多于女性；受访者年龄大多数分布于46岁及以上年龄段，共占比87.77%；其中，有92.83%的受访者均为农业户口；文化程度以在校6年及以下为主体，占比54.43%；大多数受访者职业为家庭经营农业劳动者，占总人数的69.2%；与此同时，有16.88%的受访者有外出从业的经历。

---

① 根据中华人民共和国国家统计局网站（http：//data.stats.gov.cn/index.htm）相关数据计算得出。

② 考虑到气候条件、甘薯生态型、行政区划、栽培面积、种植习惯等，在中国，一般将甘薯种植区划为三大区，即北方春夏薯区、长江中下游流域夏薯区和南方薯区。

表 10-6　受访者的基本情况统计　　　　　　单位：人，%

特征	分类	人数	比例
性别	男	218	91.98
	女	19	8.02
年龄	35 岁及以下	7	2.95
	36~45 岁	22	9.28
	46~55 岁	55	23.21
	56~65 岁	87	36.71
	66 岁及以上	66	27.85
是否农业户口	是	220	92.83
	否	17	7.17
文化程度（在校几年）	≤6 年	129	54.43
	7~9 年	94	39.66
	10~12 年	14	5.91
职业	家庭经营农业劳动者	164	69.20
	家庭经营非农业劳动者	21	8.86
	受雇劳动者	35	14.77
	乡村及国家干部	4	1.69
	教育科技医疗卫生和文化艺术工作者	1	0.42
	其他	11	4.64
是否有外出从业经历	有	40	16.88
	无	197	83.12

2. 甘薯收获损失率的总体估计

根据中国农机网统计数据，全国甘薯机收率为 26%，本次受访的农户均使用手工收获，问卷中没有涉及机械收获，因此本节只讨论手工收获下的甘薯收获损失。表 10-7 为不同分类下被调查农户对甘薯平均损失率的估计，调查结果显示，63.00% 的农户在问卷中反映甘薯产后收获环节存在损失，全国甘薯手工收获平均损失率为 4.70%，其中，东部地区受访者估算的甘薯平均损失率为 4.80%，中部地区受访者估算的甘薯平均损失率也为 4.80%，西部地区受访者估计的甘薯平均损失率低于全国平均水平，为 3.40%，北部地区受访者估计的甘薯平均损失率为 4.70%。此外，甘薯收获时因恶劣天气造成的损失占收获环节总损失的 6.03%，因虫害造成的损失占 23.08%。在被调查的

237 户农户中，有 4.00% 的农户表示会在收割完成后到田地里去捡拾遗漏的甘薯，其余 96.00% 的农户都表示不会去捡拾。

表 10-7　不同分类下的甘薯收获环节平均损失率　　　　单位：%

特征	分类	损失率
地区	东部地区	4.80
	中部地区	4.80
	西部地区	3.40
	北部地区	4.70
收获时机	未完全成熟期	20.65
	成熟期	2.44
	过熟期	11.18
地形	平地	9.55
	坡地	2.75
	洼地	4.86
土壤类型	沙土	2.30
	壤土	2.75
	黏土	14.20

从不同时机的收获损失来看，11.50% 的农户选择在未完全成熟时进行收割，86.3% 的农户在成熟期进行收获，还有 0.70% 的农户在过熟期进行收获。在未完全成熟期收获甘薯的损失率为 20.65%，在成熟期收获甘薯的损失率为 2.44%，而在过熟期收获甘薯的损失率为 11.18%。从农户对损失的估计来看，在成熟期收获甘薯损失率最小，且该数值也与实验所得手工收获环节全国平均损失率相近，而在未完全成熟或过熟时收割甘薯都会造成损失率的提高，尤其是在未完全成熟期收获损失率极大。

从不同地形的收获损失来看，在平地种植甘薯的农户收获环节平均损失率为 9.55%，坡地甘薯收获平均损失率为 2.75%，而洼地平均损失率为 4.86%。可见，相比平地和洼地，坡地收获损失更低，这可能是由于手工收获时坡地翻土更省力，也更容易看到遗漏的甘薯，因此损失率较小。

从不同土壤类型的收获损失来看，在沙土中种植的甘薯收获损失率为 2.30%，在壤土中种植的甘薯收获损失率为 2.75%，而在黏土中种植的甘薯收获环节损失达到14.20%，高出沙土将近12个百分点。可见，土壤类型对甘薯收获损失有较大影响，其中，黏土由于含沙量很少，黏性较大，因此收获时不易将甘薯从中刨出，且不易发现遗漏的甘薯，因此损失率较大。

3. 理论模型与变量设置

（1）理论模型。本节选取甘薯收获损失率作为因变量，建立如下模型：

$$L_i = \beta X_i + \varepsilon_i \tag{10-7}$$

其中，L_i 为第 i 个农户估计的甘薯收获损失率，X_i 为第 i 个农户主观判断的影响因素向量，β 为待估计系数向量，ε_i 为独立同分布的随机扰动项。

（2）变量选择。根据前人研究及实践经验，本节将影响甘薯收获损失的主要因素归纳为如表10-8所示的农户特征和收获作业特征两大类共14个变量。

表10-8 变量名称、含义及统计特征

变量名称	变量含义	均值	标准差
农户特征			
受访者性别	男性1，女性2	1.47	1.02
受访者年龄	实际值（岁）	44.00	21.00
受访者文化程度	在校时间（年）	6.21	7.11
受访者外出从业与	是1，否0	0.17	0.38
过去一年是否考虑过转出土地	是1，否0	0.20	0.58
家庭全年总收入	家庭年收入实际值（元）	69623.07	57182.80
家庭经营收入占比	家庭经营收入占全年总收入的比重	0.40	0.28
收获作业特征			
收获期天气	正常1，恶劣2	1.05	0.23
收获期虫害程度	严重1，一般2，很少3，没有4	3.30	0.81
收获后是否赶种下一季	是Yes=1，否No=2	1.66	1.69
是否有间作套种	是Yes=1，否No=2	1.74	0.28
是否适时收割	是Yes=1，否No=0	0.85	0.36
收获时作业态度	粗糙1，一般2，精细3	2.21	0.61
收获时人手富余程度	缺乏1，一般2，充足3	1.82	0.67

六、讨论

(一) 估计结果

本节运用 Stata13 软件对甘薯收获损失的影响因素进行估计，得到的估计结果如表 10-9 所示。结果显示，受访者年龄、受访者文化程度、家庭全年总收入、收获期虫害程度、收获后是否赶种下一季、是否有间作套种、是否适时收割这 7 个自变量通过了显著性检验，其中适时收割对甘薯收获环节损失率影响最大。

表 10-9　模型估计结果

变量	系数	标准误	P
受访者性别	-0.002	0.017	0.922
受访者年龄	0.001*	0.0004	0.059
受访者文化程度	0.005***	0.002	0.003
受访者外出从业与否	0.019	0.013	0.150
过去一年是否考虑过转出土地	-0.017	0.011	0.127
家庭全年总收入	-2.06×10^{-7}**	9.77×10^{-8}	0.036
家庭经营收入占比	0.013	0.017	0.433
收获期天气	-0.005	0.020	0.790
收获期虫害程度	-0.037***	0.006	0.000
收获后是否赶种下一季	-0.030***	0.010	0.004
是否有间作套种	0.022**	0.010	0.024
是否适时收割	-0.110***	0.014	0.000
收获时作业态度	0.011	0.007	0.130
收获时人手富余程度	-0.005	0.007	0.468
常数项	0.199***	0.054	0.000

注：$***$、$**$ 和 $*$ 分别表示在 1%、5% 和 10% 的水平上显著。

(二) 估计结果解释

(1) 农户特征因素的影响。受访者年龄的估计系数为 0.001，显著性水平为 0.059，说明年龄越大，甘薯收获时损失率越高，由于随着年龄的增长，体力会逐渐下降，因此造成损失率的上升。此外，受访者文化程度的估计系数为 0.005，显著性水平为 0.003，说明文化程度越高，甘薯收获损失率也就越高，由于文化程度高的受访者一般都不只靠种地为生，因此对甘薯收获损失的重视程度不高，造成损失率的提高。家庭全年总收入的估计系数为 -2.06×10^{-7}，

显著性水平为 0.036，可见，家庭收入越高，甘薯收获损失率也就越高，但影响比较小，当收入高的家庭认为减少损失所得的收益不足以弥补其花费的显性及隐性成本时，其减少损失的意愿就会降低，从而导致甘薯收获损失率的提高。

（2）收获作业特征因素的影响。收获期虫害程度的估计系数为 -0.037，显著性水平为 0.000，说明甘薯收获期虫害程度越低，其损失率越小，这与前人研究结果一致。收获后是否赶种下一季的估计系数为 -0.03，显著性水平为 0.004，说明收获后赶种下一季会造成甘薯收获损失率的上升，因为收获后赶种下一季会降低收获精细程度。是否有间作套种的估计系数为 0.022，其显著性水平为 0.024，说明当有间作套种时，甘薯收获损失率会降低。最后，是否适时收割估计系数为 -0.11，显著性水平为 0.000，在所有变量中影响最大，当甘薯能被适时收割时，其收获损失率会降低，这与王钊等（2019）的研究结论一致。

七、结论

本节基于实验数据及中国 13 个省份 237 户农户的调查数据，结合实验结果，运用多元线性回归模型，测算了中国甘薯收获损失率，并分析了其影响因素。实验结果显示，中国甘薯手工收获损失率为 2.28%，机械收获损失率为 4.94%，综合损失率为 2.97%，品种、地形和机型的不同均会影响甘薯收获损失率。

问卷调查结果显示，农户估计的甘薯手工收获平均损失率为 4.70%，存在高估的现象，且各地区之间损失率存在一定差异，东部地区、中部地区及北部地区的甘薯收获平均损失率均接近全国水平，而西部地区甘薯收获平均损失率低于全国平均水平，为 3.40%。除此之外，不同收获时机、不同地形和不同土壤类型下甘薯收获损失率也不尽相同。进一步研究表明，农户年龄、农户文化程度、家庭全年总收入、虫害程度、收获后赶种下一季均对甘薯收获损失有正向影响，而进行间作套种和适时收割能够降低甘薯收获损失率。虽然天气恶劣、作业态度粗糙及人手不足都会加重甘薯收获损失，但收获期天气、作业态度和人手富余程度对甘薯收获损失并无显著影响。

根据以上分析，从以下四方面提出建议：第一，根据不同品种的生长特性，适时调整作业深度。收获机与拖拉机挂接机构连接牢靠进行作业时，挖掘深度用地轮高度调节，根据不同农艺种植要求选择合适的犁体调节柄齿槽。特别对于薯块细长，埋薯较深的品种要放慢工作速度，适当调整犁体入土角分离栅条斜度，避免漏收、挖伤、碰伤甘薯。第二，根据工作宽幅和种植垄距，合理选择匹配的机型。小型收获机的优势在于单行运作，机动性强，匹配动力要求低，价格便宜，劣势在于工作效率低。而大型收获机的劣势在于灵活性稍差，价格偏贵，但优势在于工作效率较高。因此，目前来看，建议丘陵地形、小面积、分散种植的农户使用单行收获机，损失率较低。但未来的大面积平地种植，可以考虑调整垄距适应大型机械，使用多行收获机，提升工作效率。但操作时也需严格遵守操作规范，降低损失率。第三，大力发展甘薯在西部地区的种植，西部许多地区气候、土壤、地形并不适合种植小麦、水稻等主粮作物，但甘薯耐寒、耐旱、耐瘠，易种植、产量高、营养丰富，可以将西部地区的贫瘠土地有效利用起来，有助于缓解粮食危机。第四，向农户普及甘薯种植的相关知识，如减少虫害的方法、适时收割能减少多少损失等，并鼓励其进行间种套作，有效减少甘薯收获损失。

同时，本节还存在一些不足之处。例如，实验选点较少，样本量较少，且调查对象均为普通农户，未对大型农场、农业生产合作社等进行研究；此外，由于被调研农户均使用手工收获方式，因此问卷部分，本节只讨论了手工作业条件下的甘薯收获损失率，并未涉及机收损失率，这些都是需要进一步研究和关注的问题。

第三节 农户花生收获环节损失测算及影响因素研究[①]

花生是世界范围内重要的油料作物与经济作物，也是我国极具竞争力的优质油料作物和重要的出口创汇农产品，同时又是我国农业结构调整重点发展和扶持的对象。世界上有 100 多个国家种植花生，主要分布在亚洲、非洲和美洲。我国花生种植面积及产量在世界名列前茅，2016 年世界花生种植面积为 2.54×107 公顷，产量为 4.22×107 吨（Abass 等，2014）；我国花生种植面积为 4.75×106 公顷，产量为 1.7×107 吨，分别占世界花生种植面积及产量的 16.68%、40.26%，位居世界第二和第一。与此同时，我国也是花生第一大消费国。然而，中国在保障粮食安全问题方面一直比较注重产前和产中环节的要

---

① 本节内容发表在《花生学报》2017 年第 46 卷第 4 期，作者为张静、黄东、史常亮和武拉平。

素投入和管理，对粮食产后节约减损的关注严重不足（Agyekum 等，2016；Akar 等，2004）。国家粮食局统计表明，中国每年粮食损失量大约相当于 1.3×10^{11} 平方米耕地的粮食产量，损失浪费已成为危及国家粮食安全的重要因素之一（Bala 等，2004）。郭燕枝等的研究表明，中国粮食产后损失率约为 10%，远高于发达国家水平（Basavaraja 等，2007）。

花生从田间到餐桌通常包括收获、运输、干燥、存储、加工、销售和消费等环节，而收获作为花生产后的首要环节，对产后损失至关重要（Basavaraja 等，2007；Bellemare 等，2017；Clark 等，2018）。因花生收获季节性比较强，人工作业劳动强度高，占农作时间较多，导致其产后损失效率低，收获损失较大。2014 年，我国花生机收率为 15.64%（FAO，2014），远低于发达国家水平。目前，我国大部分地区花生收获以人工作业为主，这已成为制约我国花生生产发展和成长的瓶颈。因此，本节以花生为研究对象，研究花生收获损失的影响因素，旨在为政府控制花生收获损失提供参考。

一、调查设计与样本分析

（一）调查设计

采用多阶段抽样调查方法获取数据，选取天津、山西、吉林、黑龙江等 14 个省份为抽样区域，跨越山东、河南两大主产区及其他生产区域，在空间分布上具有较好的代表性。在此基础上，根据影响花生收获损失的因素及当地特点，在上述所调查的每个省份选取 2 个主产县，每县 2 个乡镇，每个乡镇 2 个村，每个村随机选取 15 户农户进行问卷调研。实际调查过程中，经过培训的调查员在各个村随机抽取门牌号走访农户，由受访者直接回答问卷。本次调查于 2016 年 5 ~ 6 月完成，共发放问卷 300 份，经筛选，有效问卷 269 份，有效率为 89.1%。

（二）样本分析

1. 基本特征分析（见表 10 - 10）

表 10 - 10　受访者的基本特征

单位：人，%

特征	分类	人数	比例
农产类型	普通农户	265	98.51
	种粮大户	4	1.49

特征	分类	人数	比例
性别	男	137	50.93
	女	132	49.07
年龄	35 岁及以下	14	5.20
	36~50 岁	73	27.14
	51~65 岁	121	44.98
	66~80 岁	61	22.68
是否农业户口	是	257	95.54
	否	12	4.46
文化程度（在校几年）	5 年及以下	42	15.61
	6~10 年	201	74.72
	11 年及以上	26	9.67
是否受过农业培训	是	19	7.06
	否	250	92.94
家庭常住人口数	1~3 人	101	37.55
	4~6 人	141	52.42
	7~10 人	27	10.04
承包耕地总面积	0.7 万平方米及以下	220	81.78
	0.7 万~1.3 万平方米	39	14.50
	1.3 万~2 万平方米	7	2.60
	2 万平方米及以上 area > 20 × 103 平方米	3	1.12

2. 农户土地认知情况分析

（1）农户土地产权认知状况。本次问卷涉及的相关问题主要包括四个：一是在您看来，增人不增地，减人不减地是否合理？对于该问题，21.93%的人认为合理，56.51%的人认为不合理，21.56%的人认为不好说。二是农民分到的土地归谁所有？对于该问题，44.24%的人认为应归自家所有，48.70%的人认为应归集体所有，3.72%的人认为应归政府所有，3.35%的人认为不知道应归谁所有。三是农民是否有权自行转让或出租自家承包地？针对该问题，72.49%的人认为农民有权，且不需要任何组织介入；23.05%的人认为农民有权，但需要村组同意；4.46%的人认为农民没有权利。四是当地政府或村集体是否支持土地流转，有没有支持措施？针对该问题，10.78%的人认为是，并且有扶持措施；84.10%的人认为是，但没有任何扶持措施；5.20%的人认为否。

（2）农户土地转入意愿。269个被访者中，20.82%的人在过去的一年里考虑过转入土地，79.18%的人没有考虑过转入土地。在考虑过转入土地的人中，64.29%的人出于有多余劳动力而选择转入土地，92.86%的人认为转入土地能增加收入，16.07%的人认为村里或政府有鼓励种粮大户政策，41.07%的人认为租种土地可以得到更多农业补贴，30.36%的人出于其他原因选择转入土地。在没有考虑过土地转入的人中，74.64%的人认为种地不赚钱；53.99%的人认为家庭劳动力不足；31.46%的人想从事非农工作；9.86%的人认为转入土地容易引起纠纷；7.98%的人认为转入土地租金太高；15.49%的人愿意转入，但流转不到土地；18.78%的人认为是其他原因导致他们不愿转入土地。在"如果租金下降50%，您是否愿意租入土地"这一问题中，30.48%的人选择愿意租入土地，69.52%的人仍不愿租入土地。

（3）农户土地转出意愿。269个被访者中，21.19%的人在过去的一年里考虑过转出土地，78.81%的人没有考虑过转出土地。在考虑过转出土地的人中，68.42%的人出于缺乏务农劳动力的原因而选择转出土地；28.07%的人选择从事非农工作，没时间种地；54.39%的人认为种地太辛苦，71.93%的人认为种地收入低，3.51%的人打算以后在城里定居。在没有考虑过土地转出的人中，96.23%的人想自己种；36.32%的人担心租出后拿不到补贴；41.51%的人认为出租土地的租金太低；15.57%的人害怕租出土地后收不回来；29.72%的人担心出租土地时没有人愿意租种；20.28%的人选择了其他原因。在"如果租金上涨50%，您是否愿意租出土地"这一问题中，35.32%的人选择愿意租出土地，64.68%的人仍不愿租出土地。

（4）农户对粮食收获环节损失的态度。关于农户是否会在粮食收割后到田地里捡拾遗漏的粮食这一问题中，31.23%的人选择会，68.77%的人选择不会。在哪个环节造成的损失最多中，73.61%的人认为收割环节损失最多，0.37%的人认为运输环节，1.86%的人认为晾晒环节，8.55%的人认为清凉环节，15.61%的人选择了其他环节。

3. 损失率分析

如表10-11所示，各省份的花生损失率差异较大，全国平均花生损失率为5.75%。按照经济社会发展的新形势，将调查样本分为四大区域：东部地区有6省，西部地区有1省，中部地区有5省，东北地区有2省，四大区域花生平均损失率分别为8.74%、3.62%、2.65%、3.96%。可见，东部地区的花生损失率最高，中部地区的花生损失率最低。

表 10-11　调查样本损失率分析　　　　　单位：%

全国	地区	个数	省份	损失率	平均
全部	东部地区	6	北京	8.74	5.75
			河北		
			江苏		
			福建		
			山东		
			广东		
	西部地区	1	广西	3.62	
	中部地区	5	安徽	2.65	
			江西		
			河南		
			湖南		
			湖北		
	东北地区	2	辽宁	3.96	
			吉林		

二、模型构建、变量选取

（一）模型构建

作为理性人而言，农户不愿见到损失并希望将损失降到最低（FAO，2011）。假设 Y_i 为第 i 个样本的花生收获损失率，X_i 为影响花生收获损失的第 i 个因素，用公式表示为：

$$Y_i = \alpha X_i + \mu \qquad (10-8)$$

其中，α 表示变量系数，μ 表示随机误差项。花生收获损失率的值介于 [0，1]，符合 Tobit 模型中被解释变量具有上下限的特征，因此用 Tobit 模型估计花生收获损失的影响因素。

（二）变量选取

基于前人研究，本部分将影响花生收获损失的影响因素归纳为如表 10-12 所示。

173

表 10-12　模型变量名称、含义及描述性分析

特征	变量及特征含义	平均值	最大值	最小值
农户特征	性别，男性 =1，女性 =2	1.491	2	1
	年龄	44.210	84	9
	受教育年限（在校几年）	6.624	16	0
	家庭劳动力数量	2.803	8	1
土地转入	是否考虑转入土地，转入 =1，未转入 =2	1.792	2	1
收获方式特征	收获方式，手工 =1，分段机械 =2，联合机械 =3	1.048	2	1
	收获是否赶种下一季，是 =1，否 =2	1.576	2	1
	收割时间	2.704	15	0.5
	收获时是否成熟，未完全成熟 =1，成熟 =2，过熟 =3	1.952	3	1
自然特征	收获期间天气情况，正常 =1，不正常 =2	1.048	2	1
	收获时的虫害程度，严重 =1，一般 =2，很少 =3，没有 =4	3.164	4	1
处理方式特征	装运工具，散装 =1，编织袋 =2，麻袋 =3，箩筐 =4，谷桶 =5，其他 =6	2.357	6	1
	脱粒方式，人工 =1，畜力 =2，机械 =3，其他 =4	1.271	4	1

三、结果分析

对花生收获损失的影响因素进行估计，结果如表 10-13 所示。

表 10-13　花生收获损失的影响因素估计结果

变量		系数	标准误	P
受访者性别		0.017**	0.008	0.041
受访者年龄		0.000	0.000	0.393
受教育年限		0.002	0.001	0.172
家庭劳动力数量		0.006	0.004	0.114
转入土地意愿		-0.040***	0.012	0.001
机械收获		0.043*	0.026	0.096
收获是否赶种下一季		-0.064***	0.009	0.000

续表

变量		系数	标准误	P
收割时间		0.005 **	0.002	0.035
收获时是否成熟	成熟	0.074 ***	0.015	0.000
	过熟	0.024	0.026	0.350
收获期间天气是否正常		0.017	0.027	0.524
收获时的虫害程度	一般	− 0.034	0.022	0.125
	很少	− 0.061 ***	0.019	0.002
	没有	− 0.088 ***	0.018	0.000
装运工具	编织袋	− 0.021 *	0.011	0.057
	麻袋	0.003	0.025	0.914
	箩筐	0.006	0.016	0.692
	谷桶	− 0.188 ***	0.024	0.000
	其他	− 0.036 **	0.173	0.038
脱果方式	畜力	− 0.105 ***	0.039	0.008
	机械	− 0.053 ***	0.016	0.001
	其他	− 0.122 ***	0.030	0.000
常数项		0.076 **	0.038	0.050

注：*** 、** 和 * 分别表示在1% 、5%和10%的水平上显著。

（一）农户特征因素的影响

性别对花生收获损失的影响系数为0.017，反映了无论男女，只要人为收获花生，都会造成收获损失；家庭劳动力数量对花生收获损失的影响系数为正，说明家庭劳动力数量越多，花生损失越大，该结论与性别对花生收获损失的结论相对应。受访者年龄和受教育年限对花生收获损失的影响均不显著，可能的原因在于大多数受访者均为农户，尽管接受了一定年限的教育，但其教育程度几乎都在初中以下，其对花生种植、收获等相关的了解并不具专业知识，因此其年龄和受教育年限对花生收获损失均没有显著影响。

（二）农户转入土地意愿的影响

相对于未考虑转入土地的农户来说，有意愿转入土地的农户对花生收获损失的影响显著为负，即有意愿转入土地的农户能够降低花生收获的损失。这从侧面反映了那些想要转入土地的农户对粮食的珍惜程度更大。

（三）收获方式特征的影响

花生收获时的成熟度不同，对花生损失的影响也不相同：相对于收获时未完全成熟的花生来说，花生成熟对损失的影响为正，过熟对损失的影响不显著。与水稻、小麦、玉米等主要粮食作物不同，花生的茎和叶生长在土上面，果实长在下面，一般来说，农户根据花生从种植到成熟的时间来确定收获时间，未成熟和过熟的情况较少，并且即使未完全成熟或过熟，其果实埋在土下，因此对其收获损失并没有任何影响。相对于手工收获来说，机械收获对花生收获损失的影响在5%水平上显著为正，说明机械收获的损失率大于人工收获的损失率，原因在于机手工作经验是否丰富、机型新旧、机械工作年限长短等一些不可控因素都会影响损失率，而人工收获时，农户比较小心，通常会捡拾遗漏。收获是否赶种下一季对花生收获损失影响为负，即无论是否赶种下一季，花生收获都会造成损失。

（四）自然特征的影响

收获时的虫害程度不同，对花生收获损失的影响程度也不同：相对于虫害非常严重来说，虫害程度一般对花生损失的影响为负。通过比较虫害一般、较少、没有的结果，发现虫害程度越小，对花生收获损失的影响越小。天气情况对花生收获损失的影响不显著，该结果与事实不符，事实上花生收获时如遇严重的阴雨天气，会导致果实发芽、烂种等促使产量受到影响。

（五）收获后处理方式的影响

假设用散装运输花生对花生损失影响为零，那么用谷桶装对花生损失的影响为负，即用谷桶装能够降低花生损失，与此相对，编织袋、箩筐、麻袋对花生损失的影响不显著。无论哪一种脱果方式，其对花生收获损失的影响均为负，原因在于花生不同于其他粮食作物，花生脱果指将花生从其植株上取下来，无论用手工收获花生还是用机械收，土地中的泥土都会粘到花生果实上，而经过脱粒过程，一部分泥土会从花生果实上掉下去，因此会降低花生的损失率。

四、结论与启示

本节基于全国14个省份269户农户的调查数据测算花生收获的损失率，发现中国各省份及四大区域的花生损失率存在差异，其中东部地区的花生损失率最高，中部地区的花生损失率最低。基于以上分析，分析花生收获损失率的影响因素，结果表明，性别、家庭劳动力数量、机械收获、收获时是否成熟对花生收获损失具有正向影响，农户转入土地意愿、是否赶种下一季、收获时的虫害程度、装运工具及脱粒方式对花生收获损失具有负向影响。

针对以上结论，当地政府可以从以下方面入手逐渐降低花生损失率：一是提高花生的机械收获率，尽管机械收获比人工收获对花生损失的影响更大，但随着粮食生产规模化及科技不断发展，机械化是粮食收获的发展趋势（FAO，2017，2019；Gitonga 等，2013；Goldsmith 等，2015），通过统一培训机手提高其收割水平，通过统一管理实现收割机的机型一致，从而降低花生收获损失率。二是各地政府安排专业人员定时走访村落，传递与花生收获及其他方面的相关知识（Hamilton 等，2015）。

本节基于问卷研究花生收获损失的影响因素，可分析的问题有限。就粮食收获的发展趋势来说，本节还存在很大的改进空间，比如机械化收割仍然可以细化许多值得研究的问题，供后来者研究参考。

下篇　粮食减损措施研究

第十一章

农户粮食收获环节减损潜力研究

前文对粮食收获环节损失分收获方式、分规模、分主客观因素进行了分析。本章将通过检验样本数据可靠性，测算样本的最低损失率以及农户可接受损失率，分情景测算减损潜力。

第一节　基于实验的粮食损失率测定

一、样本选择

根据 2014 年 31 个省份的三种主要粮食作物播种面积，在各粮食作物播种面积的基础上综合考虑区位上的东部地区、中部地区、西部地区，粮食主产区、粮食主销区和粮食产销平衡区以及机械化水平，分别选择三种品种的典型省份进行实验。各选点省份如表 11 – 1 所示。

表 11 – 1　2014 年各实验点粮食播种面积排序

水稻		小麦		玉米	
排序	省份	排序	省份	排序	省份
1	湖南	1	河南	1	黑龙江
2	江西	2	山东	2	吉林
3	黑龙江	4	河北	4	河南
4	江苏	10	甘肃	5	河北
9	广东			12	甘肃

资料来源：《中国统计年鉴 2015》。

本书自研究开展以来，已在全国 11 个省份 14 个县市开展了 16 次收获环节损失实验。具体实验地点如表 11 – 2 所示。

表 11 – 2　各粮食品种实验情况汇总

实验品种	实验地点
水稻	湖南益阳、湖南资兴、黑龙江宝泉岭
	江西南昌、广东龙门、江苏泰州、内蒙古海拉尔
小麦	河南兰考、河南安阳、山东滕州
	河北涿州、甘肃会宁
玉米	甘肃张掖、河南兰考、吉林公主岭
	黑龙江宝泉岭、河北涿州

资料来源：经笔者整理而得。

二、实验方案

本书实验涉及的粮食品种可分为需脱粒作物和非脱粒作物。因而收获包含的具体内容有收割、田间运输、脱粒和清粮四个子环节，不同的粮食品种可能有的环节并没有或者顺序有变化，但是各作物的收割环节都是必须的。在实验方案设计中主要考虑的影响因素有：收割方式、收割时间、收割机机型、种植品种、地形、收割机操作员熟练程度。同一种粮食品种在不同实验点考虑的影响因素也有差别，但在实验过程中尽可能多地寻找不同条件对收获损失的影响。

具体实验中，首先选择一组实验点最普遍的收获条件作为基准组，通过每次改变一个影响因素进行对照，进而获得不同收获条件下的损失率。待实验进行完，通过选点测量的方法推算收获环节损失重量。考虑到收割机在收割过程中需要掉头或转弯，在此过程中损失的粮食数量可能与收割机直线行驶时的损失量有所不同，所以选点时把地块划分为边沿地块和中间地块，边沿地块的长度为收割机长度的两倍。选点方法：边沿地块沿着收割行进方向均匀选取两个点，中间地块根据国家标准《农业机械试验条件测定方法的一般规定》（GB/T 5262—2008）所使用的方法，本实验方案采用五点法对损失质量进行测量。五点法就是在四方形的实验区域内找到对角线，两条对角线的交点作为一个取样点位，然后，在两条对角线上，距 4 个顶点距离约为对角线长的 1/4 处取另外

4个点作为取样点进行取样或测量，如图 11 - 1 所示。每个检测点的面积为 1 平方米。机械收割完后，把各选点框内的粮食捡拾干净并脱粒后分别称重，最后根据边沿地块和中间地块的面积分别推算其收割总体的损失重量。

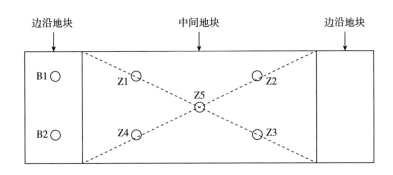

图 11 - 1　选点示意图

粮食收获环节损失率测算公式为：

$$hlr = \frac{（样本框内粮食平均损失量 \times 地块面积）}{（样本框内粮食平均损失量 \times 地块面积 + 实际地块产量）} \times 100\%$$

$$(11 - 1)$$

第二节　收获环节粮食损失率比较

一、调研损失率及实验损失率的比较分析

调研数据来源于受访者的主观回忆和估计。虽然前人研究发现，由于农户长期从事粮食作物经营生产，经验数据能够反映实际情况和趋势（Kaminsk 等，2014），并且调研所依托的农业农村部农村固定观察点农户填报经验和规范性较强，但是，为了更真实、更直接地了解农户粮食收获环节损失情况，也更好地识别调研数据的可信度，本书也进行了实验测量，并进行了比较分析。

通过比较，问卷调研获得的损失率与实验获得的损失率相差不大（见表 11 - 3）。玉米的数据虽然差异较其他两个品种较大，实测损失率高，这主要是因为 2016 年主产地东北遭遇水灾和冻害导致玉米倒伏所致。

表11-3　三大谷物收获环节损失率　　　单位：%

品种	实测损失率	问卷损失率
水稻	2.96	3.55
小麦	2.43	4.53
玉米	8.09	3.41
平均/合计	4.41	3.72

资料来源：实验及调研数据，其中实测的平均值根据2018年产量计算而来。

二、损失率的国际比较

减少粮食损耗被视为降低农业生产成本、改善粮食系统、提高粮食安全和营养的重要举措，日益受到国际社会的关注。FAO、世界银行等国际组织也通过多种方式，分区域、国别测算粮食损失水平。虽然有所差异，但能够为我们提供重要参考。统计的基础是标准的界定，也是横向比较的基础。当前国际社会对各环节损失，也有了比较清晰的界定。收获环节：收获机械损失或掉落（如清粮），收割后的处理和储存过程中如脱粒等环节出现的遗漏或散落等损失；加工环节：加工过程中出现的损失；分销环节：包括市场系统中的损失和浪费，例如批发市场、尝试、零售商等；消费环节：包括在家庭消费过程中产生的浪费和损失（Kaminsk等，2014）。

从区域来看（见表11-4），消费和收获环节的损失率最高。其中各环节的损失也有明确范围界定。因经济发展程度不同，各国损失情况也有所差异，经济越发达的国家，损失主要集中在产业链末端如销售和消费环节。而在撒哈拉以南非洲等欠发达国家，损失主要集中在收获、收获后处理以及储存环节，以撒哈拉以南非洲的谷物为例，约占总损失的68%。我国所在的工业化亚洲消费环节损失率最高，收获环节的损失率也高于欧美等发达国家（Kaminsk等，2014）。因此，我国还有很大的减损潜力。

表11-4　粮食产后各环节损失率　　　单位：%

	收获环节	加工和包装	分销	消费
现代化亚洲（含中国）	12	0.5, 10	2	20

续表

	收获环节	加工和包装	分销	消费
南亚和东南亚	13	3.5, 3.5	2	3
拉丁美洲	10	2, 7	4	10
北非 西亚和中亚	14	2, 7	4	12
撒哈拉以南非洲	14	3.5, 3.5	2	1
北美及大洋洲	4	0.5, 10	2	27
欧洲	6	0.5, 10	2	25

从国家角度来看，如表 11-5 所示，我国粮食收获环节损失率和 Ratinger (2014) 统计接近。产后环节还有干燥等，因此描述统计口径略宽。即便如此，我们也能看出，在水稻方面，巴西、埃及、巴基斯坦三国的损失率最低可达 1%~2.5%。相较于上述三国，无论是前人研究结论（5%~23%）还是本研究测算结果（3.55%），我国均具有较大的水稻收获环节减损潜力。相较于印度（最低为 2%），我国小麦损失（4.53%）也具有较大降低空间。同样，对于玉米，相较于巴基斯坦最低可达 2% 的损失率，我国 3.41% 的损失率仍然较高，也具有较大减损潜力。总体来看，我国粮食收获损失呈现了下降趋势，在国际上较低，但依然具有较大减损潜力。

表 11-5　各国粮食收获和产后环节损失率

水稻		小麦		玉米	
国家	损失率	国家	损失率	国家	损失率
中国	5%~23%	苏丹	6%~19%	尼日利亚	10%~70%
埃及	2.5%	印度	2%~5.2%	加纳	7%~14%
苏丹	17%	巴基斯坦	5%~10%	肯尼亚	10%~23%
乌干达	11%	巴西	15%~20%	乌干达	4%~23%
印度	6%	乌克兰	14%~32%	坦桑尼亚	20%~100%
巴基斯坦	2%~10%	哈萨克斯坦	12%~30%	印度	4%~8%
印度尼西亚	6%~17%	—	—	巴基斯坦	2%~7%
马来西亚	17%~25%	—	—	印度尼西亚	4%
菲律宾	9%~34%	—	—	巴西	15%~40%

续表

水稻		小麦		玉米	
国家	损失率	国家	损失率	国家	损失率
斯里兰卡	10%~40%	—	—	巴拉圭	25%
泰国	8%~14%	—	—	墨西哥	10%~25%
巴西	1%~30%	—	—	委内瑞拉	10%~25%
玻利维亚	16%	—	—	乌克兰	14%~32%
—		—	—	哈萨克斯坦	12%~30%

第三节 减损潜力

从国际比较中可以看出，我国收获损失还有很大的降低潜力。当前一些研究也通过情景模拟的方式，测算粮食收获环节减损潜力。黄东等（2018）根据农业农村部《水稻机械化生产技术指导意见》及高标准农田区域实验数据，模拟测算我国减损的情景，可节约稻谷 54 万吨，可供 439 万人消费，相当于节约耕地 7.84 万公顷、化肥 2.61 万吨（折纯）。曹芳芳等（2018）分别模拟了基于《小麦机械化收获减损技术指导意见》和《全喂入联合收割机技术条件》内容标准的场景，发现能够节约 51.42 万~151.69 万吨小麦，相当于节约了 144.80 万~27.17 万亩耕地。为了更好地模拟估计水稻、小麦、玉米收获环节的减损潜力，本节基于调研数据，结合统计方法和专家经验，基于客观可控和主观意愿两个角度，估计减损标准，评估减损潜力。

一、基于样本最小损失率的减损潜力分析

在粮食收获过程中，受限于自然条件和技术水平，有一部分损失是很难被避免的，在本节根据样本实际定义为样本最小损失率。同时，从农户行为选择角度来看，减损行为也会产生资金、时间等机会成本，收获损失中会有一部分损失，其减损成本高于减损收益，而利益最大化是农户追求的目标，因此，有一部分损失是农户可以接受的损失，在本节中定义为可接受损失（见图 11-2）。

本节基于调研数据，通过统计分析，并参考前人研究（韩会梅和李青，2014；刘德成，2009）及专家建议，测算不同品种不同收获方式的样本最小损

失率和可接受损失率。首先去除样本数据中的异常值。根据统计经验，异常值处理大多基于正态分布，但样本数据呈现非正态特征，因此本节对样本数据取对数，通过直方图发现基本呈现正态特征，随后对对数值采用三倍标准差法进行异常值处理，即剔除小于 $\mu - 3\sigma$ 和大于 $\mu + 3\sigma$ 的异常值。对于其余样本，由小到大排序，取前1%、5%、10%样本的损失率均值。当前百位数应用中，一般单侧取最值是5%（陈彬和张铭志，2013），因此本节确定去掉极值后前5%样本损失率均值为样本最小损失率。

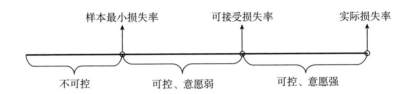

图 11-2 样本最小损失率、可接受损失率及实际损失率

如表 11-6 所示，总体看三个品种粮食作物的样本最小损失率排序与实际损失率一致，小麦最高，水稻次之，玉米最少为 0.16%。分收获方式来看，在人工收获方式中，玉米的样本最小损失率最低为 0.13%，小麦最高为 0.75%，水稻为 0.32%；在分段半机械化收获方式中，小麦损失率仍然最高为 0.36%，但玉米为 0.15%，高于水稻的 0.12%；在联合机械化收获方式中，水稻的样本最小损失率为 0.57%，高于小麦的 0.27% 和玉米的 0.18%。分品种来看，水稻的分段半机械化收获方式样本最小损失率最低，联合机械化收获方式的损失率最高；小麦的联合机械化收获样本最小损失率最低，人工收获最高；而玉米却与之相反，人工收获的样本最小损失率最低，联合机械化最高。

表 11-6 不同粮食作物的样本最小损失率 单位：%

品种	收获方式			
	人工	分段半机械	联合机械化	总体
水稻	0.32	0.12	0.57	0.27
小麦	0.75	0.36	0.27	0.31
玉米	0.13	0.15	0.18	0.16

资料来源：调研数据。

通过与实际损失率比较，水稻的损失率可降低最高达 3.28%。若全部减损，以 2017 年粮食产量为基数，将增产 697.64 万吨，相当于农业大省吉林的全年产量（684.4 万吨），超过了河南的 485.2 万吨。小麦的损失率可降低 4.22%，可控损失量为 566.62 万吨，相当于山西、内蒙古及东北三省的总和。玉米的损失率较低，若可以全部减损到理论损失水平，则可以降低可控损失量 842 万吨，相当于甘肃和宁夏两省产量[1]。若措施得当，相较于当前损失情况，三种主要粮食作物合计还有 2106.26 万吨减损空间，相当于 1.46 亿城乡居民全年粮食消费，如表 11 - 7 和表 11 - 8 所示。

表 11 - 7　基于样本最小损失率的减损潜力测算　单位：万吨，%

	实际损失率	可控损失率	产量	损失量	可控损失量
水稻	3.55	3.28	21267.60	755.00	697.64
小麦	4.53	4.22	13433.40	608.53	566.62
玉米	3.41	3.25	25907.10	883.43	842.00
合计	—	—	—	—	2106.26

资料来源：调研数据、农业农村部中国农业统计资料（2017），其中产量为 2017 年数据。

表 11 - 8　基于消费的减损潜力测算（样本最小损失率）

单位：万人，千克

	人数	人均粮食消费量	减损潜力
城镇居民	66557.00	157.20	15998.94
农村居民	67415.00	131.65	13398.60
全国居民	133972.00	144.51	14575.51

资料来源：调研数据、《中国统计年鉴》及国家统计局，全国人均消费量为城镇及农村居民加权计算而得。

此外，粮食损失不但带来量的损失，也带来了资源的浪费。如表 11 - 9 所示，如果损失率降到样本最小损失率情况，合计可节约化肥（折纯）124.35 万吨，相当于粮食大省黑龙江省全年化肥施（使）用量的近五成；可节约土地 4991.54 万亩，大约相当于 2018 年我国棉花的播种面积，或糖类播种面积

---

① 资料来源：农业农村部中国农业统计资料（2017）。

的两倍①。

表 11 - 9　基于资源的减损潜力（样本最小损失率）

单位：千克/亩，千克，万吨，万亩

	亩产	亩均化肥（折纯）	化肥（折纯）	土地
水稻	470.60	22.55	33.43	1482.45
小麦	375.35	27.41	41.38	1509.57
玉米	421.10	24.78	49.55	1999.52
合计	—	—	124.35	4991.54

资料来源：根据调研数据、农业农村部中国农业统计资料（2017）及《全国农产品成本收益资料汇编2019》计算而得。

二、基于可接受损失率的减损潜力分析

样本最小损失率是在现有的技术条件、自然条件、人力资源条件下，统计到可实现/可控的最低损失率。在降低损失的过程中，自然条件和技术条件固然是重要的客观因素，但是人力资源特别是节粮意识、观念等主观因素更加重要。我们从认知心理学可知，人们的认知决定了决策和行为，农户的认知对农户生产经营行为有直接影响（陈彬和张铭志，2013）。不同的农户有不同的认知，因其对于损失大小的认知不同，进而影响了是否要采取减损措施的决策。在调研中，我们设计了"您认为现在粮食收获环节损失多吗？"一题，来考察农户对粮食损失大小的认知及实际损失。

如图 11 - 3 所示，农户对于损失的认知和实际损失正相关，一方面增加了整体数据的可信度，另一方面说明农户对损失总体认知是一致的。因此，我们可以测算全体农户在什么样的水平下会觉得损失多，超过这个边际，农户的节粮减损意愿会更加强烈。

对于不认为粮食收获环节损失多的样本，分品种分收获方式进行统计分析，同前文采用 3 倍标准差去除异常值。可接受损失是农户的主观认知，相对而言是大多数人都认可的或大多数农户的认知相对集中的一个标准值。中位数不因个别数据变动而变动，能够反映数据的集中趋势，因此，我们在上述样本

---

① 资料来源：国家统计局。

中取不同品种不同收获方式损失率的中位数作为可接受损失。

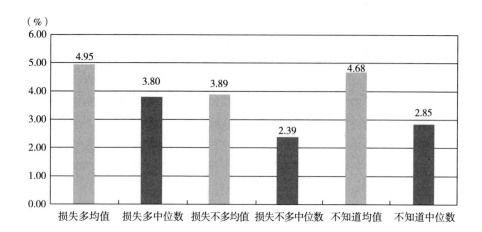

图 11 - 3   损失认知不同的农户粮食损失率

资料来源：调研数据。

由表 11 - 10 可知，从品种来看，水稻的可接受损失率中，分段半机械化收获方式最低，联合机械化最高；小麦的联合机械化收获方式可接受损失率最低，人工收获最高；玉米和水稻一样，分段半机械化收获方式的 1.45% 低于人工收获的 2.03%，联合机械化的 2.14% 最高。从收获方式来看，在人工收获中，玉米的可接受损失率最低，其次是水稻，最高是小麦；同样，在分段半机械化收获中，小麦仍然最高，玉米最低；在联合机械化收获中，玉米依然最低，但水稻的可接受损失率高于小麦。

表 11 - 10   不同粮食作物的可接受损失率   单位：%

品种	收获方式			
	人工	分段半机械化	联合机械化	总体
水稻	2.17	1.72	2.89	2.53
小麦	3.81	3.64	2.42	2.68
玉米	2.03	1.45	2.14	1.71

资料来源：调研数据。

当损失率高于可接受损失率，农户的减损意愿相对来讲更加强烈。由表

11 – 11 可知，水稻的有意愿降低损失量达 216. 05 万吨，相当于河北产量的 4
倍；小麦也有 249 万吨意愿降低空间，相当于山西全年产量；玉米的有意愿降
低损失量与贵州产量相当。

参照前文，如果损失控制在可接受损失水平，可以多满足 5761. 00 万城镇
居民的粮食消费需求或 6879. 06 万农村居民的粮食消费需求，综合来看，可满
足 6266. 89 万全国居民的粮食消费需求。从资源角度来看，可节约化肥（折
纯）54. 46 万吨，土地 2168. 73 万亩。

表 11 – 11　基于可接受损失率的减损潜力分析

单位：万吨，万亩

	实际 损失率	有意愿降低 的损失率	产量	损失量	意愿降低损失		
					损失量	化肥（折纯）	土地
水稻	3. 55	1. 02	21267. 60	755. 00	216. 05	10. 35	459. 10
小麦	4. 53	1. 85	13433. 40	608. 53	249. 00	18. 18	663. 38
玉米	3. 41	1. 70	25907. 10	883. 43	440. 57	25. 93	1046. 24
合计	—	—	—	—	905. 63	54. 46	2168. 73

资料来源：调研数据、农业农村部中国农业统计资料（2017）、《全国农产品成本收益资料汇编
2019》，其中产量为 2017 年数据。

第四节　本章小结

本章利用调研数据，通过在江苏泰州等地的实地实验测量，进一步佐证农
户经验及调研数据的可靠性。同时，通过文献梳理，获得了国际多国的粮食收
获环节损失率。通过横向比较，发现我国的减损空间仍然很大。从客观条件
（自然禀赋、技术水平等）和主观认知两个角度，提出了样本最小损失率和可
接受损失率两个概念，并通过统计方法及专家经验，测算三种粮食作物不同收
获方式（人工、分段半机械化、联合机械化三种收获方式）的样本最小损失
率及可接受损失率，并在生产和消费两个场景下估计减损潜力，发现若达到样
本最小损失率将可以增加粮食供给 2106. 26 万吨可增加多省的粮食产量或可满
足于 1. 45 亿城乡居民的粮食消费需求。若达到可接受损失率，可以增加

905.63万吨粮食供给或者是满足0.63亿全国居民的粮食消费需求，可节约化肥（折纯）54.46万吨，土地2168.73万亩。

由此可见，我国粮食收获环节的减损潜力很大，减少粮食损失能够增加供给，从而满足更多消费者需求。

第十二章

农户田间粮食捡拾行为研究

前文深入分析了收获方式、社会化服务（农机服务）等因素对收获环节粮食损失的影响，比较了不同规模农户间影响因素的差异，并分析了粮食收获环节的影响因素，发现了种植规模对于收获损失的影响，并且发现不同规模农户的损失因素影响程度也不尽相同。上述研究主要基于生产函数的思路，分析各要素投入产出，而与浪费一样，有很大一部分受人的行为态度、认知等主观因素影响（成升魁等，2017；江金启等，2018），除了客观的技术进步、自然条件等因素以外，农户的主观意愿也是减损的重要因素。前人的研究也验证了这一观点。高利伟等（2016）的研究表明，通过提升农户科学储粮意识可以降低粮食产后损失。不同学者在研究水稻、小麦和玉米收获环节损失时发现，当前研究认为农户收获时的作业态度对粮食损失有显著影响（曹芳芳等，2018；郭焱等，2018；吴林海等，2015），根据第三次全国农业普查，全国农业经营户20743万户，其中小农户占到农业经营主体的98%以上，小农户从业人员占农业从业人员的90%，小农户经营耕地面积占总耕地面积的70%。可见在当前和今后很长一段时期，小农户家庭经营将是我国农业的主要经营方式。因此，农户的生产行为（意愿）选择对农业生产经营具有较大影响。粮食种植户的节粮意识及生产行为也直接影响着粮食的收获损失。而作业态度和节粮意识具体表现之一是是否有捡拾行为，即"收割后是否会捡拾田间散落的粮食"。因此，本章将以农户粮食捡拾行为为研究对象，深入分析农户粮食捡拾行为的影响因素以及不同规模农户间的影响差异。

第一节 模型设定及变量选取

农户行为决策研究一直是农业经济的研究重点，对于农户行为的相关理论研究总体上将农户分为风险厌恶、利益最大化、效用最大化三种类型（弗兰克·艾利思，2006）。同时，鉴于农户生产者与消费者属性兼有的特点，本章基于农户效用最大化的观点展开分析。

一、模型设定

如前文所述，本书中农户节粮行为具体表现为，农户在收获后捡拾粮食的行为是一个二元选择问题，使用传统的线性回归容易导致拟合值超出 0 ~ 1 的边界，故采用 Logit 的分布更适合本书的研究。因此，我们基于 Logit 二元选择模型，建立农户节粮行为的模型。节粮行为概率为：

$$P(\text{spref} = 1 \mid x) = E(y \mid x) = G(\beta_0 + \beta_1 x_1 + \cdots + \beta_i x_i) = G(z) \qquad (12-1)$$

模型设定为：

$$Gz = \frac{\exp(z)}{1 - \exp(z)} \qquad (12-2)$$

$$E(Y \mid X) = \frac{\exp(\beta_0 + \beta_1 X_1 + \beta_2 x_2 + \beta_3 x_3 + \beta_4 X_4)}{1 - \exp(\beta_0 + \beta_1 X_1 + \beta_2 x_2 + \beta_3 x_3 + \beta_4 X_4)} \qquad (12-3)$$

其中，Y 表示农户的捡拾行为；X_1 表示农户的生产特征；X_2 表示农户的个人特征；X_3 表示农户的主观规范；X_4 表示农户的经济特征。为了进行异质性分析，我们在总体回归的基础上还将进行分规模回归。

二、变量选取

农户的捡拾行为被设为被解释变量，收割后，捡拾遗漏粮食为"1"，不捡拾遗漏粮食为"0"。近年来，围绕农户效用最大化，对于农户行为选择影响因素分析的研究较多。有学者通过实证研究发现年龄、是否参加过农业合作经济组织和是否参加过农业技术培训等因素显著影响水稻种植户营销方式的选择行为（Hamilton 和 Richards，2019；张立国等，2015）。农户种植面积（规模）及家庭中主要从事农业生产的劳动力受教育平均年限等因素也会影响农户生产行为选择（吕美晔和王凯，2004）。吴林海等（2015）研究发现，农户家庭经营收入比重、种植规模、机械化程度对水稻损失具有负面影响。有学者从机会成本角度，对耕作制度如是否赶种下一季进行了分析。此外，农户家庭劳动力数和农机购置补贴政策也会影响农户扩大水稻种植面积的生产行为决策（洪自同和郑金贵，2012）。部分研究还发现，作为生产决策者的户主，其年龄对生产行为也有影响（Agyekum 等，2016；Gitonga 等，2013；Hamilton 和 Richards，2019；Wiedenhofer 等，2017），例如户主年龄对柑橘种植意愿有显著的负面影响，年龄越大的农户柑橘种植意愿越低（宋金田和祁春节，2012）。农户的兼业行为，即农户从事农业经营活动的机会成本也是重要的影响因素（宋海英和姜长云，2015）。

基于前人研究和生产实际，本章选取的解释变量包括农户粮食生产特征、农户个体特征、农户主观规范和农户经济特征四部分。生产特征包括收获环节粮食损失率、收获方式（人工收获、分段半机械化收获和联合机械化收获）、收割时间、家庭劳动力数、土地细碎程度和耕作制度，其中土地细碎程度通过经营耕地地块数替代，耕作制度通过是否赶种下一季替代，赶种为"1"，反之为"0"。农户个体特征包括农户经营决策者的性别、年龄和受教育程度，其中受教育程度为其在校时间。农户主观规范体现了农户的组织化程度和规范意识，包括农业培训和合作社两个变量，参加过农业培训为"1"，反之为"0"，合作社变量也是同样定义。农户经济特征包括政府补贴、家庭非经营收入占比。家庭非经营收入占比体现了非农收入占农户收入的比重，反映农户收获时的机会成本。如表 12 - 1 所示。

三、数据来源与描述分析

样本农户规模划分差异较大，综合考虑当前现状，在我国 2.3 亿户农户中，经营规模低于 10 亩的农户有 2.1 亿户。本书聚焦小农户，也考虑农户中相对的大规模，同前文一样，结合政策及前人研究（章磷等，2018；李轩复等，2019），将小规模农户界定为 10 亩以下，中规模农户为 10 ~ 20 亩，大规模农户为 20 亩以上。其中，小规模农户 3518 户、中规模农户 740 户，大规模农户 566 户。同前文，考虑农户粮食多品种种植情况，将其分品种作为独立样本进行分析。如图 12 - 1 所示，所有农户中有 30.59% 的农户会在收割后捡拾散落在田地中的粮食。随着农户规模的提高，捡拾农户的比例不断提高，从小到大，三种规模农户的比例分别为 26.72%、29.42%、41.01%。

表 12 − 1　变量定义

变量名称		变量代码	变量定义
被解释变量	捡拾行为	spref	收割后，捡拾遗漏粮食：是 =1，否 =0
解释变量	农户粮食生产特征		
	损失率	hlr	收获环节的粮食损失率
	人工收获	hmeth1	收获时为人工收获：是 =1，否 =0
	分段半机械化	hmeth2	收获时为分段半机械化：是 =1，否 =0
	联合机械化收获	hmeth3	收获时为联合机械化收获：是 =1，否 =0
	收割时间	hdays	完成收割所用时间（天）
	家庭劳动力	tlabor	劳动力数量（人）
	经营耕地地块数	numland	农户拥有的地块数量（块）
	赶种下一季	rota	收获后是否赶种下一季：是 =1，不是 =0
	农户个体特征		
	性别	gender	决策者性别：男 =1，女 =0
	年龄	age	决策者年龄（岁）
	受教育程度	edu	决策者在校时间（年）
	农户主观规范		
	农业培训	train	决策者是否参加过农业培训：是 =1，否 =0
	合作社	coop	是否加入合作社：是 =1，否 =0
	农户经济特征		
	政府补贴	subsidy	平均每亩获得的补贴金额（元）
	家庭非经营收入占比	nfincs	家庭非经营收入占家庭收入比例（%）

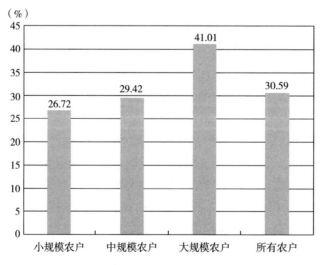

图 12 − 1　不同规模农户中有捡粮行为的农户比例

随着规模的增大，收获环节粮食损失率不断下降，小规模农户为 3.93%，大规模农户为 2.99%。在收获方式方面，从总体来看，联合机械化收获比例最高为 47%；小规模农户的人工收获比例为 18%，高于中大规模农户的 9% 和 6%。收割时间也随着规模增加而增加，小规模农户为 3 天、中规模农户为 5.70 天、大规模农户为 9.24 天。中规模农户的家庭劳动力数量最多，为 2.86 人，高于大规模农户的 2.52 人和小规模农户的 2.67 人。总体来看，农户的土地细碎化程度较高，平均每个农户耕地地块为 4.82 块，随着规模增加，地块数量也不断增加，大中小规模农户分别有 6.24 块、5.50 块、4.45 块耕地。有 48% 的农户会赶种下一季，并随着规模的增加，赶种比例下降，小规模最高为 55%，中规模为 36%，大规模农户赶种比例最低为 15%。

决策者以男性居多，八成以上的农户决策者均为男性。经营决策者的年龄随规模增加而减少，小规模农户平均为 54.81 岁，中规模农户为 53.04 岁，大规模农户为 49.40 岁，总体来看，农户经营决策者的平均年龄达 53.9 岁，老龄化趋势明显。同样，农户的受教育程度也随经营耕地规模提高而提高，大规模农户平均在校时间为 7.39 年，小规模农户最少，为 7.12 年。大规模农户接受过农业培训的比例为 21%，高于中规模农户的 13% 和小规模农户的 11%。随着规模增加，农户加入合作社的比例也呈现增加趋势，大规模农户和中规模农户均为 9%，小规模农户为 6%。总体农户获得的亩均补贴为 101.92 元，并且随规模增加而降低，小规模农户为 112.31 元，中规模农户为 83.81 元，大规模农户为 61.08 元。此外，家庭非经营收入占农户收入的比重与规模负相关，规模越小，比例越高，小规模农户最高，为 61%，其次为中规模农户的 43%，大规模农户最低，为 24%，如表 12 - 2 所示。

表 12 - 2 变量的描述性统计

变量名称		变量代码	全部农户	小规模农户 （<10 亩）	中规模农户 （10~20 亩）	大规模农户 （>20 亩）
农户粮食 生产特征	损失率	hlr	3.72	3.93	3.27	2.99
	人工收获	hmeth1	0.16	0.18	0.09	0.06
	分段半机械化	hmeth2	0.38	0.34	0.46	0.47
	联合机械化收获	hmeth3	0.47	0.48	0.45	0.41
	收割时间	hdays	4.14	3.00	5.70	9.24
	家庭劳动力	tlabor	2.68	2.67	2.86	2.52

续表

变量名称		变量代码	全部农户	小规模农户（<10亩）	中规模农户（10~20亩）	大规模农户（>20亩）
农户粮食生产特征	经营耕地地块数	numland	4.82	4.45	5.50	6.24
	赶种下一季	rota	0.48	0.55	0.36	0.15
农户个体特征	性别	gender	0.82	0.82	0.86	0.80
	年龄	age	53.90	54.81	53.04	49.40
	受教育程度	edu	7.16	7.12	7.17	7.39
农户主观规范	农业培训	train	0.13	0.11	0.13	0.21
	合作社	coop	0.07	0.06	0.09	0.09
农户经济特征	政府补贴	subsidy	101.92	112.31	83.81	61.08
	家庭非经营收入占比	nfincs	0.54	0.61	0.43	0.24

第二节　不同规模农户捡拾行为的实证结果分析

一、实证结果

总体来看，随着粮食收获损失的增加，农户捡拾行为意愿显著增强，但对大规模农户不显著。在农户粮食生产特征中，对于全体农户，相较于人工收获，采用分段半机械化收获和联合机械化收获方式的农户，捡粮行为意愿均显著增加，并且采用分段半机械化收获的中小规模农户的捡粮行为也更多，分别在1%和5%水平上显著，从影响程度来看，小规模农户受到的影响更大；采用联合机械化收获的小规模农户捡拾行为意愿也显著增强。从全体农户来看，捡粮行为也和收获天数正相关，收获时间越长，农户越愿意捡拾粮食，并在1%水平上显著。同样，随着劳动力数量增加，整体农户的捡拾意愿也在增加，虽然在大小规模农户方面不显著，但中规模农户显著提高了捡拾行为，并在10%水平上显著。随着土地细碎化程度（地块数量）增加，无论是对整体还是中小规模农户，捡拾行为均显著减少，这是因为在农村地块的增加也伴随地块间的交通距离增加（杨慧莲等，2018），进而增加了农户的捡拾成本，降低了捡拾意愿，大规模农户地块相对集中，因此影响不显著。赶种下一季的耕作行为对大中规模农户的捡拾行为影响显著，但方向相反，与大规模农户负相关，与中规模农户正相关，这是由于中规模农户平均劳动力数量较多，相较于大规模农户有更充裕的劳动力去捡拾；而大规模农户劳动力数量在农户中最少，在赶种时面临地多人少的问题，增加了捡拾的机会成本，如表12-3所示。

表12-3 实证分析结果

变量		全部农户	小规模农户（<10亩）	中规模农户（10~20亩）	大规模农户（>20亩）
农户粮食生产特征	损失率	0.029***	0.031***	0.050**	0.003
		(3.864)	(3.579)	(2.120)	(0.123)
	分段半机械化	0.720***	0.777***	0.648**	-0.521
		(6.579)	(6.145)	(1.968)	(-1.454)
	联合机械化收获	0.698***	0.630***	0.352	0.297
		(6.491)	(5.029)	(1.016)	(0.798)
	收获天数	0.024***	0.006	0.009	0.011
		(3.428)	(0.505)	(0.579)	(0.940)
	家庭劳动力数量	0.050**	0.007	0.121*	0.128
		(2.544)	(0.210)	(1.797)	(1.203)
	地块数	-0.052***	-0.069***	-0.071***	-0.026
		(-4.883)	(-4.619)	(-2.785)	(-0.978)
	是否赶种下一季	0.041	0.138	0.463**	-0.752**
		(0.574)	(1.645)	(2.420)	(-2.448)
农户个体特征	性别	0.091	-0.015	0.151	0.759***
		(1.034)	(-0.141)	(0.616)	(3.280)
	年龄	-0.001	-0.003	0.014*	-0.000
		(-0.406)	(-0.713)	(1.666)	(-0.038)
	受教育程度	0.030**	0.015	0.027	0.155***
		(2.200)	(0.941)	(0.849)	(3.217)
农户主观规范	是否参加过培训	0.131	0.248**	0.390	-0.972***
		(1.344)	(1.981)	(1.619)	(-3.844)
	是否加入合作社	0.607***	0.939***	-0.012	0.316
		(4.882)	(5.946)	(-0.039)	(0.969)

续表

变量		全部农户	小规模农户 （＜10 亩）	中规模农户 （10～20 亩）	大规模农户 （＞20 亩）
农户经济特征	亩均补贴	－0.001 （－1.322）	－0.001 （－1.523）	0.000 （0.675）	0.002 （1.026）
	家庭非经营 收入占比	－0.591＊＊＊ （－5.410）	－0.379＊＊＊ （－2.907）	0.451 （1.431）	－0.429 （－0.935）
品种差异		控制	控制	控制	控制
样本量		4824	3518	740	566
伪 R^2		0.033	0.036	0.049	0.075

注：括号内为 t 值，＊＊＊、＊＊ 和 ＊ 分别表示在 1%、5% 和 10% 的水平上显著。

对于农户个体特征，在大规模农户中，性别与捡粮行为显著相关，在男性作为决策者的农户更愿意捡拾且在 1% 的水平上显著；总体来看，农户年龄对于捡拾行为影响不显著，这主要是因为农户年龄普遍较大，差异度不显著。从全体农户和大规模农户来看，受教育程度和捡粮行为正相关，并分别在 5% 和 1% 的水平上显著。随着受教育程度提高，农户对于粮食的认知和节粮意识会更加浓厚，采取捡拾行为的概率更大，相对于教育水平较高的大规模农户更是如此。

对于农户主观规范特征，参加培训与小规模农户的捡粮行为正相关，并在 5% 的水平上显著，但大规模农户却为负相关，并在 1% 的水平上显著；这是由于大规模农户对于新技术新观念的接受程度更高，采取了其他的方式降损节粮，而小农户的经营收入占比较高，通过培训后更加注重节粮；加入合作社对小规模农户及总体农户的捡粮行为均有显著正向影响，说明加入合作社的农户，相对而言节粮意识更强，同时，合作社的规范化运作，也有助于节粮意识的传播以及节粮爱粮的氛围营造。

对于农户经济特征，补贴对于农户的捡粮行为影响不显著。在全体农户和小规模农户中，家庭非经营收入占比与捡粮行为负相关，并均在 1% 的水平上显著；这说明，非粮食收入对于农户的经济收入影响越大，农户的机会成本越高，越不愿意牺牲时间和精力去捡拾粮食。

二、边际效应

为进一步了解各影响因素对捡拾行为的影响的大小，计算其边际效应，如

表12－4所示。对于全体农户，损失率每增加1个单位，捡拾概率增长0.62%，地块数量每增加1个单位，捡拾概率降低1.19%，家庭非经营收入占比每增加1个单位，捡拾概率降低10.51%，同时，相对于未加入合作社的农户，加入合作社的农户捡拾概率增长5.62%。分规模看，中规模农户损失率每增加1个单位，捡拾概率增长0.94%，高于小规模农户的0.66%；同样，中规模农户地块数量每增加1个单位，捡拾概率降低1.69%，也高于小规模农户的1.54%。

表12－4　自变量对捡拾行为的边际效应　　　　　单位：%

	损失率	地块数量	合作社	家庭非经营收入占比
全体农户	0.62 ***	−1.19 ***	5.62 ***	−10.51 ***
	(0.002)	(0.002)	(0.029)	(0.023)
小规模农户	0.66 ***	−1.54 ***	6.71 ***	−4.74 ***
	(0.002)	(0.003)	(0.035)	(0.026)
中规模农户	0.94 **	−1.69 ***	0.02	12.47
	(0.005)	(0.006)	(0.069)	(0.070)
大规模农户	−0.07	−0.66	7.59	−9.38
	(0.005)	(0.006)	(0.076)	(0.100)

注：括号内为标准误，***、**和*分别表示在1%、5%和10%的水平上显著。

第三节　稳健性检验

上述研究发现收获方式、地块数量、主观规范（合作社）、家庭非经营收入占比等因素对农户捡拾行为总体看均有显著影响。同时，规模间的差异也比较明显。为了检验上述变量结果并从总体检验规模的影响，将农户规模作为虚拟变量，按照上述大中小三种规模进行赋值，大规模为"3"、中规模为"2"、小规模为"1"。同样使用捡拾行为为被解释变量及 Logit 二元选择模型，检验结果如表12－5所示。结果显示，农户规模对粮食捡拾行为有显著正向影响，和统计结果一致，此外，其他被检验变量结果也与前文研究方向一致，地块数量显著降低了捡拾行为，分段半机械化收获和联合机械化收获相较于人工收获，显著提高了捡拾行为，同样，加入合作社有助于农户提高捡拾行为，而家庭非经营收入占比的结果也显示出机会成本对于捡拾行为的负向影响。由此可见，上述结果较稳健。

表 12 - 5　调整变量的实证结果

解释变量		解释变量	
损失率	0.031 *** (4.019)	地块数量	- 0.060 *** (- 5.425)
农户规模	0.413 *** (7.455)	家庭非经营收入占比	- 0.333 *** (- 2.915)
分段半机械化	0.657 *** (5.958)	合作社	0.626 *** (4.889)
联合机械化收获	0.583 *** (5.348)	—	—
伪 R^2/调整后的 R^2	0.042	样本量	4824

注：括号内为 t 值，***、** 和 * 分别表示在 1%、5% 和 10% 的水平上显著，上述变量为重点检验变量，为突出上述变量其他变量未报告具体结果。

第四节　讨论

无论是从总体还是分规模来看，收割后会捡拾粮食的农户比例均低于50%，说明还有很大空间可以提高。本章对农户减损的主观因素进行了分规模的深入分析。从效用最大化及机会成本角度利用经典的 Logit 二元选择模型分析农户捡拾行为的影响因素，具体结论包括：

第一，机会成本的影响显著，适宜发展规模化经营。如前文所述，机会成本有显著影响，具体表现为家庭非经营收入占比与捡拾行为的显著负相关，也验证了农户是以效用最大化为目标，比较捡拾行为产生的机会成本大小而决定捡拾行为。从实证结果来看，大中规模农户的影响不显著，说明大中规模农户更加专业，其主要收入以经营收入为主，从事非经营活动的机会成本更低。同时大中规模农户捡拾行为更多，因此，从捡拾行为角度来看，更适宜扩大经营规模，发展 10 亩以上的大中规模农户。此外，地块数量的增加也增加了机会成本，实证结果对此也有验证，显著降低了全体农户及各规模农户的捡拾行为。

第二，机械化比重高的收获方式（分段和联合机械）有助于增加农户捡拾行为。机械化的收获方式会有效地替代人工，降低劳动力工作负荷。让农户有更充裕的精力和体力从事必须人工需要从事的生产作业。

第三，合作社有助于形成浓厚的节粮文化氛围。实证结果显示，加入合作社对农户的捡拾行为有显著正向影响。说明在合作社的运行中，有助于形成良好的爱粮节粮的文化氛围，提高作业态度。同时，农户也是合作社社群的一分子，社群的群体规范效应会引导农户提高对减损的意识，增强减损的正向效应。

第四，不同规模农户的影响有所不同。赶种对大中规模农户捡拾行为的影响方向相反。对于培训，大小规模农户的捡拾行为所受影响也不相同，这就与不同规模农户的特点有关，对于新技术性观念的接受程度、机会成本等均影响捡拾行为意愿。

从本章的研究可以发现，农户的行为决策也受到规模和技术进步的影响。综合前文研究，以机械化发展为代表的技术进步和规模扩大对粮食收获环节损失均有显著影响，这种影响是交互作用的综合反应。其中有些影响是无法控制的，如突发的大规模虫害或异常天气，有些是可控的，如收获方式的选择，土地集中、规模扩大以及异常天气前的预报抢收等，这自然会将损失划分为可控损失和不可控损失调整。而如前文所述，节粮文化会形成对粮食损失的认识，形成一个普遍粮食损失红线，也可称之为可接受损失，这是农户主观的损失大小认定，会影响农户减损行为的主观意愿。下文将对此在大样本数据基础上进行测算，并结合不同情景，测算粮食收获环节减损潜力。

第十三章

节粮减损的政策建议

第一节 基本判断

本书基于全国28个省份3251户农户的实地调研数据，测度了水稻、小麦、玉米三大粮食作物收获环节损失量及损失率，并从机械化、规模、机会成本角度分规模分析收获方式、生产与收获特征、农户家庭特征等因素对粮食收获损失及农户捡拾行为的影响及差异，具体如下：

第一，粮食损失仍有巨大减损空间。粮食收获环节损失率全国平均为3.72%。分品种来看，小麦损失率最高，为4.53%，其次是水稻的3.55%，最后是玉米的3.41%。粮食收获损失率与农户规模负相关，规模越大损失越小，大规模农户（>20亩）粮食损失率为2.99%、中规模农户（10~20亩）的损失率为3.27%，小规模农户（<10亩）的损失率为3.93%；水稻和玉米也呈现这一趋势，水稻大规模农户损失率为2.29%、玉米为3.06%，其中水稻的变化更明显；而小麦的中规模农户损失率最低为3.98%。分区域来看，粮食收获环节的损失率总体呈现东部地区低、西部地区高的态势，东部地区为3.16%、中部地区为3.89%、西部地区为4.47%；从粮食总体来看，呈现优势区（3.64%）低于非优势区（6.72%）。从收获方式来看，粮食总体和水稻的联合机械化收获方式损失率最高，分别为4.01%和3.84%，但是小麦和玉米的人工收获损失率最高，分别为5.87%和4.17%，并且相较于人工收获和分段半机械化收获，小麦的联合机械化收获方式损失率最低，为4.28%。根据样本数据测算，我国粮食收获环节有905.63万~2106.26万吨减损潜力，可

满足 0.63 亿~1.46 亿城乡居民的粮食消费需求，可节约化肥（折纯）54.46
万~124.35 万吨、土地 2168.73 万~4991.54 万亩。

第二，联合机械化收获和农机服务适宜推广。从样本数据来看，粮食总体
的联合机械化收获仅比人工收获的损失率高 0.13%，而其中机收比例最高、
社会化服务（农机服务）应用最广、机械化发展最成熟的小麦，其联合机械
化收获方式损失率显著低于人工收获及分段半机械化收获。并且在实证检验中
也发现，随着规模经营的推进，联合机械化对收获损失的正向影响逐步减弱，
总体来看，机械化发展对农业生产带来的益处是多方面的，可以替代劳动力、
降低劳动强度、提高效率。同时，对于粮食总体和水稻、小麦单品，在采用联
合机械化收获方式的受访农户中，购买农机服务的农户损失率均低于未购买服
务的农户，说明农机社会化服务的正向影响显著，并会随着社会服务专业水平
和契约条款不断完善，联合机械化收获的专业服务将更加专业，包括玉米在内
的粮食作物收获损失会更小。因此，在适度规模发展的趋势下，联合机械化收
获和农机服务适宜进一步推广。

第三，规模增加会降低收获环节粮食损失。从粮食总体来看，受访农户随
着经营规模的增加，收获环节损失不断降低，也在第六章和第七章的实证检验
中得到验证。种植规模无论是对粮食总体还是水稻、小麦和玉米单品，均显著
降低了收获损失，并且减缓了联合机械化收获对损失的正向影响。同时，在第
八章关于捡拾行为的研究结果也表明随着规模的增加农户捡拾行为显著增加，
这也进一步表明随着农户规模的增加，粮食收获环节损失会进一步降低。

第四，参加合作社能够降低收获损失。总体分析时，作业态度与粮食收获
损失负相关，态度越认真，粮食损失就越少。特别是对于中小规模农户而言，
粮食损失和作业态度负相关。而作业态度反映了爱粮节粮的意识，也可以通过
捡拾行为来体现。农户作为个体也会受到群体或社群环境的影响，如合作社等
集体组织，可以增加节粮爱粮的文化氛围以及示范效应。第八章的实证检验也
验证了这一点，全体农户和小规模农户的捡粮行为与参加合作社正相关，并均
在 1% 的水平上显著，说明加入合作社有助于提高节粮意识。

第五，异常天气和虫害会增加收获损失。总体分析粮食收获环节损失影响
因素，结果表明，大风、暴雨等异常天气显著增加了粮食总体收获损失，各品
种结果也是一致。分规模分析发现，异常天气会显著增加小规模农户粮食收获
损失。无论是分品种还是分规模，虫害均显著增加了粮食收获损失。

第二节 政策建议

第一，完善政策支持体系，适度扩大经营规模。本书研究发现，随着规模的增加，不但可以降低联合机械化收获的损失，还可以降低非农就业收入的机会成本，提高农户的节粮意识，进而显著降低收获环节粮食损失。因此建议，进一步完善财政、税收、土地、信贷、保险等支持政策，鼓励农户适度扩大经营规模（大于 10 亩）、降低土地细碎度，提高粮食生产作业的集约化、专业化水平，更好地发挥联合收割机等收获机械效力，降低收获环节损失，增加农户收入，更有效带动农户发展。

第二，加强专用设备研发，推动联合机械化收获。推进农机装备和农业机械化转型升级，促进农机农艺品种融合，积极推进作物品种、栽培技术和机械装备集成配套，加快水稻、玉米生产的联合机械研发，提高农机装备智能化水平，并伴随农户规模的扩大，提高联合机械化收获比例。

第三，加强专业技能培训，提高农机服务水平。实证研究发现社会化服务虽然对收获损失有显著负向影响，但会增加联合机械化收获损失。说明对于技术要求高的联合收割机和农机服务者的技术水平还需进一步提高。在本书的实验调研环节，笔者也发现，机手的工作态度和熟练程度，在很大程度上直接影响收获环节的损失。比如在小麦收割中，收割机风门开启的大小、收割机行驶的速度、地头的转弯大小等，都直接关系到收获的损失，这也与前人研究一致。因此建议：从粮食主产省份开始，对农机服务组织的所有者、经营者和农机驾驶员进行定期培训，包括职业技能和职业道德，比如水稻收获中割台的高低、小麦收割中收割机风门的大小。同时，完善制定社会服务的契约内容，推动将最高损失纳入服务样本合同条款，增强其爱粮节粮意识，降低收获环节的损失。

第四，加强合作社建设，强化农民爱粮节粮意识的宣传和教育。目前在城市对于减少餐桌上的浪费已形成了一种良好的风气，"光盘行动"已逐步成为大家的一种共识。但在广大农村地区，虽然农民与土地是最有感情的，但近年来由于收入水平的提高，特别是农村务工工资的较快上涨，在粮价较低的情况下，多数农民丢弃了从前收获后"拾麦穗""捡玉米"的光荣传统，对收获损失的重视程度不够，收获的精细化和认真程度较低，收获后的捡拾不足。在调研中发现，只有30.59%的农户进行收获后的捡拾，多数农户并不捡拾，这主要是由于捡拾一天得到的粮食远不及务工一天的收入。因此建议：一是加强合作社建设，强化新技术培训。鼓励农户加入专业合作社，共享农机、农技、农资和节粮观念，形成爱粮惜粮的氛围，同时，鼓励农户接受新技术培训，在学习农技的基础上，学习经营管理、资源保护、节粮文化等培训，提高农户节粮意识；二是结合每年的爱粮节粮日，各级粮食主管部门通过多种媒体，加强爱粮节粮的宣传，不仅是餐桌上的浪费，还要向广大农民朋友宣传收获损失的控制，鼓励广大农民进行收后捡拾，把我们过去的光荣传统再"捡回来"；三是在农忙季节，对于一些田间损失相对较多而且容易捡拾的粮食（比如玉米），乡村干部可以统一组织人员进行捡拾，比如通过"收获合作组织"。

第五，健全智慧农业体系，做好气象预报和虫害防治。本书发现，异常天气和虫害无论是对水稻、小麦、玉米三大粮食作物收获环节损失均有显著正向影响。虽然通过提高机械化收获比例有助于抢收抢运，但前期的预报也很重要。因此建议，加强农业信息化建设，积极推进信息进村入户特别是小规模农户，完善气象预报体系；同时加强农业遥感、物联网应用，提高病虫害防治精准化水平。

第六，注重粮食作物特性，开展有针对性减损工作。对于水稻品种，需有针对性地提高农机设备精细化水平，加强机手培训，增强操作认真度，并注意天气预报和病虫害防止，将会进一步降低收获环节粮食损耗。对于小麦品种，未来减损的主要工作是对于机手的培训和机械质量的提升，同时进一步协调好收获季节的跨区作业，有序推进小麦的机械化收获。对于人工收获和分段半机械化收获，主要在一些丘陵区或地块面积很小的区域，需要因地制宜。对于玉米品种，目前玉米的联合机械化收获比例较低，主要是分段半机械化收获，通过人工摘穗，以玉米穗（玉米棒）的方式先进行储藏，再用机械进行脱粒。通过研发与品种相匹配的收割机械和脱粒机械，提高机械的精准度，降低损耗；同时，加强玉米农机社会服务的供给，提高社会服务的比例，可以节约更多劳动力，提高效率。

附录

实验报告

在本项目实施过程中，为了保证粮食损耗测度的科学性，除了进行大范围的农户问卷调查外，我们还做了大量的实验，实际测量粮食收获过程中的损失。这里我们选择了 15 个具有代表性的实验，供大家了解科研实践的过程。

一、广东省惠州市水稻收获环节损失实验报告

（一）引言

惠州市位于广东省中南部东江之滨，珠江三角洲东北端，地处低纬度，北回归线横贯惠州市。雨量充沛，阳光充足，气候温和，属亚热带季风气候区。惠州市土地类型多种多样，耕地、林地、草地、水面、滩涂样样齐全，利于农、林、牧、副、渔各业全面发展。水力资源也相当丰富。境内有集雨面积 100 平方千米以上的河流 34 条，总长约 1500 千米。2015 年全市有耕地面积 227.69 万亩，粮食作物播种面积 174.5 万亩，其中水稻播种面积 120.47 万亩，总产 42 万吨。惠州市辖 2 个市辖区、3 个县，全市县（区）以下划分为 1 个乡、52 个镇、18 个街道。主要种植水稻、蔬菜、花生、甜玉米、马铃薯等，水果主要有荔枝、龙眼、年橘等。其中，龙门县是广东省惠州市辖县，农业资源丰富，所产大米是广东省名特优新农产品。

龙门县种植的水稻主要有早稻、双季晚稻、中稻等。其中早稻一般在 3 月底到 4 月上旬播种，7 月下旬到 8 月初收割，完成收割后立即抢种晚稻，并于 11 月上中旬收割。而中稻一般在 4 月下旬播种，8 月中下旬收割。但品种不同，相应的农作时间也不同。龙门县的水稻基本为优质稻，杂交稻极少。全市平均亩产约 800 斤，但不同品种之间的差异也很明显，亩产高的能达 1000 斤以上。2015 年，全县稻谷产量 10 万吨左右，与往年相比，总体平稳向好。

近年来，龙门县的水稻机械化水平稳步提升，根据当地农业部门的估计，2015 年龙门县水稻的机收水平为 80% ~ 90%，机耕机插水平为 20% ~ 30%。但不同区域之间差别较大，地势平缓的区域以大规模连片种植为主，机械化水平较高，而位于丘陵山地的区域地势陡峭，地块细碎，交通不便，基本为手工收割。收割机品牌以国产为主，主要有广联、艾禾、久保田等。

根据对当地农机站负责人和部分农户的访谈，该市的水稻机械收割损失率的经验估计为 3% ~ 5%。而影响水稻机械收割损失的原因包括：一是倒伏情况，龙门县属沿海地区，收割时节易遭台风侵袭，水稻出现大面积倒伏，造成很大的损失，据估计 2016 年的台风导致约 5000 亩水稻受影响；二是机型，性能更优的机型的收割效果可能更好；三是收割时间，清晨露水未干，如果赶着收割会扩大损失；四是品种，不同的品种农艺性状不同，损失也会有差别。而手工收割的损失率较小，基本可忽略不计。

龙门是传统的水稻生产大县，其水稻生长特性基本可以代表广东等东南沿海地区，基于以上考虑，我们选取其为样本县，实验测算水稻收获环节的损失率，并主要对比机械收割和人工收割，不同品种、机型、倒伏程度之间的差异。

（二）实验设计

1. 收购方式选择

实验主要分两部分，一是机械收获，二是分段收获，分别于 2016 年 11 月 2 ~ 4 日在龙门县平陵镇进行。机械收割时间为 11 月 4 日 9：00 ~ 19：00；手工收割时间为 11 月 3 日 15：00 ~ 17：10，天气晴，平均气温在 35℃ 以上。

（1）收割方式Ⅰ：机械收获。根据当地农业部门的反馈，龙门县下辖 10 个乡镇，有 35 万 ~ 36 万人，其中大约 25 万人为农民，耕地面积 30 万亩，基本种植水稻，种粮大户的水稻种植面积在 100 亩以上，合作社则在 7000 亩左右。其地形以平地为主，机收水平较高。本次机械收获实验挑选的是当地有名的合作社——惠兴水稻专业合作社的水稻基地，这里土地集中，品种不一，机械化程度较高，具有较强的代表性。

品种选取。龙门县主要种植的都是单产不高的优质水稻，本次实验主要针对晚籼稻。种子为农业部门统一提供，例如美香粘、七丝粘、金粘、粤晶丝苗等。根据实际情况，主流品种为美香粘。作为对比，选取粤晶丝苗为其他品种。

机型选取。根据当地情况，选取的收割机械均为全喂入联合收割机，即收割、脱粒、清粮一体化，主流机械品牌为"广联"，喂入量3.2千克/秒，功率62千瓦，整机质量3100千克，外形尺寸5.00米×2.35米×2.650米，2015年7月3日出厂。作为对比，选取当地先进机械品为"艾禾"，性能更优，喂入量更大，达4.0千克/秒，功率63千瓦，整机质量2750千克，外形尺寸4.97米×3.04米×2.92米，2015年5月出厂。

倒伏状况选取。这里指水稻收获时的倒伏情况。一般台风、暴雨过境后出现，倒伏角度≤60°时仍可以采用机械从倒伏的方向进行收割，若倒伏角度≥60°时，农户会提前将倒伏的水稻植株进行捆扎，一般用稻草将邻近的几株扎在一起保持直立，经数日晾晒后再由机械进行收割。因此，选取正常无倒伏的地块为基准，倒伏角度≥60°的为对比。

地块选取。实验地块位于龙门县平陵镇祖塘村（北纬N23°68′东经E114°35′），地形为平地，连片种植，生长环境一致，皆为合作社农户承包土地。根据实验要求和实际情况，选取地块A为对照组，地块B至地块D为实验组，共4块地。其中，根据当地最普遍情况，选取地块A作为基准地块，种植主流品种，使用主流机型，地块无倒伏；地块B种植其他品种，其他条件与地块A相同，用于评估不同品种之间的差异；地块C使用先进机型，其他条件与地块A相同，用于评估不同机型之间的差异；地块D为倒伏地块，用于评估水稻植株倒伏与不倒伏之间的差异。

样本采集和选点。实验需测定的损失包含两部分：一部分是收割时掉落和遗漏的损失，另一部分是脱粒不完全的损失。在实际操作过程中，联合收割机一边收割，一边喷出脱粒后的茎干杂余，收割损失和脱粒损失均匀散落在田间。因此机械收获环节的损失，可由捡拾田间散落的稻谷来测定。根据国家标准《农业机械实验条件测定方法的一般规定》（GB/T 5262—2008）所使用的方法，本实验采用五点法对损失质量进行测量。选点方法如附图1-1所示，首先在两条对角线上，距四个顶点距离约为对角线长的1/4处选点1~4，对角线交点选为点5。如遇形状不规则，也尽量按照此要求选点。每个检测点为1米×1米的样本框。机械收割完后，把各选点框内的稻谷捡拾干净后称重。

地块B至地块E也按照这一原则选取。其中，地块B为粤晶丝苗，广联4LZ-3.2Z收割机，无倒伏；地块C，品种为美香粘，收割机为艾禾4LZT-4.0ZB，无倒伏；地块D，品种为美香粘，收获机械为广联4LZ-3.2Z，作物有倒伏。

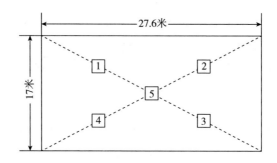

附图 1 - 1　地块 A 选点（美香粘，广联 4LZ - 3.2Z，无倒伏）

（2）收割方式Ⅱ：分段收获。龙门县平陵镇祖塘村另有部分耕地离乡村道路较远，且比较细碎高低错落，机械难以进入，且机收的成本过高也不划算。由于面积不大，农户一般采取手工收割，然后用打稻机直接在田间脱粒，故称之为分段机械化收获。因此，选取其中一块地，进行手工收割。选取地块 E（见附图 1 - 2），面积约 0.435 亩，同样种植主流品种，手工收割，田地为干地。根据当地调研情况，分段收获分四个环节，包括收割、脱粒、装袋运输以及晾晒。收割时，由茎干 5 厘米左右处割断，然后将水稻植株集中在田间脱粒，脱粒后装袋运回家中，最后进行晾晒。

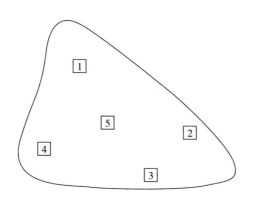

附图 1 - 2　地块 E 选点和样本分布（美香粘，分段收获，无倒伏）

收割环节。即农户收割时，稻谷掉落造成的损失。同样采用五点法，结合地块情况，在收割完成后均匀分布 5 个 1 米 × 1 米的样本框，把框内的稻谷捡拾干净后称重。

脱粒环节。即水稻未脱粒完全造成的损失。根据当地情况，农户一般采用人力带动的脱粒机进行脱粒。

装袋运输环节。根据实际调研，当地农户基本选用质量较好的编织袋装运，且装运后会将散落的稻谷清扫至一起进行二次捡拾。因此，这一环节的损失可忽略不计。

晾晒环节。根据实际调研情况，当地农户多在自家门前的水泥坪上进行晾晒，散落遗落现象极少。因此，这一环节的损失也可忽略不计。

2. 测算方法

联合机械化收获环节损失率。首先，待收割完成后测量每块地的总产量，并取适量收获的稻谷测算含杂率；其次，计算样本框区域平均损失量。那么机械收获环节损失率 = 样本框区域平均损失量 ÷ [样本框区域平均损失量 + 总产量 × （1 - 含杂率）/面积] ×100%。

分段半机械化收获环节损失率。一是收割环节损失率，首先待收割完成后测量实验地块的总产量，并取适量收获的稻谷测算含杂率；其次计算样本框区域平均损失量。那么收割环节损失率 = 样本框区域平均损失量 ÷ [样本框区域平均损失量 + 总产量 × （1 - 含杂率）/面积] ×100%。二是脱粒环节损失率，首先用 5 米 ×5 米的篷布垫在脱粒机下，取 15 千克的水稻（包括茎秆叶）进行脱粒。脱粒后分别对脱粒机内和散落在篷布上的稻谷进行称重。为了保证样本量，重复以上步骤 3 次。那么脱粒环节损失率 = 散落在篷布上的稻谷质量/（脱粒机内的稻谷质量 + 散落在篷布上的稻谷质量）。

（三）结果与讨论

总体来看，在一般条件下（地块 A），水稻联合机械化收获的损失率约为 3.52%，分段半机械化收获的损失率为 1.76%，分段半机械化收获的损失率明显低于联合机械化收获的损失率，与经验判断相符。但在分段半机械化收获中，79% 是脱粒环节造成的损失，绝对损失率为 1.40%，另外 21% 为手工收割环节造成的损失，绝对损失率仅为 0.36%。

选点实测结果如附表 1 -1 所示，可以看出各样本框内损失大致相当，但手工收割的损失量显著低于机械收割的损失量。其中，机械收割的 4 块地，每块地平均每平方米损失在 11.03 ~ 37.61 克，手工收割的平均每平方米损失为 2.24 克。而 5 个样本框的损失分布也未呈现出明显规律。

附表 1 - 1　　各样本框稻谷损失重量　　　　　　　　　单位：克

地块	收割方式	样本框 1	样本框 2	样本框 3	样本框 4	样本框 5	平均值
地块 A	机械收割	33.82	11.24	14.37	43.46	12.87	23.15
地块 B	机械收割	11.87	23.74	24.58	9.60	68.19	27.60
地块 C	机械收割	7.76	3.30	13.07	7.73	23.31	11.03
地块 D	机械收割	25.91	29.71	37.54	64.67	30.20	37.61
地块 E	手工收割	2.16	0.99	4.32	2.58	1.15	2.24

资料来源：根据实验数据整理得出。

机械收获实验结果如附表 1 - 2 所示，4 块地的面积均在 1 亩左右，产量在 800 斤/亩上下，含杂率在 2%～3%。其中地块 A 是基准地块，代表当地的普遍情况，其收获环节的损失率为 3.52%。

附表 1 - 2　　机械收获实验结果

地块	实验条件			面积（亩）	产量（斤）	含杂率（%）	单产（斤/亩）	损失量（克/平方米）	损失率（%）
	品种	机型	倒伏情况						
地块 A	美香粘	广联	无倒伏	0.705	597	2.61	846.69	23.15	3.52
地块 B	粤晶丝苗	广联	无倒伏	1.235	1025	2.15	829.96	27.60	4.25
地块 C	美香粘	艾禾	无倒伏	0.765	655	2.03	856.21	11.03	1.69
地块 D	美香粘	广联	倒伏	2.760	1975	2.22	715.58	37.61	6.55

资料来源：根据实验数据整理得出。

将地块 A 的损失情况与其他地块进行对比，可以发现如下特点：

一是品种的差异。地块 B 种植的是粤晶丝苗，单产略低于美香粘，为 829.96 斤/亩。而地块 B 的损失率为 4.25%，比地块 A 高出 0.73 个百分点。这可能是因为粤晶丝苗的稻粒更容易脱落，需要更严格地把控收获的时机。当地主推的美香粘，稻粒掉落的情况较少，建议继续坚持该主推品种。

二是机型的差异。地块 C 使用的机型艾禾 4LZT - 4.0ZB 型，由中联重机股份有限公司生产，马力与地块 A 的广联 4LZ - 3.2Z 型大体相当，但其喂入量达 4.0 千克/秒，显著高于广联 4LZ - 3.2Z 型的 3.2 千克/秒。而地块 C 的损失率是 4 块地中最低的，仅为 1.69%，比地块 A 低了 1.83 个百分点，比地块

A 的一半还少。这说明，艾禾 4LZT－4.0ZB 型在作业效率和机动性等方面的优势，使其在田间运作时，对地块的适应性更强，转弯更灵活，割台运转更迅速强劲，收获的稻谷含杂率还较低，很大程度上减少了收割损失。因此建议继续加大对优质收割机的补贴力度，普及功率更大、性能更优的先进机型。

三是倒伏程度的差异。地块 D 的收获环节损失率是 4 块地中最高的，达 6.55%，比地块 A 高出了 3.03 个百分点，是地块 A 的 1.86 倍。这是因为水稻倒伏后收割机需要根据倒伏的方向和角度非常精准地操控割台高度，容易造成遗漏，加大了损失。

分段收获实验结果如附表 1－3 所示，实验地块 F 的产量为 352 斤，折合单产为 809.20 斤/亩。可以发现，分段收获的含杂率达 3.99%，主要是传统脱粒机的脱粒效果较差，并且没有清粮功能，茎秆杂余比较多，所以比联合收割机收获的含杂率要高。具体分环节来看：

一是手工收割环节损失率极小。实测的损失率仅为 0.36%，这也与经验判断相符。根据调研情况，农户一般手持镰刀割稻，留茬高度 2～5 厘米，割完集中摆放准备脱粒。摆放处每平方米损失量可达到 1～2 克，其他田地十分干净，每平方米损失量不足 1 克。相对来说，手工收割环节的损失率可忽略不计。

附表 1－3　分段收获实验结果　　　　单位：亩，斤，%

地块	收获环节	选点	面积	产量	含杂率	损失率
	手工收割	5	0.435	352	3.99	0.36
地块 E	机械脱粒	3	—	—	3.99	1.40
	合计	8	—	—	—	1.76

资料来源：根据实验数据整理计算得出。

二是机械脱粒环节损失率较大。分段机械化收获的损失基本集中在这一环节，实测的损失率达 1.40%，这是因为实际操作过程中，农户使用的是脚踩带动滚轮转动的传统脱粒机，由于转速较慢，容易造成脱粒不彻底。另外，更主要的原因是传统的脱粒机属于半开放式结构，脱粒时稻粒容易飞溅到脱粒机外，造成大量遗漏，扩大了损失。因此建议加大对脱粒机的补贴力度，推广分离性好、密闭性优、清洁度高的高效水稻脱粒机。

二、湖南益阳早籼稻收获损失实验报告

（一）引言

益阳市位于湖南中部偏北，系由雪峰山余脉和湘中丘陵向洞庭湖平原过渡的倾斜地带。全市地形西高东低，呈狭长状。益阳属亚热带大陆性季风湿润气候，境内阳光充足，雨量充沛，气候温和，具有气温总体偏高、冬暖夏凉明显、降水年年偏丰、7月多雨成灾、日照普遍偏少、春寒阴雨突出等特征。年平均气温16.1℃～16.9℃，日照1348～1772小时，无霜期263～276天，降雨量1230～1700毫米，适合于农作物生长，是一个山清水秀、环境适宜的风景胜地。

益阳水资源丰富。山丘区有资江南北贯通，平原地带河网纵横、湖泊星罗棋布，水路经洞庭湖外通长江，内联湘、资、沅、澧水道，向有灌溉、航行之利。全市水资源总量2779亿立方米，其中年均地表径流量约91亿立方米，平均每亩耕地拥有水量1770多立方米。另外，资水、沅水、澧水和荆江三口每年给益阳市带来过境容水2200多亿立方米，蕴含丰富的水能发电资源。据测算，仅资江可供发电贮量就达100万千瓦，现因在其上游建了2个水电站（柘溪电站、马迹塘电站），开发量已达50万千瓦。

益阳水陆交通十分便利。长益高速公路、石长铁路、319国道穿越境内，是省会长沙通往大西南的要道。水路经洞庭湖，内通湘、资、沅、澧四水，外达长沙各口岸。湘黔铁路穿越安化县境，洛（洛阳）一湛（湛江）铁路线在益阳设立枢纽站。

从农业生产来看，全市土地质量较好，有林地56.27万公顷，耕地24.54万公顷，水面13.99万公顷，草地8.2万公顷，湖洲6.53万公顷。滨湖平原由河流冲积而成，土壤肥沃，适宜种植多种作物，是粮、棉、麻、油、糖的主要生产基地，素有"鱼米之乡"的美称。苎麻产量居全国首位，芦苇、黄（红）麻、糖料产量均居全省第一。中部丘陵岗地，土壤多属板页岩风化而成，呈酸性，含养分较高，是南竹、油茶、茶叶、果木等经济林生产区。益阳是全国有名的"竹子之乡"，南竹、茶叶产量居全省第一。西部中低山地，土质相对较差，适宜多种林木，是主要林业生产基地。益阳水域广阔，全市总水面积215万亩，可养面积80多万亩，已放养面积72万亩，其中精养面积33万多亩。大通湖面积达12.4万亩，是全省最大的内陆养殖湖泊。全市盛产乌鲤、鳜鱼、大口鲶、优质鲫鱼、优质鲤鱼等名贵鱼和甲鱼、乌龟、河蟹、青虾

等特种水产品。

（二）实验点介绍

本次实验地为益阳市赫山区龙光桥镇汪家堤村。2016 年全市粮食作物播种面积稳定在 630 万亩左右，粮食总产 245 万吨左右。据各区县（市）粮油站统计，全市落实早稻面积 250.5 万亩，比上年增加 3 万亩左右，主要产粮大县都确保了 2016 年早稻面积同比上年稳中有升。南县、沅江、大通湖棉区顺应长江流域棉花退出国家收储政策大形势，农业行政主管部门积极引导农户调整优化种植结构，改种水稻等主粮作物，增加粮食作物播种面积。

据统计，全市实际落实到位的早稻集中育秧大田面积达 102 万亩，比 2015 年增加 7 万亩。全市已经投入和正在追加的资金共 5000 万元，采购水稻种子 100 万千克、育秧基质 2100 余吨、地膜 150 吨等。早稻集中育秧项目育秧主体数 5083 个，其中专业化育秧主体数 765 个，达 15.1%。2016 年全市水稻机插秧面积达 150 万亩。

在国家农机购置补贴等惠农政策的支持下，益阳市赫山区水稻生产综合机械化水平快速提高，达 62.2%。此举使赫山区水稻播种面积连续多年稳定在 100 万亩以上，为创全省粮食生产先进县奠定了基础。

赫山区农机工业快速发展，农机社会化服务水平不断提升。全区有 9 家农机企业 14 款产品进入国家购机补贴产品目录。企业产销收割机 2000 多台，耕整机 3 万多台，柴油机 5 万多台，实现产值 1.4 亿元。全区水稻生产耕、种、收三个环节综合机械化水平达 62.2%，同比增长 3 个百分点。其中机收率为 82%，同比增长 7 个百分点；机耕率为 94%，同比增长 2 个百分点；谷物运输、谷物加工、水田排灌基本实现机械化，水稻生产综合机械化程度不断提升。全区农机作业服务经营收入达 2.8 亿元，相当于全区农民人均年增收 475 元。农机化的发展，使全区近 12 万劳动力从繁重的水稻耕作中解脱出来，创收近 2 亿元。

本调研的合作社为惠民农机专业合作社，位于龙光桥镇汪家堤村，于 2014 年正式挂牌成立，现有社员 15 人。合作社已拥有农机设备总价值达 200 多万元，其中旋耕机 4 台、轨道式播种机 2 台、7 寸高速插秧机 10 台、收割机 2 台、烘干机 8 台，并建有机具棚 1000 平方米、仓库 2000 平方米。2015 年，合作社与益阳市惠民种业科技有限公司、益阳市赫山区农田谋士联合，开展以"创新农业社会化服务模式、促进水稻规模化增产增效"为目标的万亩水稻生产全程社会化"九代"服务，积极探索水稻生产全程社会化服务和菜单式社会化服务新模式。

"我承包稻田 1000 多亩，去年（2015 年）平均成本在 1400 元以上，今年（2016 年）参与'九代'服务，合作社只收取每亩 1300 元，实实在在每亩减少成本 100 多元；同时，早稻亩产量同比增加 30 千克，亩增效益 80 元，同比增收 20 万元以上。"赫山区龙光桥镇汪家堤村种粮大户冷卫国告诉笔者。

2015 年，该合作社流转土地面积 2000 多亩，与 20 多户种粮大户签订全程社会化服务面积合同 1 万多亩。合同约定：合作社收取农户早晚两季服务费 1300 元/亩，保证早稻最低产量 375 千克，晚稻最低产量 400 千克，超过部分公司与农户三七分成。具体服务内容包括：统一育秧、统一耕旋、统一机插、统一大田管理、统一病虫草害防治、统一收割、统一烘干、统一销售、统一存储。2015 年，接受"九代"服务农户的早稻平均单产达 460 千克，超过合同约定产量 85 千克。

（三）实验设计

实验时间：2016 年 7 月 22～26 日。

田间实验时间：2016 年 7 月 22～25 日。

实验地点：湖南省益阳市赫山区龙桥沟镇汪家堤村。

实验内容：不同收割机型、不同收割机操作机手对早籼稻收获损失的影响。

实验地块：选择种植同一品种的地块作为实验 1，选择不同操作机手为实验 2，选择不同收割机类型作为实验 3。

实验选点方法：参照国家标准《农业机械实验条件测定方法的一般规定》（GB/T 5262—2008）所使用的五点法，结合实际确定五点，如附图 2-1 所示，其中每个方框的选点都代表 1 平方米。

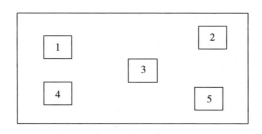

附图 2-1 五点法实验选点

实验方法：机械收割损失率测算。收割完后，把各选点框内的稻粒、稻穗捡拾干净并脱粒后分别称重。每个检测点的面积为 1 平方米。

（四）实验结果

本次实验中机械收割的水稻收获损失率比较小，其中，收割环节的损失率相对来说占主要部分，而脱粒的损失则比较小，具体结果如附表 2 – 1 所示。

附表 2 – 1　实验的结果

单位：平方米，％，克/平方米

实验内容	地块面积	收割损失率	脱粒损失率	收获损失率	平方米产量
先进机型 + 老手	770.96	1.626	—	1.630	843.1047
普通机型 + 老手	745.79	1.396	0.278	1.674	616.7956
先进机型 + 新手	309.52	0.617	0.090	0.707	1001.5510

注：先进收割机型：久保田 PRO688Q，4LZ – 2.5，使用时间为 1 年。机械来源：先进机型—合作社，普通机型—农户。机手操作年龄：老手 10 年，新手 5 年。普通收割机型：浙江柳林收割机，配套功率 70 千瓦，使用时间为一个月。三个实验的水稻品种都是湘早籼 45 号。

通过控制机型（即机型相同，其他不同），对比不同操作工龄的机手收获的损失率，可以看出，与预计不一样的是，新手的损失率要比老手的小。可能的原因有两种：一是新手的操作年龄是相对于老手来说的，在绝对值上，新手的操作工龄有 5 年，其实可以算是熟练工操作；二是从附表 2 – 1 中可以看出，两块田的每亩产量是不同的，老手收割的地其产量比新手操作的每亩产量低 1/5 左右，这导致稻谷的空壳率较后者高，主要的原因是益阳在水稻收割前受洪灾影响，第一块田的影响比后面的大，导致出现这样的结果。

当控制机手操作（即机手相同，其他不同），比较不同机械对水稻收割的影响，可以看出，在收割环节，先进机型的损失率比普通机型的损失率要大。可能的原因有两种：一种是两块田的亩产量是不同的，先进机型收割的地亩产量比普通机型的低 1/4 左右，这导致稻谷的空壳率较第一块田高，主要原因是益阳在水稻收割前受洪灾影响，第二块田的影响比前面的大，导致出现这样的结果。另一种是相对于普通机型来说，先进机型是农机合作社所有，其每年均在不停地提供收割服务，损耗较大；而普通机型是农户所有，尽管使用年限较长，但损耗较小，所以可能导致的损失要小一些。

对于脱粒的损失率来说，这个操作方法是在已有选点的基础上，将方框内的稻穗捡拾起来，并捡出其中的没有脱落完的稻谷，比较第二块地和第三块地可以看出，先进机型的脱粒损失率比普通机型的损失率要低很多，这说明，在减少脱粒损失方面，先进机型要占据优势。

从成本收益来看，合作社收取农户早晚两季服务费 1300 元/亩（包括租金），保证早稻最低产量 375 千克，晚稻最低产量 400 千克，而 2015 年参加合作社的农户早稻平均亩产量有 460 千克。在成本方面，对于两季稻，约 1300 元/亩，一季稻 650 元/亩。在收益方面，根据益阳市农业局的报告，2015 年 8 月左右的早籼稻收购价格是 135 元/50 千克，可以得出早籼稻的收益为 1242 元/每亩，由于是种粮大户，其所拥有的田地是租来的，农业补贴归原农户所有。因而，种植早籼稻的净收益为 592 元/亩，成本利润率高达 91.07%。

三、湖南省资兴市水稻收获环节损失实验报告

（一）引言

资兴市为湖南省郴州市代管的一个县级市，位于湖南省东南部。其地处湘江流域耒水的上游，在罗霄山脉西麓、茶永盆地南端，为湘、粤、赣三省交汇处。资兴市地貌形态以山地为主，丘、岗、平地交错。东南部为山地，西北部主要为丘、岗、平地。2015 年全市有耕地面积 34.41 万亩，其中水田 30.68 万亩。全市共有 18 个乡镇、304 个村社、8.63 万农户。主要种植水稻（27.54 万亩）、玉米（9.47 万亩）和油菜籽（8.94 万亩）。其中水稻分早稻、双季晚稻和中稻，分别为 9.36 万亩、9.39 万亩和 8.79 万亩。

资兴市的早稻一般在 3 月下旬 4 月上旬播种，7 月中下旬收割，完成收割后立即抢种晚稻，并于 11 月上、中旬收割。而中稻一般在 4 月下旬播种，8 月中下旬收割。资兴的水稻基本为杂交稻，全市平均亩产在 712 斤/亩左右，平地地区能达 900 斤/亩以上。但不同品种之间的差异也很明显，例如中稻由于生长期较长，单产较高，能达 1000 斤/亩，其次是双季晚稻，最低是早稻。2015 年，全市稻谷产量达 9.79 万吨，与往年相比，总体呈下降趋势。

资兴市水稻机械化水平在郴州市处于中上游，根据当地农机局的调查，2015 年资兴水稻的耕种收综合机械化水平达 55.34%[①]。其中机耕水平为 87.69%、机插水平为 22.01%、机收水平为 45.52%。但不同区域之间差别较

---

① 根据郴州市农机局统计数据可知，水稻耕种收综合机械化水平计算方法：耕、种、收环节的权重分别为 40%、30%、30%。

大，例如位于西北部的"西乡"地势平缓，以大规模连片种植为主，机械化水平较高，而位于东南部的"东乡"地势陡峭，以坡地梯田为主，基本为手工收割。收割机品牌以国产为主，主要有龙舟、星光、沃德、久保田等。

根据对当地农机站负责人和部分农户的访谈，该市的水稻机械收割损失率的经验估计为 2% ~ 5%。而影响水稻机械收割损失的原因包括：一是品种，部分高产品种生长性状优良，果实不易脱落；二是机型，大马力机型的收割效果可能更好；三是机手操作熟练程度和态度，机手操作越熟练损失越少，机械自有收割越认真，损失越少；四是田地干湿程度，如收割前遇雨，或晒田时间不足，则土地潮湿泥泞，水稻植株易倒伏，且机械操作难度大（例如转弯困难），损失容易扩大。而手工收割的损失率较小，基本可忽略不计。

资兴是传统的水稻生产大县，其早籼稻生长特性基本可以代表湖南南部，基于以上考虑，我们选取其为样本市，实验测算水稻收获环节的损失率，并主要对比机械收割和人工收割，不同品种、机型、机手、田地类型之间的差异。

（二）实验设计

1. 收获方式

实验主要分两部分：一是联合机械化收获；二是人工收获。这两部分分别于 2016 年 7 月 19 ~ 20 日在资兴市蓼江镇蓼市村和三都镇中田村进行。机械收割时间为 7 月 20 日 9：00 ~ 11：40；手工收割时间为 7 月 19 日 15：00 ~ 17：10，天气晴，平均气温在 36℃ 以上。

（1）联合机械化收获。蓼江镇是资兴农业人口最多、耕地面积最宽的北乡重镇，下辖 8 个村，5003 户，耕地面积 2.1 万亩，基本全部种植水稻，100 亩以上的种粮大户有 29 户。其地形以平地为主，机收水平达 98% 以上。本次机械收获实验挑选的实验农户为当地有名的种粮大户，每年种植水稻 300 亩以上，土地集中，品种不一，机械化程度较高，具有较强的代表性。

1）品种选取。蓼江镇是资兴历史悠久的早稻区，家家户户基本种植早稻，本次实验主要针对早籼稻。种子为自购，品类繁多，但大部分为生长性状相近的杂交稻，例如株两优 15、株两优 120、株两优 168、五优 156、株两优 729、潭两优 83 等。根据实际情况，主流品种为株两优 120。作为对比，选取当地的高产品种株两优 1 号，该品种亩产最高可达 1000 斤以上。

2）机型选取。根据当地情况，样本点选取的收割机械均为全喂入联合收割机，即机械收割和脱粒一体，主流机械品牌为"龙舟"，功率 45 千瓦，整机质量 2200 千克，外形尺寸 5.20 米 × 2.88 米 × 3.02 米。该机械属实验农户家庭自有，2015 年 7 月购入，共花费 6.1 万元，国家补贴 1.71 万元。作为对比，选取当地先进机械品牌为"星光"，性能更优，功率更大，达 55 千瓦，整机质量 2470 千克，外形尺寸 4.68 米 ×2.685 米 ×2.605 米。该机械也属实验农户家庭自有，2014 年 3 月购入，共花费 9.8 万元，国家补贴 2.6 万元。

3）机手选取。当地机械化收割历史较早，由于施行农机购置补贴，大部分农户自家购买并操作收割机，驾龄 5 年以上的机手较多。而事实上，各地的机手也以老手为主。实验农户本人有 8 年操作经验，每年自行收割 300 多亩水稻，因此选取其为操作熟练的老手。实验农户的机手农户，接触收割机的时间较晚，仅有 1 年操作经验，因此选取其为操作不熟练的新手。

4）田地选取。这里指田块的干湿程度。根据实际情况，一般提前 7～10 天放水晒田，收割时保证田地较干，基本踩不出脚印才可进行收割。但若收割前遇大雨或抢收，则田地较湿，收割机容易凹陷，可能影响损失率。参考联合收割机的操作要求，将泥脚深度≤1 厘米的选为干地，泥脚深度≥5 厘米的选为泥地。

5）地块选取。实验地块位于资兴市蓼江镇蓼市村蓼江镇政府西北侧（北纬 N26°04′东经 E113°16′），地形为平地，连片种植，生长环境一致，皆为实验农户承包土地。根据实验要求和实际情况，选取了地块 A 为对照组，地块 B 至地块 E 为实验组，共 5 块地。其中，根据当地最普遍情况，选取地块 A 作为基准地块，种植主流品种，使用主流机型，由老手操作，田地为干地；地块 B 种植高产品种，其他条件与地块 A 相同，用于评估不同品种之间的差异；地块 C 使用先进机型，其他条件与地块 A 相同，用于评估不同机型之间的差异；地块 D 由新手操作，其他条件与地块 A 相同，用于评估不同机手之间的差异；地块 E 为泥地，其他条件与地块 A 相同，用于评估干地和泥地之间的差异。

6）样本采集和选点。实验需测定的损失包含两个部分，一是收割时掉落和遗漏的损失，二是脱粒不完全的损失。实际操作过程中，联合收割机一边收割，一边喷出脱粒后的茎干、茎叶，收割损失和脱粒损失均匀散落在田间。因此机械收获环节的损失，可由捡拾田间散落的稻谷来测定。根据国家标准《农业机械实验条件测定方法的一般规定》（GB/T 5262—2008）所使用的方法，本实验采用五点法对损失质量进行测量。选取的五块地的基本情况如附表 3-1 所示。

附表 3 - 1　实验地块情况

地块	特征
地块 A	主流品种，主流机型，老手，干地
地块 B	高产品种，主流机型，老手，干地
地块 C	主流品种，先进机型，老手，干地
地块 D	主流品种，主流机型，新手，干地
地块 E	主流品种，主流机型，老手，泥地

（2）人工收获。三都镇地处市区东北，与蓼江镇、回龙山瑶族乡相连，境内地势以平地和岗地为主。全镇辖 14 个行政村，5 个居委会，总人口 5.45 万。其农业耕地面积 2.326 万亩，人均耕地面积 0.54 亩，以种植水稻、玉米、蔬菜、西瓜、生姜、油茶等为主。其中，中田村一直保持大量水稻种植，但因地势为岗地，田地细碎且高低错落，难以实施机械化收割。因此，在中田村进行手工收获实验，选取的实验农户有 4 块地，总计 3.4 亩，全部为手工收割。选取地块 F（见附图 3 - 1），面积约 0.6 亩，同样种植主流品种，手工收割，田地为干地。根据当地调研情况，手工收获分四个环节，包括收割、脱粒、装袋运输以及晾晒。收割时，在茎干 5 厘米左右处割断，然后将水稻植株集中在田间脱粒，脱粒后装袋运回家中，最后进行晾晒。

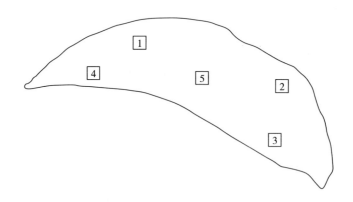

附图 3 - 1　地块 F 选点和样本分布（手工收割，岗地，面积 0.6 亩）

1）收割环节。即农户收割时，稻谷掉落造成的损失。同样采用五点法，结合地块情况，在收割完成后均匀分布 5 个 1 米×1 米的样本框，把框内的稻谷捡拾干净后称重。

2）脱粒环节。即水稻未脱粒完全造成的损失。根据当地情况，农户一般采用由小型柴油机驱动的脱粒机进行脱粒。实验农户采用的为 CZ160F 型柴油机，功率 1.47 千瓦。

3）装袋运输环节。根据实际调研情况，当地农户基本选用质量较好的编织袋装运，且装运后会将散落的稻谷清扫至一起，进行二次捡拾。因此，这一环节的损失可忽略不计。

4）晾晒环节。根据实际调研情况，当地农户多在自家门前的水泥坪上进行晾晒，散落遗落现象极少。因此，这一环节的损失也可忽略不计。

2. 指标测算与方法

（1）机械收获环节损失率。首先，待收割完成后测量每块地的总产量，并取适量收获的稻谷测算含杂率；其次，计算样本框区域平均损失量。那么联合机械化收获环节损失率 ＝ 样本框区域平均损失量 ÷［样本框区域平均损失量 ＋ 总产量 ×（1 － 含杂率）/面积］×100％。

（2）手工收获环节损失率。一是收割环节损失率，首先待收割完成后测量实验地块的总产量，并取适量收获的稻谷测算含杂率，其次计算样本框区域平均损失量。那么收割环节损失率 ＝ 样本框区域平均损失量 ÷［样本框区域平均损失量 ＋ 总产量 ×（1 － 含杂率）/面积］×100％。

二是晾晒环节损失率，首先根据水稻的生长特性，在田间随机取 5 茬尚未收割的水稻植株（一般 12 ～ 15 枝为一茬），将其果实完全分离下来称重，得到平均每茬稻谷产量；然后取 5 茬经过脱粒环节的水稻植株，将未完全脱粒干净的果实分离下来称重，得到平均每簇稻谷未完全脱粒质量。那么脱粒环节损失率 ＝ 平均每簇稻谷未完全脱粒质量/平均每簇稻谷产量 ×100％ － 收割环节损失率。

（三）结果与讨论

总体来看，在一般条件下（地块 A），水稻联合机械化收获的损失率约为 2.57％，人工收获的损失率约为 1.81％，人工收获的损失率明显低于联合机械化收获的损失率，与经验判断相符。但在人工收获中，93％ 是脱粒环节造成的损失，绝对损失率为 1.68％，另外 7％ 为人工收割环节造成的损失，绝对损失率仅为 0.13％。

选点实测结果如附表 3 － 2 所示，可以看出各样本框内损失大致相当，但人工收获的损失量显著低于机械收割的损失量。其中，机械收割的 5 块地，每块地平均每平方米损失 8.81~28.00 克，人工收割的平均每平方米损失为 0.83 克。而 5 个样本框的损失分布也未呈现出明显规律。

附表 3-2　各样本框稻谷损失重量　　　　　　单位：克

地块	收割方式	样本框1	样本框2	样本框3	样本框4	样本框5
地块A	机械收割	41.31	17.52	4.82	15.02	15.59
地块B	机械收割	40.32	2.30	11.55	10.26	11.49
地块C	机械收割	17.39	8.25	5.65	8.41	4.33
地块D	机械收割	19.63	43.17	8.89	12.15	16.98
地块E	机械收割	34.61	44.49	21.24	9.33	30.34
地块F	手工收割	1.06	0.85	1.71	0.21	0.32

资料来源：根据实验数据整理得出。

机械收获实验结果如附表 3-3 所示，5 块地的面积均在 700 平方米左右，产量在 1000 斤上下，含杂率在 2% 左右。其中地块 A 是基准地块，代表当地的普遍情况，其收获环节的损失率为 2.57%。将地块 A 的损失情况与其他地块进行对比，可以发现：

附表 3-3　机械收获实验结果

地块	实验条件				面积（平方米）	产量（斤）	含杂率（%）	单产（斤/亩）	损失量（克/平方米）	损失率（%）
	品种	机型	机手	田地类型						
地块A	株两优120	龙舟4LZ-2.2型/45kW	老手	干地	700	1011	1.14	951.88	18.85	2.57
地块B	株两优1号	龙舟4LZ-2.2型/45kW	老手	干地	666	1095	1.93	1074.30	15.18	1.85
地块C	株两优120	星光4LZ-2.5T型/55kW	老手	干地	709	979	2.79	894.86	8.81	1.30
地块D	株两优120	龙舟4LZ-2.2型/45kW	新手	干地	784	1120	1.81	935.14	20.16	2.79
地块E	株两优120	龙舟4LZ-2.2型/45kW	老手	泥地	693	968	3.98	894.80	28.00	4.01

资料来源：根据实验数据整理得出。

一是高产品种与主流品种的差异。地块 B 种植的高产品种株两优 1 号单产达 1074.30 斤/亩，比地块 A 的株两优 120 高出 122.42 斤/亩。而地块 B 的损失率为 1.85%，比地块 A 低了 0.72 个百分点。这表明，以株两优 1 号为代表的高产品种表现出了超高产、抗性好、适应广的技术优势，对减少收获环节损失产生了一定的效果。因此建议进一步推广高产优势品种。

二是先进机型与主流机械的差异。地块 C 使用的先进机型"星光"4LZ－2.5T 型马力达到 55 千瓦，比地块 A 的"龙舟"4LZ－2.2 型高出 10 千瓦。而地块 C 的损失率是 5 块地中最低的，仅为 1.30%，比地块 A 低了 1.27 个百分点，几乎是地块 A 的一半。这说明，先进机型在动力和机动性等方面的优势，使其在田间运作时，对地块的适应性更强，转弯更灵活，割台运转更迅速强劲，尽管收获的稻谷含杂率较高，但很大程度上减少了收割损失。因此建议继续加大对收割机的补贴力度，普及功率更大、性能更优的先进机型。

三是操作熟练程度的差异。地块 D 由驾龄 1 年的新手操作，损失率达 2.79%，比地块 A 仅高出 0.22 个百分点，差别不大。这表明，相对老手，新手对机械的操作水平较差，导致收获环节损失增多，但影响较小。同时，根据实际调研情况，当地水稻的收割机基本为全喂入式联合收割机，操作简便易上手，因而新手和老手之间的区别不显著。

四是田地干湿程度的差异。地块 E 的收获环节损失率是 5 块地中最高的，达 4.01%，比地块 A 高出了 1.44 个百分点，是地块 A 的 1.56 倍。并且含杂率也是 5 块地中最高的，达 3.98%。这是因为收割前期雨水未能排放彻底，使得田间潮湿泥泞，但为赶种晚稻，等不及田地晒干就进行抢收。收割时，地块 E 的泥脚深度超过 5 厘米，收割机下地后局部区域泥脚深度超过 10 厘米，机械转弯掉头困难，水稻植株也潮湿易倒伏，所以在很大程度上加重了收获环节的损失。因此建议农户及时关注天气变化，注意田间管理，选好收割时机，提前晒田，待田地泥脚深度≤2 厘米后再收割。

手工收获实验结果如附表 3－4 所示，实验地块 F 的产量为 543 斤，折合单产为 875.81 斤/亩。而含杂率仅为 0.89%，这是因为脱粒时，小型柴油机带动滚筒旋转，农户手持水稻植株茎干，将稻穗置于滚筒内脱粒，较好地保证了茎干不落入滚筒，所以比联合收割机收获的含杂率都要低。具体分环节来看：

一是手工收割环节损失率极小。实测的损失率仅为 0.13%，这也与经验判断相符。根据调研情况，农户一般手持镰刀割稻，留茬高度 2~5 厘米，割完集中摆放准备脱粒。摆放处每平方米损失量可达到 1~2 克，其他田地十分干净，每平方米损失量不足 1 克。相对来说，手工收割环节的损失率可忽略不计。

附表 3 - 4　手工收获实验结果

地块	收获环节	选点	面积（平方米）	产量（斤）	含杂率（%）	损失量（克/平方米）	整茬重量（克/茬）	损失率（%）
地块 F	手工收割	5	413	543	0.89	0.83	—	0.13
	机械脱粒	10	—	—	0.89	0.69	40.86	1.68
	合计	15	—	—	—	—	—	1.81

资料来源：根据实验数据整理得出。

二是机械脱粒环节损失率较大。手工收获的损失基本集中在这一环节，实测的损失率达 1.68%，这是因为实际操作过程中，小型柴油机组装的脱粒机配置简陋，滚筒敞口处无保护措施，农户手持稻秆脱粒时不敢深入滚筒，导致底部稻穗未能完全接触滚筒，使得部分稻谷未能完全脱落，实验数据表明平均每茬未脱落稻谷重量达到了 0.69 克，造成了最主要的损失。实际调研过程中，考虑到成本问题，农户大多使用这种简易脱粒装置，加重了损失。因此建议加大对脱粒机的补贴力度，推广分离性好、清洁度高的高效水稻脱粒机。

四、江苏省兴化市水稻收获损失实验报告

（一）引言

兴化市是江苏泰州市下辖县级市，位于江苏省中部，里下河地区腹部。地处北纬 32°40′ ~ 33°13′，东经 119°43′ ~ 120°16′。东邻大丰、东台，南接姜堰、江都，西与高邮、宝应为邻，北与盐都隔界河相望。兴化市是江苏省主要的粮棉油生产大市，是全国重要的优质棉、商品粮基地县市之一。境内地势平坦低洼，东部和南部偏高，西北部低，整个地势呈侧釜形，地面高程在 1.5 ~ 3.2 米，平均 2.4 米，东西高差 1.4 米。河沟纵横，湖泊较多，为典型的水网圩区。市域总面积 2393 平方千米，已利用土地 2389.07 平方千米，占总面积的 99.8%，其中：2011 年全市耕地总面积 192 万亩，比第二次土壤普查时的 2144868.78 亩减少 224868.78 亩，减幅达 10.5%，水域面积 108.69 万亩，建设用地 47.83 万亩，园林草地 5.32 万亩。全市辖 34 个乡镇及 1 个省级经济开

发区，有 614 个村（居）委会，总人口 155.272 万人，其中农业人口 129.82 万人，人均耕地 1.26 亩。兴化市属北亚热带湿润区，由于位于北亚热带边缘，东近黄海，境内水面大，使农业气候具备过渡性、海洋性、季风性和优于周围邻县市的特点，有"暖中心"之称。常年雨水充沛，热量丰富，光照充足，气候温暖，光热水峰期同季，年均降雨量 1024.8 毫米，平均气温 15℃，地表地温 17.7℃，日照 2305.6 小时，无霜期 239 天。

2015 年兴化市再次进入全国百强县行列，位列第 67，自 2007 年以来，兴化市已连续七年进入百强县行列。2015 年全年完成第一产业增加值 93.62 亿元，增长 3.4%；实现农林牧渔总产值 164.30 亿元，增长 5.4%；粮食总产量 142.53 万吨，增长 0.1%，实现"十二连增"，蝉联"全国粮食生产标兵（先进）县（市）"。棉花、油料产量有增有减，其中，棉花产量 4293 吨，下降 56.0%；油料产量 41306 吨，增长 12.9%。

实验村所在的合陈镇地处兴化市东部，下辖 27 个行政村和 1 个居委会，总人口 55014 人，面积为 99.7 平方千米，耕地 4395 公顷。镇内拥有火车站、国家级粮库、浙江油田、8 个乡镇区域供水的兴东水厂等重要生产和资源要素。

（二）实验村概况

实验所在的朱甜村距离合陈镇 10.7 千米，通过合朱线公路与合陈镇相连，距离兴化市 56.5 千米，车程 1.5 小时。朱甜村共有农户 354 户，耕地面积 2000 多亩（上报面积 1638 亩），人均耕地面积为 1.3 亩，地形平坦，水资源丰富。主要种植的农作物品种为水稻和小麦，实行稻麦两季轮作，占耕地面积的 99% 以上。主要种植的水稻品种为南粳 9108、淮稻 5 号以及盐粳系列水稻，其中，南粳 9108 的种植比例为 60% 以上。朱甜村水稻种植绝大部分为中稻，播种时间为每年 6 月初，收割时间为 10 月底。水稻和小麦的播种均采用水直播技术，机械收割比例占 70% 左右。朱甜村水稻单产往年为 700～750 千克。

据朱甜村村主任估计，水稻的收获损失一般约为 20 斤/亩，但是如果遇到雨水天气，可以达 100 斤/亩。影响损失的主要因素除了阴雨天气导致的水稻倒伏以外，还包括收割机的老化程度、收割机操作员的工作态度等因素。另外，不同型号的收割机对粮食的损失也有影响，全喂入式收割机将作物茎秆和穗部全部喂入脱粒装置进行脱粒，并将秸秆打碎，这时一部分脱下来的谷粒被垫在打碎的秸秆上面，无法被筛入粮仓，最后随秸秆被倒在地上，形成粮食损失。而半喂入式的收割机脱粒作物茎秆和穗部全部喂入脱粒装置进行脱粒，脱粒后的秸秆齐割以后平铺在地上，不会造成堵塞筛口的问题。因此，从理论上来说，半喂入式的收割机比全喂入式的收割机损失更少。

朱甜村粮食收获包括联合机械化收获和人工收获两种方式。朱甜村水网密布，土地细碎化较为明显，一些地块不适合大型机械收割。再者，人工收获掉粒少，地里不留秸秆，有利于小麦水直播技术的施展，回收的秸秆制成草绳，每亩地还能带来300元的收入，因此人工收获在当地仍然占有相当的比例，约为30%。2016年由于10月底受连绵雨水的影响，耽误了往年的收割时机，为了赶上小麦播种的进度，不少农户转向速度更快的机械收割，人工收获的比例降到了10%以下。但是鉴于人工收获在当地仍然具有一定的地位，在实验的设计中仍然包括了人工收割和联合机械化收获两个部分。

朱甜村水稻收割一般分为以下几个环节：对于联合机械化收获，首先联合收割机在田间收割并脱粒，将收割机谷仓内的稻谷倾倒入电动三轮车或者手动三轮推车，运回晾晒场地后平铺在地面晾晒两至三天，然后装袋出售或储存。人工收获则是将稻谷离根部10厘米左右处割下，就地平铺在稻茬上晾晒四天，之后人工用扁担运至晾晒场地，用脱粒机脱粒以后就地晾晒，最后装袋出售或储存。脱粒过程中飞溅的谷粒最后被扫回谷堆中，并且农户用秸秆做草绳的过程中会将未脱干净的谷粒收集起来，因此脱粒中的损失可以忽略不计。

稻谷刚刚收获时，含水率为25%，晾晒两天以后，含水率降低至18%。晾晒两天以后的稻谷口感较好，可销售给当地的米厂。晾晒三天以后，含水率降低至12%～13%，更加适合储存。晾晒之前的稻谷销售价格为0.9～1.0元，晾晒以后销售价格为1.3元。

（三）实验设计

实验主要分两部分，一是联合机械化收获，二是人工收获。联合机械化收获地块均为2016年11月4日当天收获，人工收获地块为2016年10月29日收获。

本次实验的地块面积测量采用卓林科技高精度测亩仪，定位精度为1米，距离测量精度小于1米，面积相对精度为误差小于0.01亩。对于形状规则的地块，使用手动定点测量模式；对于形状不规则的地块，采用自动轨迹测量模式。本次实验所选地块A、地块B、地块D均为长方形地块，地块C为不规则地块。测量以后，与农户告知的面积对比，确保测量的准确度。

实验需测定的损失包含两部分，一部分是收割时掉落和遗漏的损失，另一部分是脱粒不完全的损失。实际操作过程中，联合收割机一边收割，一边喷出脱粒后的茎干、茎叶，收割损失和脱粒损失均匀散落在田间。因此机械收获环节的损失可由捡拾田间散落的稻谷来测定。根据国家标准《农业机械实验条件测定方法的一般规定》（GB/T 5262—2008）所使用的方法，本实验采用五点法对损失质量进行测量。首先在两条对角线上，距 4 个顶点距离约为对角线长的 1/4 处选点 1～4，对角线交点选为点 5。如遇形状不规则的，也尽量按照此要求选点。每个检测点为 1 米×1 米的样本框。机械收割完后，把各选点框内的稻谷捡拾干净后称重。

1. 联合机械化收获

（1）品种选取。选取当地种植最为广泛的南粳 9108 和淮稻 5 号。南粳 9108 由江苏省农业科学院粮食作物研究所于 2009 年育成，属迟熟中粳稻品种，适宜江苏省苏中及宁镇扬丘陵地区种植。淮稻 5 号为江苏省徐淮地区淮阴市农科所培育，于 2000 年 4 月通过江苏省农作物品种审定委员会审定。淮稻 5 号株高约为 105 厘米，茎秆粗壮抗倒，因此受这次雨水天气的影响比南粳 9108 小。

（2）机型的选取。根据当地的农机使用情况，选取了较为主流的沃德收割机和较为先进的久保田收割机，均为全喂入式谷物联合收割机。沃德是江苏本地国产品牌，收割机型号为 4LZ－2.3，发动机额定功率为 55 千瓦，外形尺寸 4630 毫米×2690 毫米×2460 毫米，工作幅宽 2000 毫米，出厂日期为 2011 年 7 月，使用时间为 5 年。久保田为日本品牌，其发动机等主要部件为日本生产，收割机型号为 4LZ－4（PRO988Q），是久保田 2016 年最新款，发动机额定功率为 72.9 千瓦，外形尺寸为 5730 毫米×2730 毫米×2940 毫米，割台宽度为 230 毫米，出厂日期为 2016 年 7 月，使用时间不到一年。

（3）机手的选取。当地机械收割主要依靠农机租赁服务，自家购买收割机的情况很鲜见，因此收割机操作员多为专业的操作员，操作较为熟练，经验丰富。沃德收割机的操作员拥有 10 年驾龄，久保田收割机拥有 7 年驾龄，都可以看作是老手。

（4）地块选取。本次实验选取 3 个地块作为机械收割实验地块。其中，地块 A 作为对照地块，面积 2.67 亩，种植抗倒伏的淮稻 5 号水稻，使用沃德收割机收割。地块 B 作为实验地块，面积 1.54 亩，种植南粳 9108，使用沃德收割机收割，反映不同品种的影响。地块 D 亦为实验地块，面积 2.57 亩，种植淮稻 5 号水稻，使用久保田收割，反映不同机械的影响。

2. 人工收获

人工收获地块种植的水稻品种为武运粳 21 号，属中熟中粳稻品种，由常州市武进区农业科学研究所于 2003 年育成，主要在江苏淮北地区种植。手工收割地块面积为 3.24 亩，其形状以及样本选点方式如附图 4 - 1 所示。

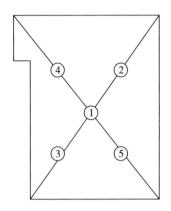

附图 4 - 1　地块 C（武运粳 21 号，手工收割）

（四）实验结果

由于我们获得的产量数据是农户晾晒以后的重量，因此需要将含水率折算到刚收获的水平，并去掉晾晒环节的损失率，再进行计算。经测量，刚刚收获的稻谷含水率约为 25%。根据江苏省粳稻最低收购价收购要求，稻谷含水率不得超过 14.5%，而农户通常将稻谷晾晒至含水率 12% ~ 13% 时销售。从而收获环节损失率表达式如下：

收获环节损失率 = 样本点平均损失量 ÷ ［总产量/（1 - 晾晒时的损失率）×（1 - 晾晒以后含水率）/（1 - 刚收获时的含水率）÷ 面积］× 100%

各地块各样本点的损失量及测算的损失率分别如附表 4 - 1 和附表 4 - 2 所示。

实验的结果与预期相一致，下面从几个方面进行讨论。

不同品种的差异：虽然地块 B 的南粳 9108 的单产高于地块 A 的淮稻 5 号，但是地块 A 的损失率明显低于地块 B 的损失率，地块 B 的损失率是地块 A 的 1.74 倍。究其原因，应该是淮稻 5 号的抗倒伏能力强于南粳 9108，受阴雨天气的影响形成的倒伏损失较少。南粳 9108 的优势在于单产高，口感好，售价高。可见，不同的水稻品种各有其优缺点，且受天气原因等农业生产风险影响较大。

附表 4 - 1　各地块各样本点的损失量　　　　　单位：克

样本	地块 A	地块 B	地块 C	地块 D
样本 1	9.59	4.62	4.55	9.02
样本 2	5.80	21.09	9.77	1.42
样本 3	9.25	24.97	3.11	11.51
样本 4	4.85	5.30	8.51	8.46
样本 5	11.80	17.90	13.71	3.60
样本平均	8.26	14.78	7.93	6.80

附表 4 - 2　各地块基本情况以及损失率　　单位：亩，千克，%

地块	收获方式	机械	品种	地块面积	产量	晾晒前含水率	晾晒后含水率	晾晒损失率	收获环节损失率
A	联合机械化收获	沃德	淮稻 5 号	2.67	1602	25	13.0	3	0.77
B	联合机械化收获	沃德	南粳 9108	1.54	974	25	14.0	1	1.34
C	人工收获	无	武运粳 21 号	3.24	2106	25	13.0	2	0.69
D	联合机械化收获	久保田	淮稻 5 号	2.57	1671	25	13.5	1	0.60

不同机械的差异：地块 D 的损失率最低，比地块 A 低 0.17 个百分点。地块 A 使用的是国产机器沃德收割机，且机械使用的年限已经达 5 年，接近一般国产机械的使用寿命，发动机老化比较严重，导致收割的动力不足。而地块 D 使用的新款的久保田收割机，发动机额定功率比沃德收割机高出 17.9 千瓦，再加上沃德收割机老化严重，实际工作的功率应该高出更多。动力更足的机器运作时，对地块的适应性更强，转弯更灵活，割台运转更迅速强劲，能大大减少收割损失。而久保田收割机由于是新款机型，不能享受国家农机补贴的优惠，只有个别农户拥有。因此，从减少粮食损耗的角度来说，应该发展性能更加优越的收割机器，并及时将先进机型纳入农机补贴范畴。

收获方式的差异：地块 C 为人工收获地块，其损失率为 0.69%，仅大于地块 D。可见，人工收获的损失较少，主要是由于手工收割时，在割断稻秆的过程中掉落的籽粒较少。以往的实验中手工收获的损失往往比机械收获低，而地块 C 的损失仍大于久保田收割机收割的损失率。据农户反映，主要是田间晾晒期间经历了阴雨天气，雨水打落了籽粒。而实验小组在采集样本的时候发现，掉落在地面的籽粒并非均匀分布，而是呈长排状分布，与田间晾晒时稻谷摆放的位置一致，而且掉落的一部分籽粒在雨水的浸泡下已经发芽。

（五）讨论：倒伏对粮食损耗的影响

在实验的过程中，我们发现虽然朱甜村 2016 年受水稻倒伏影响较大，沿路的农田多多少少都存在水稻倒伏的现象，一些农妇忙着将倒伏的稻谷用镰刀割下来后架在未倒伏的水稻上，避免机械收割时漏收。

我们见到的倒伏损失最严重的地块地面上密密麻麻地落满了谷粒。0.89 亩面积的土地上只收获了 800 斤左右的粮食，单产仅为 899 斤/亩，而邻近的地块的单产达 1200 斤/亩，如果按照这个产量水平来算，损失率高达 33.48%，远远高于我们上文中所计算的 1% 左右的损失率。

收割期间水稻倒伏不仅会造成大量的收获损失，而且还侵害了农户的利益。一方面，倒伏的水稻遇上阴雨天气，长时间泡在水中，导致水稻的籽粒霉变发芽；另一方面，倒伏的水稻不容易被收割机割到，导致漏收。研究表明，乳熟末期至蜡熟期发生倒伏减产 9.8% ~ 15.8%，稻谷千粒重下降 1.2 ~ 2.0g，垩白度增大。机械收割倒伏水稻需要更高的技术要求以及耐心的操作，操作时收割台尽量放低至切割器不碰到土壤，减少割幅，收割机不能像正常收割那样连续收割，割机应采用动力半联动的方式进行间隙切割收获。收割倒伏严重且互相交叠在一起的作物，在收割过程中机手稍有操作不当便容易发生割刀、割台堵塞。因此，倒伏水稻的机械收割费用比一般水稻收割费用高 1 倍左右。

针对水稻倒伏给农民带来的损失问题，合陈镇农科站提供了水稻倒伏补贴。倒伏面积占经营面积 1/3 以上的农户，可按照倒伏面积获得每亩 160 元的收入补贴，在一定程度上缓解了天气灾害给农户带来的收入冲击。

可见，培育抗性良好的品种不仅有利于保障农民收入免受生产风险的威胁，对于减少粮食损耗也具有十分重要的意义。同时，应该加强农业保险对农民收入的保障作用。

五、黑龙江省宝泉岭农场水稻收获损失实验报告

（一）引言

黑龙江省历来是我国重要的"粮仓"，为国家粮食安全提供了保障，并具有不可替代的作用。2015 年黑龙江粮食播种面积为 11765.2 千公顷，占全国的 10.8%；粮食总产量为 6324 万吨，占全国的 10.18%，不论是播种面积还是总产量均位列全国第一。其中，自 2005 年以来，水稻播种面积占比持续增长，在 2013 年达到最高值 13.30%，之后两年出现下降，2015 年仅为 7.11%。而从水稻产量占比来看，自 2011 年比重超过 10% 之后，五年来产量均维持在 10.5% 左右，其中 2013 年比重最高为 10.91%。不论是水稻播种面积还是水稻产量，黑龙江省均在全国占有重大份额。

从农业机械发展状况来看，黑龙江省作为一个农业大省，近年来农机总动力占全国的比重不断提高，由 2005 年的 3.27% 上升到 2014 年的 4.77%。同时由于黑龙江省特殊的农业生产状况，大中型拖拉机数量占全国的比重较高，稳定在 16% 以上。

黑龙江垦区位于世界闻名的黑土带上，是目前我国三大垦区之一。经过 60 年的开发建设，黑龙江垦区目前已建设成为我国最大的国有农场群，成为我国重要的商品粮基地、粮食战略后备基地和全国最大的绿色、有机、无公害食品基地。黑龙江垦区地处三江平原、松嫩平原和小兴安岭山麓，土地总面积 5.76 万平方千米，耕地面积 3600 多万亩。下辖 9 个分局、113 个农牧场，分布在全省 12 个市 74 个县（市、区）。现有总人口 165.8 万，从业人员 79.7 万。

2015 年黑龙江垦区粮食总产量达 441.3 亿斤，比上年增加 5.2 亿斤，已连续 5 年稳定在 400 亿斤以上。2015 年黑龙江垦区粮食综合单产达 520.7 千克/亩，比上年增加 7.2 千克/亩；新增粮食仓储能力 400 万吨，有效仓容达 2200 万吨；日烘干能力由 2014 年的 19 万吨提高到 21 万吨。黑龙江垦区被誉为"中华大粮仓"，全垦区有耕地面积 4300 多万亩，粮食商品量超过 400 亿斤，为保障国家粮食安全做出了重大贡献。

从近两年黑龙江农垦总局水稻播种面积来看，农垦总局水稻播种面积占黑龙江水稻播种面积的比重维持在 38% 左右（见附表 5-1）；而从产量来看，农垦总局的占比却达 60% 以上，说明农垦虽然播种面积占比低但单产高，体现了"中国农业看农垦，农垦农业看宝泉岭"的口号。从农业机械总动力占比来看，农垦总局占比为 17% 左右，其中大中型拖拉机占比为 10%。

黑龙江省宝泉岭农场 1950 年建场，位于黑龙江省东北部萝北县境内，地处黑龙江、松花江两江三角地带的小兴安岭余脉，距鹤岗市 22 千米，坐落于美丽的宝泉岭农垦城。境内有梧桐河、嘟噜河等五条河流，年活动积温在 2100℃ ~2600℃，有效积温在 2400℃ 左右，年平均降水 578 毫米。佳鹤铁路、哈萝高等级公路（101 国道）贯通南北，交通运输十分便利。

附表 5 - 1   2013～2014 年农垦总局水稻生产情况   单位：%

年份	农垦总局水稻播种面积占黑龙江比重	农垦总局水稻产量占黑龙江比重	农垦总局农业机械总动力占黑龙江比重	农垦总局大中型拖拉机占黑龙江比重
2013	38.88	62.40	17.20	10.10
2014	37.54	60.88	16.79	9.42

资料来源：《黑龙江统计年鉴》（2014～2015 年）。

宝泉岭农场是垦区先进农业机械化农场，现拥有耕地面积 58 万亩，其中旱田 45 万亩，水田 13 万亩，全年粮食产能 38 万吨以上。全场农机总动力 10 万千瓦，农机田间作业综合机械化率达 99.9%。拥有大中型农业机械 5396 台套，其中世界先进的大马力拖拉机 80 台，联合收割机 385 台，先进收割机 58 台。进口免耕玉米精量播种机 140 台，GPS 卫星定位自动导航系统 102 套，玉米秸秆还田机 130 台，粮食烘干处理设备 50 套，仓储能力达 30 万吨以上，玉米生产种、管、收、秸秆还田、整地和粮食处理实现全程机械化，机械化率达 100%，使农场成为垦区实现大面积采用现代化农业机械作业的企业之一。2016 年，农场、分公司收获面积 57.65 万亩，其中水稻 13.45 万亩，玉米 42.93 万亩。

（二）实验设计

宝泉岭农场现已实现水稻生产的全程机械化，因而本次实验主要进行机型和品种的对比。实验时间为 2016 年 10 月 5 日 12：00～16：00。天气晴，平均温度为 5℃。

机型选择：在宝泉岭农场及周边地区，目前使用的水稻收割机机型较多，主要有国产的雷沃谷神和沃得、日本的久保田和洋马、美国的约翰·迪尔。

从农场生产部、农机科等相关部门相关同志访谈了解到洋马 AW85G 是目前作业效率最高的水稻收割机，而使用最为广泛的水稻收割机是雷沃谷神的 RG40。洋马 AW85G 外形尺寸为 5040 毫米×2285 毫米×2800 毫米；整机总量为 3185 千克；发动机为日本洋马 4 缸、水冷、四冲程柴油机；额定功率为 62.5 千瓦（85 马力）；割幅为 2060 毫米；脱粒方式采用轴流式纵置前滚筒；报警装置：二次报警、水温、油压、充电；油箱容量为 80 升；清选方式采用振动、鼓风、2 次处理；输粮管大粮箱容量为 1030 升；厂家指导作业效率为 0.22～0.56 公顷/小时；购买时间为 2016 年 5 月，购买时原价为 16.8 万元，享受补贴之后购买价为 14.5 万元；作业时间为 10：30～16：30，共 6 个小时；作业区域主要为宝泉岭农场及周边地方农户。

雷沃谷神 RG40（4LZ－4G）外形尺寸 4850 毫米×2560 毫米×2700 毫米；发动机为道依茨大柴 88 马力；整机总量为 3080 千克；额定功率为 65 千瓦（88 马力）；无级变速式行走变速装置；割幅为 2200 毫米；脱粒方式采用切流＋横轴流脱粒技术；报警装置：二次报警、水温、油压、充电；清选方式采用离心风机和双层振动筛组合；喂入量为 4 千克/秒；油箱容量为 95 升；粮箱容量为 1200 升。购买时间为 2013 年，购买时原价为 8.5 万元；作业时间为 10：30～16：30，共 6 个小时；作业区域主要为宝泉岭农场及周边地方农户，年均收割面积为 23 公顷。

水稻品种选择：宝泉岭农场位于第三积温带（2300℃～2500℃），因而在水稻品种选择方面应同时考虑积温和水利条件，根据多年的种植经验，目前宝泉岭农场主要种植的水稻品种为龙粳 31、龙粳 46 和龙粳 18。本次实验选取的水稻品种为龙粳 31 和龙粳 18。龙粳 31 是以龙花 96－1513 为母本，垦稻 8 号为父本，接种其 F1 花药离体培养，后经系谱方法选育而成。主茎 11 片叶，株高 92 厘米左右，穗长 15.7 厘米左右，每穗粒数 86 粒左右，千粒重 26.3 克左右。在适应区出苗至成熟生育天数为 130 天左右，需≥10℃活动积温 2350℃左右。2008～2009 年区域实验平均公顷产量 8165.4 千克，较对照品种空育 131 增产 5.7%；2010 年生产实验平均公顷产量 9139.8 千克，较对照品种空育 131 增产 12.6%。龙粳 31 播种时间为 4 月 15～25 日，插秧时间为 5 月 15～25 日。插秧规格为 30 厘米×13.3 厘米左右，每穴 3～4 株。中等肥力地块公顷施尿素 200～250 千克，二铵 100 千克，硫酸钾 100～150 千克。花达水插秧，分蘖期浅水灌溉，分蘖末期晒田，后期湿润灌溉。

龙粳 18 是黑龙江省农业科学院水稻研究所选育的水稻新品种龙粳 18 号，具有高产稳产、米质优、耐寒性强、抗稻瘟病性较强、中早熟、分蘖力强、活秆成熟、适应性广等特点。是适应第二积温带下限、第三积温带种植的高产、优质、抗病水稻新品种。2003 年省预备实验平均产量 8304.9 千克/公顷，较对照东农 416 增产 8.5%；2004 年省区域实验平均产量为 8296.9 千克/公顷，较对照东农 416 增产 9.4%，2005 年省区域实验平均产量为 7976.7 千克/公顷，较对照东农 416 增产 8.6%，2004～2005 年区域实验平均产量 8168.8 千克/公顷，较对照品种东农 416 平均增产 9.1%；2006 年生产实验，平均产量为 7995.1 千克/公顷，较对照品种东农 416 平均增产 10.7%。2006 年 9 月 24 日，由黑龙江省科技厅和黑龙江省农委邀请的有关专家组成的超级稻验收组，在农垦建三江分局创业农场对龙交 01B－1330 进行现场鉴定验收，产量为 751.0 千克/667 平方米，超过了农业部与科技部所确定的百亩超级稻 700 千克/667 平方米的产量指标。该品种生育天数 128～130 天，需 ≥10℃ 活动积温 2380℃左右，较对照品种东农 416 早 1～2 天，为中早熟品种。主茎 12 片叶，株高 85.0 厘米左右，分蘖力强、叶色淡绿、株型收敛，剑叶开张角度小，穗长 17.0 厘米，每穗粒数 100 粒，空秕率 8.0%，千粒重 26.6 克。龙粳 18 播种日期为 4 月 15～25 日、日期为 5 月 15～25 日，插植规格 30 厘米×13 厘米左右，每穴 3～4 株。中等肥力地块，一般施肥量磷酸二铵 100 千克/公顷、尿素 200～300 千克/公顷、硫酸钾 100～150 千克/公顷。水层管理，插秧后保持浅水层，7 月初晒田，复水后间歇灌溉，8 月末停灌。

机手选择：由于水稻种植的特殊性，收获期之前尽管已经将水排完，但直至收割时地面也会非常泥泞，可见明水，水稻收割机虽然安装了履带，但是在具体收获作业中仍需较高的操作技术，因而水稻收割机手均为熟手，收割时间均在 5 年以上。

地块选择：实验地块为宝泉岭农场的二连。由于秋收农忙，且面临下雨和上冻的双重不利因素，所以收获机械要按照农场的统一调度进行作业。

样本点选择：收割机在作业过程中除了有正常行进的路线还有拐弯、修边、地头等特殊点，因而为了使实验结果更加准确和科学，本次实验适当改变了实验样本。每个样本点为 1 米×1 米的一个 1 平方米区域。具体样本点选点见附图 5－1 至附图 5－3。

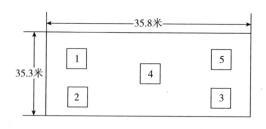

附图 5－1　雷沃谷神 RG40、龙粳 18 样本点示意图（熟手）

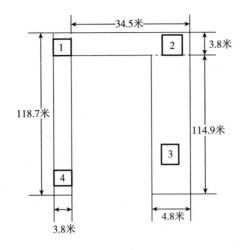

附图5-2 雷沃谷神 RG40、龙粳31 样本点示意图（熟手）

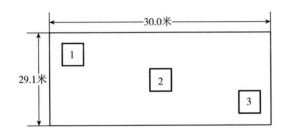

附图5-3 洋马 AW85G、龙粳31 样本点示意图（熟手）

（三）结果与讨论

总体来看，这三个实验的损失率相差不大，均低于国家最高标准3.5%（见附表5-2）。

附表5-2 各地块收获方式及损失量　　　单位：克/平方米

地块	实验方案	各样本框损失量				
		1	2	3	4	5
1	雷沃谷神 RG40、龙粳18（熟手）	18.00	46.00	13.00	9.00	18.00
2	雷沃谷神 RG40、龙粳31	6.22	27.49	31.68	85.39	—
3	洋马 AW85G、龙粳31	30.25	38.55	34.49	—	—

资料来源：根据实验数据整理得出。

从地块 1 可以看出，损失量并未表现出一定的规律性。地块 2 的损失量同样也未表现出一定的规律性，但样本点 4 损失量明显高于其他点，这是因为次区域地面积水较多。地块 3 的各样本点损失质量均在 30 克以上，样本点 2 损失量最多为 38.55 克。

各地块损失率均为平均损失率，并没有进行相关加权，这是因为在实验点水稻收割的具体作业中，收割机手除了会根据地块形状进行相应的收割作业路线调整外，还会根据水稻接收车的实际情况进行作业，因而各个点的水稻收获损失权重一样。

通过以上结果可以看出，三个水稻收获损失实验损失率基本符合国家标准，损失系数最高为 3.23%，最低为 1.98%（见附表 5-3）。

附表 5-3　三个实验损失实验结果　　单位：平方米，吨，%

地块	面积	机型	机手	品种	产量	单产	损失量	损失率
1	1263.74	雷沃谷神 RG40	熟手	龙粳 18	1.3	0.6861	0.026	1.98
2	2470.56	雷沃谷神 RG40	熟手	龙粳 31	2.9	0.7829	0.093	3.11
3	873.00	洋马 AW85G	熟手	龙粳 31	0.9	0.6876	0.030	3.23

资料来源：根据实验数据整理得出。

水稻品种对收获损失的影响。地块 1 采用的机型为雷沃谷神 RG40，水稻品种为龙粳 18，损失率为 1.98%，为三个实验中损失率最低的地块。通过与地块 2 对比，得出的基本结论为品种差异使损失率降低。此外地块 1 排水较为方便，地块含水量少，可能也是损失率较低的一个原因。

水稻收割机对收获损失的影响。地块 2 采用的机型为雷沃谷神 RG40，水稻品种为龙粳 31，损失率为 3.11%，与地块 1 对比发现，收割机型一样的情况下，水稻品种对水稻收获损失率产生的影响不一样。而同为龙粳 31 的水稻品种，虽然地块 3 采用了当地地形、品种条件下作业效率最高的收割机机型，但损失率却高于主流机型。这是因为地块 3 含水率更高，在实验中，可以看到两台东方红 554 拖拉机同时拉动一个车斗，足以看出地块的泥泞程度。

针对以上三个实验得出的损失情况，提出如下思考：第一，提高水田的排灌溉系统作业效率，由于雨水偏多，使部分水田的排水不畅，导致收获损失系数较高，因而需要提早科学规划水田的排灌溉系统，真正实现"旱能灌，涝能排",减少雨水带来的不利因素。第二,遇到雨水多或其他非正常天气情况时,农技部门或农场生产科应及时指导农民在各作物重要生长节点及时采取相应的田间管理,保障作物正常生长。第三,在抢收抢种时应合理安排,统筹调度,将损失降到最低。

六、山东滕州小麦收获损失实验报告

(一)引言

山东位于黄淮海地区,处于黄河下游,周边与河北、河南、江苏和安徽接壤,属温带季风气候,是我国主要的小麦产区。2015年,山东省小麦播种面积5699.8万亩,占全省粮食播种总面积的50.7%,其中播种面积在400万亩以上的市有6个,分别是潍坊、济宁、临沂、德州、聊城、菏泽,其面积总和占到全省小麦播种面积的62.3%;小麦总产量达469.3亿斤,占全省粮食总产量的49.8%,其中产量超过40亿斤的市有5个,分别是菏泽、德州、聊城、济宁、潍坊,其产量总和占到全省小麦产量的55.7%。

在收获时间上,一般而言,山东地区一般是在6月由南向北步入小麦的收获时节。其中,泰安大概在6月2日左右开始大面积收割小麦;德州在6月10日左右大面积收割小麦;菏泽在6月10日左右开始大面积开割;滕州在6月15日左右将大面积开始收割。

山东省小麦机械化水平较高,机播、机收率均达98%以上,基本实现"全程机械化";但不同区域的差异较大,其中东部和中部地区山区丘陵较多,不利于机械化作业,西部的鲁北地区、鲁西地区、鲁南地区地势平坦,适于机械规模化作业。

(二)实验点概况

滕州位于山东省南部,地处鲁中南山区的西南麓延伸地带,属黄淮冲积平原的一部分;全市土地总面积1485平方千米,地势从东北向西南倾斜,依次为低山、丘陵、平原、滨湖,其中低山丘陵区面积454平方千米,占全市总面积的30.5%;平原区面积914平方千米,占全市总面积的61.6%;滨湖区面积约117平方千米,占全市总面积的7.9%。

滕州下辖17个乡镇,4个街道,1246个行政村居,总人口170万,是山东省人口最多的县级市。滕州市经济水平在山东处于中上游。2015年,全市实现地区生产总值1010亿元,成为省内强县(市)中"千亿俱乐部"(龙口、即墨、荣成、滕州)的重要一员。

滕州是全国著名的粮食精种高产基地,全省耕地面积 70 多万亩,人均耕地 0.6~0.7 亩;主要粮食作物有小麦、玉米和马铃薯,其中玉米和小麦轮作,马铃薯为两季(春、秋)。2015 年,全市小麦种植面积为 86 万亩。

滕州农作物机械化水平较高,95% 以上实现了机械化种植,其中小麦基本实现了机械化,收割机械以当地机械为主。据当地政府官员估计,滕州小麦田间收获损失率为 2%~3%;脱粒后的小麦或者采用烘干机进行干燥,或者散落在晒场、公路、硬化面上进行自然晾晒,"烘干 + 地上晾晒"的损失率大约为 1‰。

(三)实验对象——滕州市富原粮食种植专业合作社

滕州市富原粮食种植专业合作社位于西岗镇南环路。合作社现有办公场所 210 平方米,车库库房 1380 平方米,硬化场地 2000 平方米,修铺田间道路 5000 余米。

合作社于 2009 年 8 月在工商局注册"滕州市富原粮食种植专业合作社",注册资金 561.8 万元,由 5 位种植大户发起,纳入农户 260 余户,成立内部互助,已发展互助资金户 35 户,互助资金 140 万元。目前合作社经营种植面积达到 1000 余亩,年粮食产量达 2400 吨,利润 40 万~50 万元。合作社主要种植小麦、玉米,规模化经营、科学化管理。

合作社于 2010 年 12 月在工商局注册"滕州市瑞丰农机专业合作社",2011 年 10 月又成立"滕州市新岗植物保护专业合作社",合作社引进粮食作物耕种及收割机械达 60 余台套,配套粮食烘干塔 4 台,为机械化耕种及收割提供服务。

植物保护专业合作社对农作物实施定点监测、预测、防治病虫害及技术培训等,合作社配套了植保机械 120 台套,组织了机械队伍,利用现代化农业机械、植保机械跨区作业。

"滕州市富原粮食种植专业合作社""滕州市瑞丰农机专业合作社""滕州市新岗植物保护专业合作社"组成为"三社合一"规模化示范合作社,为粮食作物生产、机械化耕种、病虫鼠害防治服务,不仅节约劳动力、降低生产成本,而且实现了粮食增产、农业增效、农民增收,为合作社发展奠定了良好的基础。

(四)实验设计

实验时间:2016 年 6 月 6~8 日。

田间实验时间:2016 年 6 月 7 日。

实验地点：山东省滕州市西岗镇半阁村。

实验内容：不同收割机机型、品种对小麦收获损失的影响。

实验地块及样本点选取：

共选取3块地块，各地块的形状及选点如附图6-1至附图6-3所示。地块1面积为：924.58平方米（=53×24.8-43.8×8.9=1314.4平方米-389.92平方米）。

地块2实验面积为：330.33平方米（=27.3×12.1）。

地块3实验面积为：1442.39平方米（=135.5×10.29+22.9×2.1=1394.295平方米+48.09平方米）。

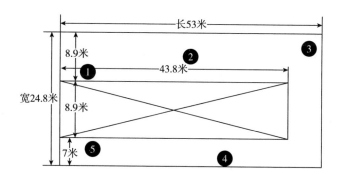

附图6-1　实验地块1

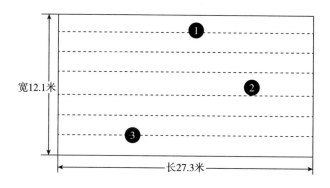

附图6-2　实验地块2

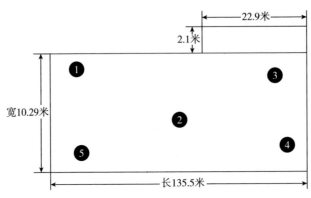

附图 6-3　实验地块 3

（五）实验结果

实验结果表明（见附表 6-1）：第一，不同小麦品种对收获损失造成的影响：控制小麦收割机机型后可以发现，块地 1 和块地 2 的损失率相差 1.1214% -0.5343% = 0.5871%，说明相对于济麦 22，如果大面积推广种植矮抗 58，小麦的田间收获损失率有望减少 52.36%。小麦品种改良的减损效果明显。第二，不同小麦收割机型对收获损失造成的影响：控制小麦品种后，可以发现，块地 2 和块地 3 的损失率相差 1.1214% -0.3769% = 0.7445%，说明相对于福田雷沃 GF50（125 马力），如果在收割时采用大型联合收割机——雷沃谷神 GE70（145 马力），小麦的田间收获损失率有望减少 66.39%。小麦收割机型改进的减损效果亦十分明显。

附表 6-1　实验结果

序号	实验内容		实验面积（平方米）	样本点（平方米/个）	产量（千克）	含水率（%）	杂质率（‰）	损失量（克）	损失率（%）
	机型	品种							
1	福田雷沃 GF50（125 马力）	矮抗 58	924.58	5	836.0	16.8	3	23.03	0.5343
2	福田雷沃 GF50（125 马力）	济麦 22	330.33	3	286.5	19.4	3	26.95	1.1214
3	雷沃谷神 GE70（145 马力）	济麦 22	1442.39	5	1205.5	16.0	3	15.16	0.3769

注：机械来源于合作社。

七、甘肃会宁小麦收获损失实验报告

（一）引言

会宁县位于甘肃省中部、白银市南端，总面积6439平方千米，辖28个乡镇、284个行政村、11个社区，总人口58.66万，其中：农业人口53.16万、占总人口的90%，实有耕地400多万亩，其中梯田190多万亩、水浇地21万亩，是甘肃人口和地域大县。平均海拔2025米，年平均温度7.9℃，年平均降水量370毫米，年平均蒸发量1800毫米。2015年，全县实现生产总值57.07亿元，较2010年年均增长11.8%；固定资产投资82.7亿元，较2010年年平均增长40.3%；2014年农民人均纯收入4500.6元，较2010年年均增长14.1%；2015年农民可支配收入5834.2元，较上年增长14%。

会宁是粮食生产大县。近年来，会宁县按照"稳定面积、优化结构、依靠科技、主攻单产、增加总产"的思路，大力实施科技抗旱增收工程、良种工程、沃土工程、高产创建工程、植保工程、接受灌溉工程粮食增产六大工程，积极探索高产高效培植模式，水地套种面积已突破20万亩，增产幅度大，增收效果显著；旱地马铃薯、玉米等高产作物种植达到200多万亩。全县已建成组培室3处，建立原种扩繁基地0.48万、一级种薯繁育基地4.3万亩、二级种薯繁育基地3.38万亩，全县脱毒种薯推广面积达89.8万亩，建成马铃薯淀粉加工企业2家，年总加工能力达1.1万吨；完成全膜种植121.3万亩，其中全膜玉米105.6万亩，全县粮食实际总产量达8.85亿千克，粮食生产实现历史性的"十二连丰"。2012年获"全国粮食生产先进县"称号，2012～2015连续四年获全国产粮大县奖励。2016年全县粮食播种面积259.3万亩，其中小麦30.2万亩，玉米112.4万亩，马铃薯100.2万亩，建设国家产粮大县和国家旱作高效农业示范区。

（二）实验点介绍

实验所在村为会宁县甘沟驿镇六十铺村。全村总人口为3500余人，耕地面积为9303亩，其中水浇地4193亩，旱地5110亩。村里主要种植粮食作物有小麦、玉米、谷子、糜子、高粱等，经济作物有胡麻、麻子、瓜果蔬菜等，养殖有生猪、鸡、牛、羊等。其中小麦和玉米种植面积各占全村总种植面积的40%。小麦种植时间为惊蛰前一周，即3月初，收获时间为7月中下旬。

在土地流转方面，全村土地流转主要发生在旱地，旱地流转面积占旱地总面积的40%，为2000多亩，且由于旱地产量较低，不便于耕作，因而旱地的

流转费用为零。水浇地流转面积占全村水浇地总面积的 7%，为 300 亩，流转费用为 100 元/亩。在土地流转过程中，流入方和流出方均签订有完善的流转合同。

所调研的文兵农机专业合作社位于会宁县甘沟驿镇六十铺村，是集农业机械引进、推广、维修、农机培训和作业服务、农机作业信息收集与发布、土地流转经营为一体的综合型农业机械化专业合作经济组织。合作社始建于 2009 年，2010 年 4 月正式注册，注册资金 500 万元，现拥有大中型农业机械 20 台，配套各种农机具 77 件（套），建设机具库 8 间共 387 平方米，修理车间 3 间共 96 平方米，培训教室 1 间共 80 平方米，办公室 4 间共 140 平方米，马铃薯脱毒种薯贮藏库 10 座共 1000 平方米。现有社员共 315 人，其中农机操作手 28 名，聘请高级农艺师 1 名，高级农业机械师 1 名。合作社以甘沟驿镇为中心，辐射周边郭城、柴家门、河畔、韩集、八里、汉岔、老君等乡镇和 4 个农民专业合作社的农机作业服务，总服务面积达 22000 余亩，为农民提供耕、种、松、收和病虫害统防统治等一系列田间机械化作业服务。

合作社按照发展现代农业和新农村建设的总体要求，牢固树立服务"三农"的宗旨，紧紧围绕推进农业机械化科学、协调、可持续发展，全面提升农机社会化服务水平这一目标，依托党的惠农政策、国家惠农项目，开展全程机械化作业服务，集中解决"一家一户"分散经营办不了、办不好、办了不合算的事，促进农机和农艺的有机结合，充分发挥农业机械化在现代农业生产中的主导作用。

合作社以"以农为本，服务三农"为宗旨，在服务中严格做到"五统一五保证"，即统一作业价格质量，保证农户满意；统一机手技术培训，保证队伍素质；统一完善各类档案，确保机具作业能力，保证管理有序；统一调配机械，保证服务到位；统一操作规程，保证安全生产。合作社现在开展小麦、玉米和马铃薯全程机械化和小麦、玉米跨区作业服务。

（三）实验设计

实验时间：2016 年 7 月 17~21 日。

田间实验时间：2016 年 7 月 20 日。

实验地点：会宁县甘沟驿镇六十铺村。

实验内容：不同品种、不同脱粒机型、联合收割机对小麦收获损失的影响。

实验地块：选择种植同一品种的地块作为实验 1、实验 2 和实验 3 的实验地块，选择另一小麦品种的地块作为实验4的实验地块。

实验选点方法：参照国家标准《农业机械实验条件测定方法的一般规定》（GB/T 5262—2008）所使用的五点法，结合实际确定五点。

实验方法：手工收割损失率测算。收割完后，把各选点框内的麦粒、麦穗捡拾干净并脱粒后分别称重。每个检测点的面积为1平方米。机械收割损失测算同手工收割损失率测算一样。

手工收割机械脱粒测算：方法1，将每个检测点内小麦单独收割放置，用传统脱粒机械进行脱粒作业，收集脱粒后的小麦以及秸秆和麦穗，并对未脱干净的小麦进行收集。每个检测点的面积为4平方米。

方法2，将收割完的小麦随机抽取15千克，进行单独脱粒作业，收集收割机脱粒后所有的小麦及秸秆和麦穗，对未脱干净的小麦进行收集。重复以上操作5次。

（四）实验结果

第一，不同小麦品种对小麦收割损失影响不同，其中收割损失率最低为1.23%，最高为3.49%，最高与最低相差2.26%（见附表7-1）。

附表7-1　实验结果　　　　　　　　单位：平方米,%

实验内容		地块面积	收割损失率	脱粒损失率	收获损失率
实验1	手工收割+传统脱粒机脱粒（甘春25）	436.80	3.49	1.88	5.37
实验2	手工收割+联合收割机脱粒（甘春25）	436.80	2.07	0.41	2.48
实验3	手工收割+联合收割机脱粒（宁春25）	218.12	1.23	2.94	4.17
实验4	联合收割机+老手（甘春25）	1058.78	—	—	1.96

注：联合收割机机型为奇瑞重工谷王4L23.5A，使用时间为4年。机械来源于合作社。机手操作年龄为老手4年。传统脱粒机为甘肃武威兴旺农机制造有限公司制造的小麦脱粒机，使用时间为5年。

第二，不同小麦品种对脱粒损失会产生显著影响。宁春25脱粒损失率为甘春25的7倍，说明在当前的种植条件、收割条件下，甘春25为适宜品种。

第三，统一小麦品种，由于脱离机械的不同，导致的脱粒损失率相差较大。传统脱粒机械的脱粒损失率为联合收割机脱粒损失率的4.6倍。因此，发展先进脱离机械并应用于实际对减少小麦脱粒损失有积极作用。

第四，本次联合收割损失率为1.96%，低于河南、山东和河北等小麦主产区所测算的损失率，同时也低于国家标准。

第五，本次测算的损失率相对较低，可能的原因与此次实验选择收割时机有关，本次实验时间为小麦成熟前期，与之前的实验时间为小麦成熟后期形成一定的对比。农民选择小麦成熟后期进行收获，主要的原因是小麦收获之后可以直接出售或储藏，不想花费更多的时间和精力进行干燥。

从小麦种植的成本收益来看，成本利润率还是较高的（见附表7-2）。

附表7-2　小麦种植成本收益

项目	计算过程	金额
种子	40斤/亩，每斤2元	80
化肥	二胺，20~30斤/亩，80元/亩；追肥（尿素）30斤/亩，30元/亩	110
农药	除草剂＋蚜虫＋吸浆虫	45
整地	整地两次，一次50元/亩	100
机播	20元/亩	20
浇地	60~70元/次，浇地四次	250
机收	60元/亩	60
每亩物质费用	上述各项合计	665
人工成本	70元/天，用工量为2个/亩	140
小麦种植成本	物质成本＋人工成本	805
小麦生产总收益	销售收入＋补贴	1120
销售收入	2015年单产800斤/亩，售价1.25元/斤	1000
农业补贴合计	各项补贴	120
每亩净收益	1000＋120－805＝315元/亩	315
成本利润率	利润/成本	39.13

八、河南安阳小麦收获损失实验报告

（一）引言

安阳县位于河南省最北部，地处中原腹地，晋、冀、鲁、豫4省6县交界，紧紧环绕安阳市区，素有"豫北冲要、四省通衢"之称。地势西高东低，西部为山区，中部丘陵、东部平原、丘陵山地占30%，平原占70%。气候为暖温带半湿润大陆性季风气候，气候温和，四季分明，日照充足，雨量适中。

历年平均气温 12.7℃~13.7℃，全年降水量 606.1 毫米。

全县下辖 20 个乡镇，571 个行政村，全县辖区面积 1134 平方千米，总人口 92.04 万，其中农业人口 80.6 万。

耕地面积 98.5 万亩，常年粮食产量在 70 万吨以上，是全省高标准粮田建设先进县、全国粮食生产先进单位、国家生态农业创新示范基地和国家现代化农业综合示范区，是河南省重要的棉花、油料、蔬菜等经济作物生产基地。小麦种植面积 80 万亩，10 月中旬种，次年 6 月中旬收，机收率 98%，个别山地和小地块无法机收。玉米种植面积 92.3 万亩，6 月下旬种，10 月上旬收，机收率超 90%。

全县土地流转面积达 37 万亩，培育中粮大户 250 户，家庭农场 204 家，专业合作社 668 家，其中粮食 295 家、农机 55 家、林业 72 家、畜牧 150 家、其他 96 家。

（二）实验对象

实验所在村为安阳县永和乡后刺头村，距市区 20 千米，距乡镇 3 千米。全村 1500 人，就近和外出就业各占 50%。平原地形，土壤肥沃，耕地 1400 亩。

全村主要种植小麦和玉米，种植面积都为 1400 亩。小麦种植品种为周麦 16、周麦 22、矮抗 58。2015 年小麦单产 1100 斤/亩。小麦播种时间为 10 月中旬，收获时间为 6 月中旬。小麦收获方式为机收，机收率 98%。玉米 6 月中旬种，10 月收，亩产 1300~1400 斤/亩。

小麦机收费用根据地形地块情况议价，平均 60 元/亩。机收效率大户机 200 亩/天，小户 80 亩/天。

小麦一般在含水量 11%~13% 的时候收割，地头卖给种子公司等。收获的小麦用农用三轮车散装运输。农户基本不存粮，主粮通过购买获取。村里大部分青壮年劳动力外出打工。

小麦收获损失因素主要包括收获前后的天气状况、小麦品种、收割机型等。根据农户以往经验，收获损失率为 5%~6%。

实验农户为安阳县兴农种植专业合作社李理事长。合作社由李理事长等 8 人发起，于 2007 年 7 月 6 日成立，成员出资总额 70 万元。以服务成员、谋求全体成员的共同利益为宗旨。成员入社自愿，退社自由，合作社民主管理，自主经营，自负盈亏，利益共享，盈余主要按照成员与合作社交易量比例返还。合作社经营范围包括种子、植保、农机，流转土地 6000 亩，已实行跨区作业。

目前有农药喷洒无人机 8 架，成本 18.6 万元/架，油动力，作业收费 10 元/亩，每架次飞行 10 分钟，可携带农药 16 千克，每天可作业 600 亩。合作社入股金 3 万~4 万元。合作社面临的主要发展瓶颈有：市场需求信息不通；无对口银行，贷款较难；融资渠道不畅等。

（三）实验设计

实验时间：2016 年 6 月 7~9 日。

田间实验时间：2016 年 6 月 9 日。

实验地点：安阳县永和乡后刺头村。

实验人员：河南省农业厅：杜瑞平、杨洋，中国农业大学：朱俊峰、康俊朋、屈雪、宋帝，安阳县农业局及合作社李国栋等人员。

实验内容：不同小麦收割机机型、收割机操作手熟练程度、小麦品种对小麦收获损失的影响。

（四）实验结果

实验结果如附表 8-1 所示，可以看出如下四个特点：

第一，不同小麦品种对收获损失造成的影响可以忽略不计。

第二，主流小麦联合收割机机型与落后联合收割机机型相比，对减少小麦收割损失有明显改进。主流小麦联合收割机的损失率比落后联合小麦收割机低 0.62%。

第三，先进机型的损失率却比落后机型的损失率高，但是相差不大。

第四，不同收割机操作员对小麦收割损失会产生显著影响。本实验中的新手为 3 年驾龄，老手为 10 年以上驾龄。新手产生的损失为老手的 3 倍以上。

附表 8-1　实验结果　　　　　单位：平方米，%

	实验内容	地块面积	损失率
实验 1	落后机型 + 老手（919）	349.20	1.02
实验 2	落后机型 + 老手（919）	698.40	0.39
实验 3	先进机型 + 老手（919）	349.20	1.86
实验 4	主流机型 + 新手（919）	698.40	2.77
实验 5	落后机型 + 新手（豫麦58）	519.92	3.39

注：收割机机型为福田雷沃谷神（落后机型），马力为 61 千瓦；福田谷神（主流机型），马力为 60 千瓦；华盛厚德（先进机型），马力为 92 千瓦。机械来源于租赁。机手操作年龄为老手 10 年以上，新手 3 年。

从成本收益来看，成本主要包括种子、化肥、农药、灌溉、电费、人工费等。总成本 800~1000 元/年。其中人工费 130~140 元/亩。

收益方面，小麦单价：2015 年小麦售价 1.32 元/斤，2016 年预计为 1.18 元/斤。2015 年玉米售价 0.65 元/斤，2016 年预计 0.7 元/斤。产量：小麦 1100 斤/亩，玉米 1300~1400 斤/亩。

九、河南兰考小麦收获损失实验报告

（一）引言

兰考县位于河南省东部，地处豫东平原西部，西邻开封，东连商丘，北邻菏泽，总面积 1116 平方千米。兰考县地势西高东低，平均海拔 66 米。兰考县属暖温带季风气候，年平均气温 14℃。全年日照时数 2529.7 小时，平均年降雨量 678.2 毫米。

全县共有乡镇街道 16 个，其中街道办事处 3 个。全县总人口 84.14 万，常住人口 62.9 万，城镇化率 33.1%。

全县共有合作社 800 个。全县耕地面积为 102 万亩，土壤类型为沙壤土。种植品种为小麦、玉米、花生和少量水稻。其中，小麦播种面积为 86.1 万亩。小麦机收率为 98%。剩下 2% 不能机收的原因为地块面积较小或机械不能进入；玉米种植面积为 60 万亩，机收率为 1/4~1/3；花生种植面积为 20 万亩。机收率为 90%，4 月中旬种，9 月下旬收。

2016 年全县小麦单产为 438 千克/亩，种植面积为 93 万亩。主要种植品种为周麦 16、周麦 18、周麦 22、周麦 24、周麦 27。

（二）实验地概况

兰考县仪封乡土山村，全村共 680 户，2760 人；耕地面积为 4500 亩。

耕地类型为平原，土壤主要是沙壤土。距离县域 20 千米，距离仪封镇 7.5 千米。

全村主要种植小麦、玉米、花生。其中小麦种植面积 4500 亩，玉米种植面积 1000 亩，花生种植面积 3800 亩。小麦种植面积占耕地面积的 90%。小麦种植品种为周麦 27、周麦 16。2015 年小麦单产：好地 1000 斤/亩，孬地 600 斤/亩。2016 年小麦单产：好地 800 斤/亩，一般地 400 斤/亩。小麦播种时间为 10 月上旬，收获时间为次年 6 月 1 日开始。小麦收获方式为机收，玉米收获方式主要为人工收割，花生收割方式为机收。

小麦收割机收割费用：好地 50 元/亩，孬地 40 元/亩；收割效率：6~7

亩/小时，好机器：10 亩/小时；工作时间为 10 ~ 15 小时/天。花生收割机收割效率：5 ~ 6 亩/小时。

实验农户为土山村郁某家，全家共有 5 口人。自有耕地 10 亩，租种耕地 24 亩。村庄一般水平为 600 元/亩。主要种植小麦和花生，小麦种植面积 34 亩。种植品种为周麦 27 和周麦 16。由于小麦和花生套种，不存在抢种抢收。从地里收获小麦之后用三轮车运回家中（三轮车购买单价 17000 元），主要运输方式为散装和编织袋。运输途中不存在损失。小麦到家之后在自家院子中晾晒。会有少量的虫食和老鼠偷食。

（三）实验设计

实验时间：2016 年 6 月 4 ~ 7 日。

田间实验时间：2016 年 6 月 6 日。

实验地点：兰考县仪封乡土山村。

实验内容：不同小麦收割机机型、收割机操作手熟练程度、小麦品种对小麦收获损失的影响。

实验地块：选择种植同一品种的地块作为实验 1、实验 2 和实验 3 的实验地块，选择另一小麦品种的地块作为实验 4 的实验地块。

选点方法：参照国家标准《农业机械实验条件测定方法的一般规定》（GB/T 5262—2008）所使用的五点法，即在四方形的实验区域内找到对角线，两条对角线的交点作为一个取样点位，然后，在两条对角线上，距 4 个顶点距离约为对角线长的 1/4 处取另外 4 个点作为取样点进行取样或测量。

实验方法：收割完后，把各选点框内的麦粒、麦穗捡拾干净并脱粒后分别称重。每个检测点的面积为 1 平方米。

（四）实验结果

实验结果表明（见附表 9 - 1）：不同小麦品种对收获损失造成的影响可以忽略不计；先进小麦联合收割机机型与主流联合收割机机型相比，对减少小麦收割损失有明显改进。如果采用先进小麦联合收割机可以减少损失 42.54%。另外，不同收割机操作员对小麦收割损失会产生显著影响。本实验中的新手为 2 年驾龄，老手为 6 年驾龄。新手产生的损失为 27.13%，为老手的 4 倍。

从成本收益来看，各项成本如下：

整地：犁地 40 元/亩，播种：10 元/亩，种子：使用量为 35 斤/亩，费用 100 元/亩。浇地：20 元/次，浇地 3 次，浇地合计 60 元/亩。

附表 9-1　实验结果　　　　　　单位：平方米，%

	实验内容	地块面积	损失率
实验1	新机型 + 老手（周麦27）	799.00	3.89
实验2	主流机型 + 老手（周麦27）	731.00	6.77
实验3	主流机型 + 新手（周麦27）	748.00	27.13
实验4	主流机型 + 老手（周麦16）	1304.33	6.81

注：收割机机型为雷沃麦客（小），马力为90千瓦；谷神（大），马力为140千瓦。机械来源于租赁。机手操作年龄为老手6年，新手2年。

化肥：底肥（复合肥）120元/亩，追肥（尿素）30元/次，追肥两次。化肥合计180元/亩。农药：除草剂 + 蚜虫 + 吸浆虫，合计30元/亩。机收：50元/亩。

上述各项物质费用合计：470元。

小麦亩均用工为8人，人工费用为 $60 \times 8 = 480$（元）。

小麦种植成本（物质费用 + 人工费用）：950元。

收益情况如下：

单价：2015年小麦售价1.16元/斤。小麦收益：1160元/亩。

小麦种植利润：$1160 - 950 = 210$（元）。

成本利润率：22.11%。

十、河北涿州小麦收获损失实验报告

（一）引言

涿州市地处华北平原西北部，北京西南部，京畿南大门。东邻固安，西接涞水，北通北京，南到高碑店。涿州市隶属于河北省。涿州市总面积742.5平方千米。涿州市境内地形总体特征是西高东低，地势相对平坦。全境地处太行山前倾斜区，由西北向东南倾斜，最高海拔69.4米，最低海拔19.8米，地面坡降约1/660。地貌形态受拒马河冲积影响，南北各有二级阶地，高差2~4米。涿州市属暖温带半湿润季风区，大陆性季风气候特点显著，温差变化大，四季分明。涿州市河流较多，辖区内有永定河、白沟河、小清河、琉璃河、北拒马河、胡良河等，属海河流域，大清河水系。涿州市农作物主要有小麦、玉米、水稻、甘薯、谷黍、豆类、棉花、花生、芝麻、瓜菜等及其他经济作物。全市小麦、玉米、水稻保险全覆盖。

中国农业大学教学实验场是中国农业大学的科研、实习实践基地，以中国农业大学雄厚的科技及人才实力为依托，充分利用涿州的地理条件，曾承担校内外多项科研任务，并取得多项科研成果。为学校和当地经济的发展发挥了积极的作用。

教学实验场耕地面积为 13000 亩，其中小麦种植面积 5000～6000 亩。主要小麦种植品种有石新 120、轮选 987、石新 616、良星 99、良星 66 等。小麦亩产 800～900 斤，播种日期为 10 月 10～25 日，收割时间为 6 月 15～20 日。小麦生产已实现全程机械化。机收费用为 50 元/亩。小麦联合收割机工作间为 10 小时/天。

主要玉米种植品种有郑单 958、盛锐 999，玉米种植时间为小麦收获之后，收割时间为 9 月 25 日至 10 月 10 日，玉米单产为 1000～1400 斤。目前已全部实现机收，机收费用为 50 元/亩。

（二）实验设计

实验时间：2016 年 6 月 17～19 日。

田间实验时间：2016 年 6 月 18～19 日。

实验地点：中国农业大学教学实验场。

实验内容：不同小麦收割机机型、收割机操作手熟练程度、小麦品种对小麦收获损失的影响。

实验地块：选择种植同一品种的地块作为实验 1、实验 2 和实验 3 的实验地块，选择另一小麦品种的地块作为实验 4 的实验地块。

选点方法：参照国家标准《农业机械实验条件测定方法的一般规定》（GB/T 5262—2008）所使用的五点法，即在四方形的实验区域内找到对角线，两条对角线的交点作为一个取样点位，然后，在两条对角线上，距 4 个顶点距离约为对角线长的 1/4 处取另外 4 个点作为取样点进行取样或测量。

实验方法：收割完后，把各选点框内的麦粒、麦穗捡拾干净并脱粒后分别称重。每个检测点的面积为 1 平方米。

（三）实验结果

实验具体结果如附表 10－1 所示。可得到如下结论：第一，不同小麦联合收割机操作手对收获损失造成的影响可以忽略不计；第二，先进小麦联合收割机机型与主流联合收割机机型相比，对减少小麦收割损失有明显改进。如果采用先进小麦联合收割机可以减少损失 82.78%；不同小麦品种对小麦收割损失会产生显著影响。本实验中的衡 4399 是轮选 987 的 2.15 倍。

附表 10 – 1　实验结果　　　　　　　单位：平方米，%

	实验内容	地块面积	损失率
实验 1	主流机型＋老手（轮选987）	734.80	0.89
实验 2	主流机型＋新手（轮选987）	818.40	0.64
实验 3	新机型＋老手（轮选987）	1283.40	0.11
实验 4	主流机型＋老手（衡4399）	793.25	1.90

注：收割机机型为沃得麦霸 DC20（小），马力为 84 千瓦；谷王 TB60（大），马力为 140 千瓦。机械来源于租赁。机手操作年龄为老手 20 年，新手 1 年。

实验表明职工将小麦收获之后装袋运到晾晒场，在运输的过程中没有产生损失，在晾晒场将小麦直接出售。

从成本收益来看，各项成本如下：

种子：使用量为 65 斤/亩，费用 130 元/亩。化肥：小麦专用肥，1 袋/亩，120 元/亩；追肥（尿素）60 元/次，化肥合计 180 元/亩。农药：除草剂＋蚜虫＋吸浆虫，合计 42 元/亩。

整地：粉碎两遍秸秆，合计 60 元，旋耕 15 元/亩。整地合计 75 元。机播：15 元/亩。浇地：5 元/次，浇地 3 次。浇地合计 15 元/亩。机收：50 元/亩。

小麦种植物资费用合计 507 元。

人工成本：75 元/天，用工量为 2 个/亩。人工成本合计 150 元。

小麦种植成本为 657 元。

收益情况如下：单价：2015 年小麦售价 1.12 元/斤。小麦收益：950 元/亩。农业补贴合计 120 元/亩。种植小麦净收益合计 413 元。

成本利润率为 62.86%。

十一、吉林省公主岭市玉米收割损失实验报告

（一）引言

吉林省素有"黑土地之乡"之称。现有耕地面积 553.78 万公顷，占吉林省土地面积的 28.98%；人均耕地 0.21 公顷（3.05 亩），是全国平均的 2.18 倍；土地肥沃，土壤表层有机质含量为 3%～6%，高者达 15% 以上，一望无垠的平川沃野，盛产玉米、水稻、大豆、油料、杂粮等优质农产品，具有发展高效农业、绿色农业的有利条件。

公主岭市幅员 4140.6 平方千米，辖 20 个乡镇、10 个街道、404 个行政

村、26 个社区、3098 个自然屯，人口 106.7 万（其中乡村人口 70.2 万）。公主岭市属中温带湿润地区大陆性季风气候。冬冷夏热，四季分明，年平均气温 5.6℃，年平均降水量 594.8 毫米，无霜期 144 天，耕地 474 万亩，粮食种植面积 456 万亩，占耕地面积的 96%。粮食产量稳定在 60 亿斤以上阶段性水平，其中玉米占粮食总产的 95% 以上，是全国重要的商品粮基地、现代农业示范区和唯一的"中国玉米之乡"，也是全国粮食调出大县和生猪调出大县。2013 年被省委、省政府确定为扩权强县改革试点市，2015 年被确定为国家中小城市综合改革试点。其中，2015 年全市农业增加值为 106.8 亿元；农民人均纯收入 12291 元。

本次实验地为公主岭市八屋镇三角寺村四队。八屋镇位于公主岭市西部，距省城长春市 69 千米，距四平市 72 千米。面积 137 平方千米，人口 32066 人，非农业人口为 2700 人。下辖地区 11 个行政村和 1 个街道，政府驻八屋村。全镇东西长 12.5 千米，南北跨度 17.6 千米，辖区面积 137 平方千米；耕地面积 7702 公顷，其中水田面积 2843 公顷。现已建成玉米芯粉碎加工厂，年加工玉米芯 4500 吨，产品作为食用菌培养基，年创利润 310 万元；建成畜草加工厂，年加工稻草 5000 吨，作为绿色饲料直接出口日本，并被日本专家认定为无公害产品。

三角寺村现有农户 600 户，常住人口 2600 人。其中，16 岁以下 498 人，60 岁以上 800 人，贫困人口 210 人，劳动力 1490 人，打工劳动力 970 人。2015 年全村人均纯收入 9800 元，其中农业收入占比 80%。全村有耕地 814 公顷，其中流转耕地面积 30 公顷，流转租金多为 7000 元/公顷且均已在村集体进行备案。

八屋镇三角寺村四队是一个自然村，三角寺村距八屋镇 8 千米，距公主岭 75 千米。本村地域面积 80 公顷，主要以平原为主。现有村民小组 9 个，53 户，常住人口 26~270 人，其中 16 岁以下 29 人，60 岁以上 34 人，贫困人口 15 人，劳动力人口 150 人，外出打工人数占总人数的 10%。2015 年全村人均纯收入 5000 元，其中农业收入占总收入的 90%。

（二）实验设计

1. 收获方式与实验方案

公主岭被称为中国玉米之乡，玉米种植历史悠久。全市地貌分为山地和平原。因而实验分为两部分，一是联合机械化收获，二是人工收获，分别于 2016 年 10 月 7 日、8 日和 16 日在公主岭八屋镇三角寺村进行。其中，机械收割时间为 2016 年 10 月 8 日和 16 日；手工收割时间为 10 月 7 日，天气阴，平均气温 5℃。

（1）联合机械化收获。

1）品种选取。作为中国的玉米之乡，公主岭市基本上家家种植玉米。在购买种子时主要考虑活动积温在 2600℃左右且属于中熟区的品种，目前公主岭玉米种植的主要品种有辉煌 1 号、辉煌 508、泽玉 17、银河 110 和吉单 528 等。根据实际情况，本次实验选择了泽玉 17 和吉单 528 作为对比品种。泽玉 17 经吉林省农业科学院植物保护研究所两年、黑龙江省农业科学院植物保护研究所一年接种鉴定，高抗茎腐病，中抗大斑病和玉米螟、感丝黑穗病和弯孢菌叶斑病，从出苗到成熟 125 天，株型半紧凑，株高 285 厘米，穗位高 116 厘米，成株叶片数 18 片；花丝浅紫色，果穗筒形，穗长 22 厘米，穗行数 14～16 行，穗轴粉红色，籽粒黄色、马齿形，百粒重 40 克，经农业部谷物及制品质量监督检验测试中心测定，籽粒容重 734 克/升，粗蛋白含量 9.17%，粗脂肪含量 4.03%，粗淀粉含量 74.64%，赖氨酸含量 0.26%；该品种推荐的保苗株数为 52500 株/公顷，播种时间为 4 月下旬。吉单 528 出苗至成熟 126 天，需 ≥10℃活动积温 2550℃左右，属中熟高淀粉玉米品种。株型半上冲，叶片半上冲，株高 284.0 厘米，穗位 112.0 厘米，成株叶片数 21 片。花丝绿色，果穗筒形，穗长 22.5 厘米，秃尖 0.5 厘米，穗行数 14～16 行，穗轴红色，单穗粒重 251.6 克。籽粒黄色、马齿形，百粒重 42.6 克。人工接种抗病（虫）害鉴定，中抗茎腐病和大斑病，感丝黑穗病、弯孢菌叶斑病和玉米螟；田间自然发病结果，高抗瘤黑粉病，抗灰斑病。籽粒容重 746 克/升，粗蛋白含量 10.53%，粗脂肪含量 3.35%，粗淀粉含量 74.41%，赖氨酸含量 0.28%，在以往的实验中，平均每公顷产量可达 10000 千克；种植时间一般为 4 月下旬，清种公顷保苗 5.0 万株，间种公顷保苗 5.50 万株。

2）机型选取。近年来随着人工成本的升高以及玉米收割机械的推广使用，吸引了当地农民和合作社购买玉米收割机，并且有外地的玉米收割机参与到公主岭玉米收割机械化作业大军中。然而经过几年的收割作业，农民和收割机操作者及所有者从作业效率、损失率、油耗率、故障率等方面进行比较，淘汰了其他玉米收割机机型，目前在公主岭市境内从事玉米收割作业的机型主要为巨明自走式玉米收割机。因此本次实验的收割机型为巨明 4YZP-3。该机型外形尺寸为 7920 毫米×2480 毫米×3500 毫米，整机质量 6350 千克，配套动力 103 千瓦，刀轴转速 1830 秒/分，收割行数 3 行，工割台宽度为 1800 毫米，切碎器形式甩刀式，摘穗辊结构形式为纵卧式，最小留茬高度 50 毫米，籽粒破碎率≤1%，果穗损失率≤3%，秸秆切碎合格率≥90%，总损失率≤4%，厂家指导作业效率为 5～10 亩/小时。该机械为本村农民所有，2015 年 9 月购入，原价为 14.8 万元，国家补贴 3.8 万元，实际购机价格为 11 万元。

3）机手选取。本次实验的收割机为本村农户所有。收割机操作是一项费心费力的工作，一方面为了保证作业效率，另一方面为了保障安全，一般一台玉米收割机配备两名机手。本次实验的机手选择分别为收割机所有者及其儿子，收割机所有者之前替别人代开玉米收割机，2015 年自己买完收割机之后开始自己单干，驾龄在 8 年以上，因此将其定义为操作熟练的老手；其儿子因 2015 年买完收割机之后才开始接触，因而操作经验较少，所以将其定义为不熟练的生手。

4）地块选取。本次机械收割损失实验的地块均为三角寺村四队农户承包土地，地形较为平整，连片种植，生长环境一致。根据实验要求和实际情况，选取了地块 A 为对照组，地块 B、地块 C 为实验组，共 3 块地。其中，根据当地最普遍情况，选取地块 A 作为基准地块，种植主流品种（泽玉 17），由老手操作（见附图 11－1）；地块 B 种植吉单 528 品种，其他条件与地块 A 相同，用于评估不同品种之间的差异；地块 C 换为生手，其他条件与地块 A 相同，用于评估不同机手之间的差异。3 块地均比较平整，只是地块大小略有差异。

5）样本框选取。本次实验需要测算的损失包括未收割的玉米穗及收割过程中损失的玉米粒。在实际操作过程中，联合收割机一边收割，一边喷出处理过的秸秆，玉米穗及玉米粒均匀散落在田间。因此机械收割环节的损失，可由捡拾田间散落的玉米穗及玉米粒来测定。根据国家标准《农业机械实验条件测定方法的一般规定》（GB/T 5262—2008）所使用的五点法即首先在两条对角线上，距 4 个顶点距离约为对角线长的 1/4 处选点 1～4，对角线交点选为点 5，本实验又结合公主岭实际情况，在原来的五点法基础上对样本点做了适当扩大，调整后的样本点变为 10 个，具体示意点如附图 11－1 所示。每个检测点为 1 米×1 米的样本框。机械收割完后，把各选点框内的玉米穗及玉米粒捡拾干净并将玉米穗进行脱粒后一起称重。

（2）人工收获。

三角寺村部分地块由于不平整，难以进行联合机械化收获，只能人工收获。因而选择农户地块进行手工收割损失实验，选取地块 D（见附图 11－2），面积约 0.7 亩，同样种植泽玉 17，手工收割。根据当地调研情况，手工收割包括掰棒、装袋和运输。

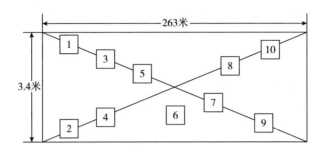

附图 11－1　地块 A 选点（泽玉 17，巨明－360，老手）

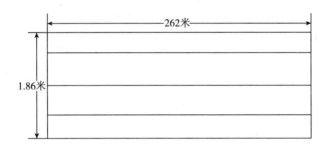

附图 11－2　地块 D 选点（泽玉 17）

1）掰棒。在调研地有两种掰棒方式，一种为先将玉米秸秆割倒再进行掰棒；另一种为不割倒秸秆，直接进行掰棒。本实验采取的是较为普遍的不割倒秸秆直接掰棒方式。收割过程中，一人负责两行，将掰下的玉米棒放置在空地上。

2）装袋运输。将掰下的玉米棒捡拾进编织袋中，待拖拉机统一装车运回家中。

在实验地块掰棒、装袋运输完成之后，对每一行进行检查、捡拾。检查是否有漏掰的玉米棒或者在捡拾装袋过程中漏装的玉米棒。把这些漏掰漏捡的玉米棒脱粒后称重。

2. 指标测算与方法

（1）联合机械化收获环节损失率。

首先待收割完成后测量每一个实验地块的产量，此时的产量为玉米粒加玉米棒子的总质量；其次，随机抽取 25 斤玉米棒子，平均分成 5 份，并对每份单独进行脱粒、称重、计算生物系数，求得 5 份玉米生物系数的平均数，通过平均生物系数计算总的玉米质量；最后，对每个捡拾到的样本点进行脱粒、称重。同时由于地头和地中的机械工作效率、拐弯等因素对损失率产生不同影响，因此收割损失计算中按照地头占整个实验地块的 5%，地中占整个实验地块的 95% 来计算损失率，其中样本点 1 和样本点 10 为地头样本点，样本点 2 至样本点 9 为地中样本点。

$$收获环节损失率 = \frac{损失量}{损失量 + 总产量} \times 100\%$$

$$损失量 = \frac{m_1 + m_{10}}{2} \times 5\% \times S + \sum_2^9 m_i \times 95\% \times S$$

其中，m_i 表示各样本点捡拾的玉米粒及脱粒后的玉米棒质量，S 表示实验地块面积。

（2）人工收获环节损失率。

首先，待收获完成后测量每一个实验地块的产量，此时的产量为玉米粒加玉米棒子的总质量；其次，随机抽取 25 斤玉米棒子，平均分成 5 份，并对每份单独进行脱粒、称重、计算生物系数，求得 5 份玉米生物系数的平均数，通过平均生物系数计算总的玉米质量；最后，对每个捡拾到的样本点进行脱粒、称重。

$$收获环节损失率 = \frac{损失量}{损失量 + 总产量} \times 100\%$$

（三）结果与讨论

总体来看，在一般条件下，玉米收获环节的人工收获损失率是最低的，由于近年来人工成本上涨太快，导致现在玉米收获环节人工越来越少。从联合机械化收获损失率来看，最高为 9.03%，约为最低损失率的两倍。具体来看：

选点实测结果如附表 11 - 1 所示，可以看出各样本框内损失量波动幅度较大，这主要是因为收割过程中，收割机械存在着拐弯、修边等动作。此时一方面可能会压倒玉米秸秆，另一方面由于机械的运转功率一样，而喂入量不一样，导致损失量不一样。在三个实验中，可以明显看出存在地头损失量较大，而地中损失量较少的规律。

附表 11 –1   各样本框玉米损失质量   单位：克

地块	收割方式	10 个样本框									
		1	2	3	4	5	6	7	8	9	10
地块 A	联合机械化收获	223.50	10.22	382.70	49.35	17.74	13.09	18.48	12.37	6.55	7.75
地块 B	联合机械化收获	278.50	155.30	60.43	88.89	65.48	92.96	94.02	226.6	236.30	26.22
地块 C	联合机械化收获	9.76	3.69	7.39	9.32	6.96	11.79	13.96	259.6	183.60	349.90

资料来源：根据实验数据整理得出。

联合机械化收获实验结果如附表 11 – 2 所示，3 块地的面积均在 1 亩以上，单产在 750 千克/亩以上。其中地块 A 是基准地块，代表当地的普遍情况，其收获环节的损失率为 4.68%。将地块 A 的损失情况与其他地块进行对比，可以发现：

附表 11 –2   联合机械化收获实验结果

地块	实验条件			面积（平方米）	产量（千克）	单产（千克/亩）	损失量（千克）	损失率（%）
	品种	机型	机手					
地块 A	泽玉 17	巨明 – 360	老手	894.20	1208.64	901.5	59.37	4.68
地块 B	吉单 528	巨明 – 360	老手	755.16	979	865.1	97.2	9.03
地块 C	泽玉 17	巨明 – 360	新手	982.5	1148	779.5	66.74	5.49

资料来源：根据实验数据整理得出。

一是玉米品种的差异。地块 B 种植的玉米品种为吉单 528，亩产为 865.1 千克，较基准地块略低，同时地块 B 的损失率为 9.03，为三个实验中损失率最高的，是基准地块的 1.93 倍。这表明吉单 528 在单产方面没有泽玉 17 高，同时损失率也比泽玉 17 高，在该区域内不建议继续种植吉单 528，可以试种别的品种或者继续种植泽玉 17。

二是收割机手的差异。地块 C 的操作员为新手，仅在 2015 年自家购买收割机之后才开始接触玉米收割机，操作经验较少，损失率达 5.49%，比基准地块高 0.81 个百分点。这表明，相比于老手，新手的机械操作水平较差，导致收割环节损失增多。同时，根据与老手的交流，具有多年驾龄经验的机手均认为机手熟练程度对损失率的大小影响较大。因此，建议政府有关部门提供玉米收割机等农机操作员操作技能方面的培训，减少操作原因导致的损失。

人工收获实验结果如附表 11 –3 所示，实验地块 D 的产量为 582 千克，折合单产为 796.64 千克/亩。损失率为 2.56%，为四个实验中损失率最低的。虽然人工收获玉米损失率最低，但多方面原因使目前人工收获玉米比例大幅度减小。首先是收获环节是整个玉米生产环节劳动强度最大的环节，对劳动力有较高的要求；其次是近年来劳动成本的快速上涨，使人工收获玉米不如打工合算或者低工资请不到人来收获；最后是玉米收获存在抢时间问题，一方面要在上冻之前将秸秆深翻，另一方面如果下雪会增加收获的难度。因此目前人工收获玉米仅在不能进行机械作业的种植区域进行。针对人工收获玉米比例减少、机收玉米比例增加的趋势，建议加大对适宜机收的玉米品种推广，提供更多的关于农机操作方面的培训，同时研发推广更加先机的玉米收割机型。

附表 11 – 3　人工收获实验结果

地块	收割方式	面积（平方米）	产量（千克）	单产（千克/亩）	损失量（千克）	损失率（%）
地块 D	人工收获	487. 32	582	796. 64	15. 31	2. 56

资料来源：根据实验数据整理得出。

十二、甘肃省张掖市玉米收获环节损失实验报告

（一）引言

张掖市位于甘肃省河西走廊中段，由于降水量少、蒸发量高，所产种子籽粒饱满、发芽率高、水分含量低、商品性能好，是我国最佳的玉米种子繁育地带，被誉为"天然玉米种子生产王国"。目前，张掖市玉米制种面积达 100 万亩以上，年产优质玉米种子 4.5 亿千克，占全国大田玉米年用种量的 40% 以上，能满足国家近 2 亿亩大田玉米生产用种需求，现已成为全国最大的玉米制种基地。全国 1/3 玉米地里种的玉米种子产自张掖。

本次实验地点位于张掖市下辖的民乐县六坝镇。位于东经 100°43′24″，北纬 38°38′30″，地处民乐县北端，与张掖市接壤，新旧 227 线和丰六路贯穿全境，是民乐的北大门。镇内平均海拔 1800 米，南北长 20. 38 千米，东西宽 14. 25 千米，面积约 307. 8 平方千米。镇域属大陆性荒漠草原气候，日照长、热量资源丰富、降水量小、蒸发量大、气候干旱、地势平坦、土地肥沃、农业发达、交通便利。六坝镇辖 16 个行政村，本次实验的所在地是其中之一的五坝村。全村现有耕地 10300 亩，共有 24 个村民小组，728 户 2802 人。

玉米是当地的主要粮食作物。根据与村民的交谈，当地玉米几乎全都采用一体化机械进行收获，机收率估计为 95%；只有 5% 的制种玉米采用人工摘

穗、机械脱粒的方式收获。根据村民的反馈，机械收获玉米的损失率受机型、作业速度、地块大小影响较大，损失率经验估计为3%；而人工收获的损失率较小，基本可忽略不计。

（二）实验设计

1. 实验设计和步骤

本次实验分两部分，一部分是机械收获，另一部分是人工收获。其中机械收获事实上是分段半机械化收获，即用机械来完成对玉米的茎秆切割、摘穗和剥皮，而不包含后续的脱粒工序；人工收获也仅指摘穗，不含脱粒。通过事先设计的四组实验，我们对比分析了机械收获和人工收获及机械收获条件下不同品种、机型、操作机手之间的收获损失率的差异。

（1）品种选择。本次实验参试的两个玉米品种分别为先玉335和中地77。其中，先玉335是当地的主流种植品种，几乎各家各户都有种植；中地77则是新近引进的一个新品种，只有少数几家有种植。

（2）收割机械选择。根据当地的情况，机械收获实验选取的机型分大小两种常用机型，其中大型收获机械机型为雷沃谷神自走式玉米收获机，产品型号为4YZ-4B1，机械动力为103kW，收获幅宽为1920毫米，一次可以收获4行玉米。据农户自述，该机械出厂年月为2014年8月；小型收获机械机型为时风牌自走式玉米收获机，产品型号为4YZP-2，机械动力为48kW，收获幅宽为1070毫米，一次只能收获2行玉米。据农户自述，该机械出厂年月为2012年9月。

（3）地块选择。根据实验要求和实际情况，本次实验共选取了A、B、C、D四个地块。其中，地块A种植品种为先玉335，收获方式为机械收获，收获面积为1.22亩，收获机械为雷沃谷神4YZ-4B1自走式玉米收获机；地块B和地块C的种植品种均为中地77，收获方式同样为机械收获，收获面积分别为0.32亩和0.45亩，收获机械都为时风牌4YZP-2自走式玉米收获机，唯一不同的是地块B的操作机手为驾龄超过10年的"老手"，而地块C的操作机手为驾龄不足2年的"新手"；地块D的种植品种与地块A一致，但不同的是采取人工摘穗方式收获，收获面积为0.39亩，实验过程中共有5个妇女劳动力参与了摘穗。从收获时玉米的成熟情况来看，地块A的玉米相对成熟，含水量较少，平均百粒重为33.224克；地块B和地块C由于是同一块中分割出的两个实验小区，玉米成熟状况基本一致，平均百粒重均为39.898克；地块D的玉米含水率相对高一些，平均百粒重为40.884克。这可能是因为该地块为人工收获，较早摘穗有助于储藏。附表 12 - 1 列出了不同实验地块的实验条件及相应的实验处理。

附表 12 - 1　各实验地块实验条件与设置　　　单位：亩，克

地块	种植品种	面积	收获方式	收获机械	收获行数	机手	百粒重
A	先玉 335	1. 22	机械	雷沃谷神	4 行	老手	33. 224
B	中地 77	0. 32	机械	时风	2 行	老手	39. 898
C	中地 77	0. 45	机械	时风	2 行	新手	39. 898
D	先玉 335	0. 39	人工	—	—	—	40. 884

资料来源：根据实验数据整理得出。

（4）样本采集和选点。首先是机械收获方式下的选点和样本采集。由于玉米的特殊性，为减少由于抽样带来的误差，机械收获实验需测定的损失分两部分，分别进行了测算。一部分是棒损，指的是在玉米收割过程中散落且未被捡拾的玉米棒子；另一部分是粒损，指的是在玉米收获过程中散落在地上的玉米粒。实际操作过程中，联合收割机一边收割，一边喷出脱粒后的茎秆、茎叶，一些玉米粒也被包含在脱粒后的茎秆、茎叶中带出散落在车道上，因此粒损是均匀地散落在田间上。而棒损则主要是指机械收获过程中，由于玉米倒伏未成功收割的玉米棒，其分布的随机性较大。有鉴于此，我们在实验中针对棒损和粒损分别采取了不同的样本采集措施：针对棒损，我们采用了全样本地毯式捡拾，针对粒损，我们则根据国家标准《农业机械实验条件测定方法的一般规定》（GB/T 5262—2008）所使用的方法，采用五点法对籽粒损失进行测量。选点方法如附图 12 - 1 所示，首先在两条对角线上，距 4 个顶点距离约为对角线长的 1/4 处选点 1 ~ 4，对角线交点选为点 5。如遇形状不规则的，也尽量按照此要求选点。每个检测点为 1 米 × 1 米的样本框。

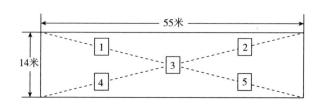

附图 12 - 1　机械收获粒损选点（以地块 A 为例）

人工收获损失主要针对棒损，主要是农户在收获过程中由于大意而造成的遗漏和未掰的玉米棒子。与机械收获中的棒损采集方式一样，人工收获中的棒损我们同样采取全样本地毯式捡拾的方式采集样本。

2. 产量测算

由于在 4 个实验中玉米均不是直接脱粒，而是只包含了摘穗。为获得实验地块的玉米产量，我们采用一种折中的测算方法：首先，用磅秤将收获的玉米棒进行称重，记为"棒重"。其次，从中随机取样（玉米棒脱皮），每次取样 2～2.5 千克，连续取样 6～8 次分别称重，记为"样重"；对抽取的样本进行人工脱粒，并称重，记为"粒重"；计算生物系数，等于粒重/样重。最后，利用生物系数折算整个实验地块的玉米产量，等于棒重×生物系数。

附表 12 - 2 是各收获地块的生物系数计算结果。总体来看，计算得到的果秧折算系数为 0.74～0.81，这与经验相符。据文献报道，玉米芯产量与玉米产量之比平均为 0.21[①]，由此可以推算一般玉米的出籽率为 80%。地块 C 的生物系数相对较低，这可能与该地块的玉米尚未完全成熟、含水量较高有关，因此玉米芯相对较重；而地块 A 的生物系数最高，可能是因为地块 A 的玉米相对干燥、含水量较少，因此玉米芯较轻。这也与附表 12 - 2 中地块 A 的玉米百粒重最低，而地块 C 的玉米百粒重最高相一致。

附表 12 - 2　各地块玉米生物系数计算　　　　　　单位：克

取样	地块 A（先玉 335）			地块 B 和 C（中地 77）			地块 C（先玉 335）		
	样重	粒重	生物系数	样重	粒重	生物系数	样重	粒重	生物系数
1	2496.60	2025.9	0.8115	2539.62	2056.6	0.8098	2500	1876.2	0.75048
2	2520.10	2072.8	0.8225	2485.37	1959.0	0.7882	2500	1930.4	0.77216
3	2514.20	2002.8	0.7966	2526.16	2001.3	0.7922	2500	1818.1	0.72724
4	2515.20	2039.9	0.8110	2498.93	1966.5	0.7869	2500	1850.5	0.7402
5	2519.72	2056.8	0.8163	2517.93	2195.9	0.8721	2500	1802.8	0.72112
6	2509.40	2067.4	0.8239	2519.25	1890.9	0.7506	2500	1818.3	0.72732
7	—	—	—	2506.03	1966.1	0.7845	—	—	—
8	—	—	—	2434.56	1952.8	0.8021	—	—	—
均值	—		0.8136	—		0.7983	—		0.7398

资料来源：根据实验数据整理得出。

---

① 王红彦，张轩铭，王道龙，等. 中国玉米芯资源量估算及其开发利用［J］. 中国农业资源与区划，2016，37（1）：1 - 8.

3. 损失率测算

无论是机械收获还是人工收获，我们均将采集到的样本由实验人员手工脱粒后进行称重，记为收获损失。我们首先对每个样本框区域内的籽粒损失量进行称重，然后简单算术平均后得到样本框区域平均损失量，将样本框区域平均损失量乘以地块面积得到全地块的籽粒损失量。对于棒损，我们首先组织人员对实验地块里捡拾到的玉米棒进行手工脱粒，然后去杂去皮后称重，得到全地块的以籽粒形式计重的棒损失量。籽粒损失量与棒损失量之和为实验地块的玉米收获损失量。再利用前面测算得出的玉米产量，就可以计算得到实验地块的玉米收获损失率 = （籽粒损失量 + 棒损失量） ÷ （籽粒损失量 + 棒损失量 + 总产量） × 100%。

（三）实验结果分析

各实验地块的玉米总产量及收获损失率如附表 12 – 3 所示。

附表 12 – 3　各实验地块大豆损失量及损失率

地块	总产量（千克）	单产（千克/亩）	每平方米损失量（克）	总损失量（克）	收获损失率（%）
A	1270.71	1041.56	29.17	23729.61	1.83
B	332.10	1037.81	14.97	3194.19	0.95
C	489.37	1087.49	2.94	882.04	0.18
D	443.36	1137.40	5.32	1383.10	0.31

注：地块 A、地块 B、地块 C 为机械收割，块块 D 为人工收割。

资料来源：根据实验数据整理得出。

（1）人工收获损失更小。通过附表 12 – 3 我们可以看出，机械收获的地块 A、地块 B、地块 C 的平均损失率为 0.99%，人工收获的损失率为 0.31%，人工收获方式下的玉米收获损失率总体上要低于机械收获损失率。与农户的经验判断相符。究其原因，一个很重要的因素是，人工收获损失只可能发生在由于粗心而遗漏玉米棒子的情况下，籽粒损失几乎没有；而机械收获一方面要求玉米相对要比较干燥，另一方面对机手的操作要求高，容易发生籽粒飞溅和脱不净等损失。

（2）在机械收获中，"中地 77 + 小机械 + 新手"收获方式下的损失率最低。通过对比地块 A、地块 B、地块 C 的数据，我们发现，在控制了地形、机型和品种等因素的情况下，地块 C 的收获损失率反而最低，只有 0.18%。通过对实验场景的回溯，我们认为这可能与当时该实验的操作机手作业速度相对较慢、该地块的玉米尚未完全成熟不容易溅洒有关。

（3）中地 77 的收获损失率明显低于先玉 335。通过对比地块 A 和地块 B 的数据我们可以看到，在控制住机手后，地块 A 先玉 335 机械收获的收获损失率为 1.83，而地块 B 中地 77 机械收获的损失率仅为 0.95%。这种差异一方面源于两种品种的生物性状差异，另一方面也与它们的成熟程度有关。

十三、山东省莒南县花生收获环节损失实验报告

（一）引言

山东省是我国主要花生产区之一，种植面积约 80 万公顷，约占全国面积的 20%，居第二位；总产约 330 万吨，约占全国总产的 25%，居第二位。临沂市是山东省内花生种植面积和产量最高的地级市，花生是市内优势产业，常年种植面积约 260 万亩，面积、产量均居山东省首位。莒南县是临沂市的县级市，被列为国家花生标准化生产示范县、花生生产出口基地县、花生绿色食品生产基地，也是全国最大的优质花生良种繁育基地、商品花生生产基地和出口贸易集散地。因此，本次花生收获环节损失实验选取山东省临沂市的花生种植大县莒南县调研。

莒南县共 1752 平方千米，下辖 18 个乡镇和 1 个省级经济开发区，行政村 723 个，人口 99 万。常年种植花生面积约 41 万亩，总产量达 1.25 亿千克，主要品种有丰花 1 号、鲁花 3 号、花育 22 号、花育 25 号等，花生良种覆盖率达 98% 以上。现有国家级花生绿色食品生产基地 25.6 万亩，花生加工企业 600 余家，年加工销售花生 40 万吨，花生商品率达 90% 以上，其中出口 14 万吨、创汇 1.2 亿美元，出口量占全国的 18%、占全省的 33%，位居全国县级城市第一，被山东省人民政府列为优质大花主基地县和被农业部列为花生商品基地县。

在品种培育创新方面，全县以花生原种场为龙头，先后繁育推广了"丰花 1 号""山花 9 号""花育 22 号"和"花育 25 号"等优良品种，实现良种覆盖率 98% 以上。该县农业局选育的花生特大果新品种"科花 1 号"，符合出口加工标准要求，在取得较高经济价值的同时，增补了国内该类规格品种的空白。花生种植要求垄距 85～90 厘米，垄高 12～15 厘米为宜，垄面呈整面形，

地膜覆盖春花生一般应采用85～90厘米大垄双行种植，垄高12～15厘米，垄面宽50厘米，大行50厘米，小行30～35厘米，墩距17～20厘米，亩植花生9000～10000墩，每墩两粒。夏花生地膜覆盖栽培，要采用75～80厘米的垄距，亩植11000～12000墩，以增加种植密度，增加每亩总果数，提高荚果产量和质量。

根据访谈得知，影响花生损失的因素主要包括收获方式、品种、土质、气候等。在收获方式上，一般采用人工收获和机械收获，人工收获用工多、劳动强度大、效率低，机械收获用时少、节省劳动力、效率高。当地的花生联合收获机型号为4HBL－2，这种机械在其他乡镇也有使用，但是数量较少，采用机收的比例不到10%。原因主要有三点：一是机械收获的损失较大，损失率高达10%以上，因此，农户不愿意采用机械收获；二是机械收获费用在180元/亩左右，成本较高；三是当地多属于山地，地块小、每家的土地分布零散，不便于机械收获，沙质土壤采用人工收获比较可行。机械收获损失分为埋果损失、落果损失、漏摘损失、夹带损失和伤果损失等，由于花生颗粒较大，容易发现和捡拾，最主要的损失为埋果损失，与人工收获相比损失更大。在品种上，好的品种果柄坚韧，果实不易脱落，收获时埋在地里的花生较少。在土质上，黄土地土壤肥沃，遇上干旱土地坚硬，遇上雨水土地黏度较大，这都不利于花生收获，容易造成损失。在气候上，过于干旱或雨水过多都不利于花生收获，容易产生埋果和落果损失。

（二）实验设计

本次花生收获环节损失实验主要分两部分，一部分是机械收获，另一部分是手工收获，实验于2016年9月2～5日在山东省临沂市莒南县大店镇前会子坡村和斜方村进行。机械收获时间为9月3日9：30～11：00；手工收割时间为9月3日14：00～17：30、9月4日14：30～17：30；9月4日9：00～11：00、9月5日8：30～10：00分别对前会子坡村村委会和益农花生种植合作社进行访谈。实验期间天气晴朗，平均气温约30℃。

1. 机械收获

本次花生机械收获实验选取在莒南县大店镇斜方村进行，该村现有农户300户，共827人，全村总面积1510亩，耕地面积1100亩，居住和闲置面积410亩。种植作物品种有玉米、小麦、花生和红薯等，花生种植面积在66%以上，土地多为沙土，地形平整，机械收获的比例约为10%。

（1）样本采集和选点。花生机械收获损失包括埋果损失、落果损失、漏摘损失、夹带损失和伤果损失等①。根据对花生种植者的访谈了解到埋果损失和落果损失是最主要的损失，尤其是埋在地下的荚果不易被发觉，极易漏捡，是造成损失的主要来源，漏摘损失虽然存在，但不普遍，伤果损失几乎不明显，夹带损失可以归类到落果损。因此，本次实验主要测定的损失包含三个部分：机械收获时埋在地下的部分、掉落在地表的部分和未从花生秧蔓上摘除的部分。在实际操作过程中，花生联合收割机收完后，选取特定的样本框对明显散落在地上的花生、埋在地下的花生和花生秧上漏摘的花生进行捡拾和重摘，并通过称重、去杂后得出损失量。

根据国家标准《农业机械实验条件测定方法的一般规定》（GB/T 5262—2008）所使用的方法，一般实验采用五点法对损失质量进行测量，本次实验在五点的基础上增加两点，选取 7 个样本框进行取样，更好地减少了误差。选点方法如附图 13－1 所示，首先在两条对角线交点上选样本点 1，距 4 个顶点距离约为对角线长的 1/3 处选样本点 2 ～ 样本点 5，另外两点在靠近对角线交点的两侧选取，如遇形状不规则的，也尽量按照此要求选点。每个检测点为 1.5 米×1.5 米的样本框。机械收割完后，把各选点框内掉落的花生、漏摘的花生和埋在地下的花生分别收集起来，按照地块和样本点贴上标签后分别称重，并随机选取三袋花生测算含杂率，最后将各样本点的损失量平均得出去杂后损失量。

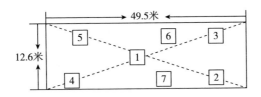

附图 13－1　地块一选点（鲁花 11 号、沙土地、机械收获）

（2）品种选取。大店镇的花生品种主要有丰花 1 号、山花 9 号、科花 1 号、花育 22 号和花育 25 号等多个品种，根据实验点斜方村的实际采用情况，本次机械收获选取的花生品种为鲁花 11 号，是当地普遍种植的大花生品种，该品

---

① 埋果损失指收获过程中埋在土下的荚果；落果损失指收获中散落在土壤表面的荚果；漏摘损失指未从花生秧蔓上摘除的荚果；夹带损失指收获中夹带在排出的秧蔓中已摘下的荚果；伤果损失指收集到的明显破损的荚果。

种高产、稳产、适应性广，中等肥力亩产约400千克，丰产栽培500千克/亩。

（3）机械类型与机手。实验选择的花生联合收获机型号为4HBL-2，具有集扶秧、挖掘花土、拨秧、夹持输送、抖土、摘果、偏摆筛选、风机清选、辊链清选、收集等花生收获功能。主流机械品牌为"东泰"，功率33.8千瓦，整机质量2400千克，外形尺寸4.53米×1.98米×2.35米。这种联合收获机械是当地机械收获花生时主流使用的机械，实验时，寻找花生机械收获方式有一定难度，实验农户自家没有机械，每个乡镇拥有机械的数量也很少，使用成本高昂，平均180元/亩，对当地老百姓而言费用偏高，使用的人偏少。在实验中，操作机械的机手有4年操作经验，通过访谈得知，花生机械化的时间并不长，使用并不普及，尤其是对普通的花生种植户而言，在费用高昂、损耗偏高的情况下更不会选择使用机械收获花生。

（4）地块选择。实验选择的地块位于大店镇斜方村，地形平整，土壤为沙土，从实验农户了解到地块面积为0.8亩。根据实际测量，地块的长为50米，宽为12.3米，实际面积615平方米，可折合为0.92亩，与农户描述基本相符。

2. 人工收获

本次花生人工收获实验选取在莒南县大店镇前会子坡进行，该村现有农户315户，耕地面积1180亩，耕地类型主要为山地和丘陵，距县城的距离为1.75千米。种植作物品种有玉米、小麦、花生和红薯等，花生种植面积在80%以上，种植品种主要是小花生鲁花3号，土地多为沙土，地形平整，机械收获的比例不到10%。

（1）品种选取。人工收获是前会子坡村花生的主要收获方式，因此，本次花生收获环节损失实验选取不同品种的人工收获方式进行对比。根据村里种植品种的实际情况，实验所选品种分别为小花生鲁花3号和大花生丰花1号。鲁花3号是当地的主流种植品种，该品种结果集中，果柄短而坚韧，成熟后收获不易落果，对土壤要求不严格，抗旱耐瘠性好，适合在当地旱薄土地种植。丰花1号抗旱耐瘠、耐肥、耐涝、耐盐碱，收获期不烂果、不发芽，高产亩产700千克以上。

（2）地块选择。实验选择的两个地块都位于大店镇前会子坡，地形平整，土壤为沙土，形状不规则。从实验农户A了解到地块1的面积为0.4亩。根据实际测量，地块的最长为19.6米，宽为13.5米，实际面积253.1平方米，可折合为0.38亩，比农户描述的面积偏低。从实验农户B了解到地块2的面积为 0.4 亩。根据实际测量，地块的最长为 65.8 米，宽为 5.2 米，实际面积 297.1 平方米，可折合为 0.44 亩，比农户描述的面积偏高。

（3）样本采集和选点。人工收获的损失主要为地下埋果损失，因此，实验主要对特定样本框内埋在地下的花生进行挖掘和捡拾。样本点的选取与机械收获类似，具体选点位置如附图 13-2 和附图 13-3 所示。

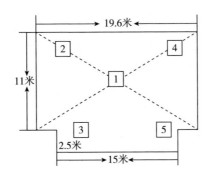

附图 13-2　地块二选点（鲁花 3 号、沙土地、人工收获）

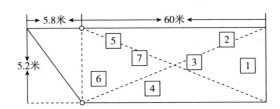

附图 13-3　地块二选点（丰花 1 号、沙土地、人工收获）

3. 指标测算与方法

（1）机械收获环节损失率。花生收获完成后测量实验块地的总产量，并取适量收获的花生测算含杂率；然后，计算样本框区域平均损失量。那么机械收获环节损失率 = 样本框区域平均损失量 ÷［样本框区域平均损失量 + 总产量 ×（1 - 含杂率)/面积］×100%。

（2）手工收获环节损失率。花生收获完成后测量实验地块的总产量，并取适量收获的花生测算含杂率，然后计算样本框区域平均损失量。那么收获环节损失率 = 样本框区域平均损失量 ÷［样本框区域平均损失量 + 总产量 ×（1 - 含杂率)/面积］×100%。

（三）结果与讨论

从实验结果来看，花生采用机械收获的损失率约为 9.4%，人工收获按不同品种损失率差异很大，鲁花 3 号的损失率为 3.2%，而丰花 1 号的损失率只有 0.7%，两种收获方式相比，人工收获的损失率明显低于机械收获的损失率，与经验判断相符；从不同品种来看，大花生丰花 1 号的损失率要低于小花生鲁花 3 号。具体来看：

三个地块的选点实测结果如附表 13 - 1 所示，可以看出各样本框内花生损失量的差异较大。地块一的收获方式为机械收获，样本点 7 的损失量最大为 614.44 克，样本点 5 的损失量最少为 17.64 克。地块二和地块三的收获方式都为人工收获，损失量差异主要体现在品种差异上，地块二的品种为小花生鲁花 3 号，样本点 5 的损失量最大，为 139.82 克，最少的是样本点 2，为 21.74 克；地块三的品种为丰花 1 号，最大损失量只有 36.22 克，最少的为 7.65 克。不同样本点的差异如此明显可能是因为有的花生因早熟或病虫害等原因落果较多，导致损失量高于其他样本点。

附表 13 - 1　各样本框花生损失量　　　　　　单位：克

地块	收获方式	样本 1	样本 2	样本 3	样本 4	样本 5	样本 6	样本 7
地块一	机械收获	110.24	169.78	389.98	54.97	17.64	29.47	614.44
地块二	人工收获	45.52	21.74	85.32	56.57	139.82	—	—
地块三	人工收获	9.84	7.65	13.09	36.22	12.55	8.08	14.24

资料来源：根据实验数据整理得出。

具体从两种收获方式比较来看（见附表 13 - 2），机械收获的损失量明显高于人工收获的损失量，机械收获的含杂率高于人工收获的含杂率。机械收获（地块一）的含杂率为 13.5%，人工收获（地块一和地块二）的含杂率分别为 9.4% 和 2.5%，去杂后地块一的损失量为 88.0 千克/亩，地块一和地块二的损失量分别为 31 千克/亩和 6.5 千克/亩；计算之后可得到机械收获的损失率为 9.3%，人工收获的损失率分别为 3.2% 和 0.7%。人工收获含杂率低的原因在于收获时农户会通过自制的简易漏网工具对沙土、花生叶等杂质进行过滤处理，而机械在挖掘过程中所含的沙土、石块较多；机械收获的损失率较高的原因在于其损失包括埋果损失、漏摘损失和落果损失，而人工收获主要是落果损失，且人工收获落果较少。

附表 13 - 2　机械收获和人工收获的实验结果

单位：平方米，千克，千克/亩，克，%

地块	收获方式	品种	土地类型	面积	产量	含杂率	单产	损失量	损失率
地块一	机械收获	大花生	沙地	615.0	529.85	13.5	662.31	88.0	9.3
地块二	人工收获	小花生	沙地	253.1	264.50	9.4	696.05	31.0	3.2
地块三	人工收获	大花生	沙地	297.1	295.05	2.5	655.67	6.5	0.7

资料来源：根据实验数据整理得出。

　　总体来看，本次实验主要从收获方式、种植品种两个方面对花生收获环节损失情况进行测验，证明了机械收获损失远大于人工收获的损失，种植品种不同损失量也不同。除了收获方式和种植品种外，种植工艺、土质和土壤干湿程度都对花生收获损失有影响，在种植工艺上，当地普遍采用 80 厘米一垄的设计，并且多数人工收获，故对研究花生损失的影响不大；当地的沙土地占耕地面积的 99% 以上，故实验没有选取从土质差异上进行对比；在土壤干湿程度上，由于收获期较短，期间天气晴朗，土壤干湿程度差异不大，故没有考虑其对花生收获损失的影响。如果条件允许，土壤干湿程度和土质对花生收获损失的影响值得进一步研究。

十四、内蒙古商都县土豆收获环节损失实验报告

（一）引言

　　乌兰察布地处祖国正北方，内蒙古自治区中部，全市耕地面积 1130 万亩，马铃薯产业发展势头强劲，有"中国薯都"之称。马铃薯种植面积稳定在 400 万亩左右，总产鲜薯 440 多万吨，种植面积和总产量在全国地区级位居第一，占内蒙古自治区的近 1/2，约占全国马铃薯年均种植面积和产量的 6%，是我国重要的种薯、商品薯和加工专用薯基地。目前已建成 200 吨以上储窖 2700 座，总储存能力达 20 亿千克。政府将引导薯农改变种植结构，加大科技含量，提高单产，并整合各项资金对种植户进行补贴。

　　商都县是乌兰察布市的农业大区，土地广阔、土壤肥沃、气候冷凉、昼夜温差大，降雨多集中在秋季，非常适宜于马铃薯的种植，农民种植马铃薯具有悠久的历史和丰富的经验。商都县充分发挥资源优势，将马铃薯支柱产业开发作为农业结构战略性调整的主攻方向和增加农民收入、加快全面建设小康社会的一项重要措施来抓，按照"区域化布局、专业化生产、一体化经营、社会

化服务"的产业化经营格局，大力打造马铃薯产业发展平台，种植品种不断增多，基地规模连年扩大，加工企业迅速发展，销售市场日益完善，经济效益逐步提高。2014 年被中国特产之乡推荐暨宣传活动组织委员会命名为"中国马铃薯之乡"。2014 全县种植马铃薯 75 万亩，马铃薯总产量 90 万吨，外销总量 36 万吨，加工企业收购原料 34 万吨。除土豆以外，种植作物主要是向日葵、甜菜等，当地地形平整，土豆机械收获的比例在 95% 以上。

（二）实验设计

本次土豆收获环节损失实验主要分两部分，一部分是机械收获，另一部分是手工收获，实验于 2016 年 9 月 20 ~ 24 日在内蒙古乌兰察布市商都县七台镇东坊子村、小海子镇武家村、小海子镇麻尼卜村地进行。机械收获时间为 9 月 21 ~ 22 日上午；手工收割时间为 9 月 22 日 14：00 ~ 17：30，9 月 23 日对当地土豆种植合作社进行访谈。实验期间天气晴朗，局部时段伴有雷阵雨，平均气温约为 20℃。

1. 机械收获

本次土豆机械收获实验选取在商都县七台镇东坊子村（福珍薯业农民专业合作社）、小海子镇武家村（希森马铃薯种业有限公司种薯基地）进行。七台镇总户数 2.9 万，人口 8.9 万，其中农业人口 41213 人，现有耕地 13.1 万亩，水浇地 1.5 万亩，退耕种草种树 10.7 万亩，林地面积 8 万亩，自然草场10.5 万亩。福珍薯业农民专业合作社成立于 2010 年 12 月，注册资本 100 万元，社员 6 人，主要从事马铃薯种植、贮藏和销售等业务。2016 年种植马铃薯 1000 多亩，其中，种薯 200 亩，商品薯 800 多亩，主要种植品种包括夏坡蒂、冀张薯 12 号、冀张薯 8 号和荷兰 14 号，土豆收获采用自有小型土豆收获机。希森马铃薯种业有限公司主要从事马铃薯种薯繁育、品种选育和丰产栽培技术研发、推广及全粉生产等，是一家集科研、生产和销售于一体的大型农业产业化龙头企业，种薯繁育基地面积达 13 万亩，配套购置农机具 455 台，土豆收获采用联合收获机。

（1）样本采集和选点。本次实验主要测定的损失包含三个部分：机械收获土豆时埋在地下的部分、掉落在地表未捡拾的部分和未从土豆秧蔓上摘除的部分。在实际操作过程中，土豆联合收割机收完后，选取特定的样本框对明显散落在地上的土豆、埋在地下的土豆和土豆秧上漏摘的土豆进行捡拾和重摘，并通过称重、去杂后得出损失量。根据国家标准《农业机械实验条件测定方法的一般规定》（GB/T 5262—2008）所使用的方法，一般实验采用五点法对损失质量进行测量，本次实验在五点的基础上会适度增加样本点，具体样本数量根据地块实际情形而定，采取大地块多选样的原则。选点方法如附图 14 – 1 至附图 14 – 4 所示，首先在两条对角线交点上选样本点 1，距 4 个顶点距离约为对角线长的 1/3 处选样本点 2 至样本点 5，另外两点在靠近对角线交点的两侧选取，如遇形状不规则的，也尽量按照此要求选点。每个检测点为 2 米 × 1.5 米的样本框。机械收割完后，把各选点框内掉落的土豆、漏摘的土豆和埋在地下的土豆分别收集起来，按照地块和样本点贴上标签后分别称重，并随机选取三袋土豆测算含杂率，最后将各样本点的损失量平均得出去杂后损失量。

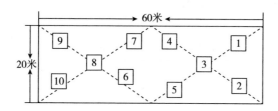

附图 14 –1　地块一选点（冀张薯 12 号、平地、主流机械收获）

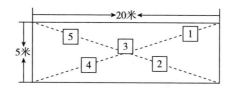

附图 14 –2　地块二选点（夏坡蒂、平地、主流机械收获）

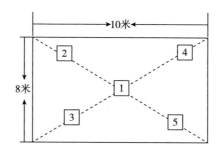

附图 14 –3　地块三选点（冀张薯 12 号、低洼地、主流机械收获）

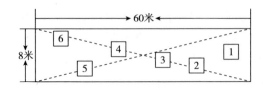

附图 14 - 4 地块四选点（荷兰 15 号、平地、大型机械收获）

（2）品种选取。福珍薯业农民专业合作社的土豆种植品种主要有夏坡蒂、冀张薯 12 号、冀张薯 8 号和荷兰 14 号等多个品种，调研期间根据不同品种的成熟程度和适宜收获天气情况，本次机械收获实验选取的土豆品种为夏坡蒂、冀张薯 12 号和荷兰 14 号，如附表 14 -1 所示。

附表 14 -1 机械收获实验安排

实验对象	收获方式	品种	地形	实验对照
七台镇东坊子村福珍薯业合作社	①机械收获	冀张薯 12 号	平地	①和②品种对照
	②机械收获	夏坡蒂	平地	
	③机械收获	冀张薯 2 号	低洼地	①和③地形对照
小海子镇武家村希森马铃薯种薯基地	④机械收获	荷兰 14 号	平地	①和④机型对照

注：当地使用大型土豆联合收获机的农户很少，基本只有土豆育种基地使用，很难找到相同品种不同机型的地块。

（3）机械类型与机手。实验选择的小型土豆收获机型号为 4ULDX - 4.0 型马铃薯收获机，配套动力大于 20 千瓦，工作幅宽为 70 厘米，作业行数限 1 行，挖掘深度为 15～20 厘米，外形尺寸：2.26 米 ×0.95 米 ×1.11 米，整机重量：390 千克，这种收获机是当地农户机械收获土豆时使用的主流机械，操作机械的机手有 4 年操作经验，通过访谈得知，当地土豆种植者多采用机械收获土豆，人工收获的比例较少，尤其是对当地土豆种植大户而言，使用机械收获土豆更节省时间和劳动力成本。

（4）地块选择。机械收获实验选择的地块之一位于七台镇东坊子村，地形平整，从实验合作社了解到该地块面积 300 多亩，由于条件限制只从中选取适宜测量面积的三个地块进行实验，三个地块从品种（冀张薯 12 号、夏坡蒂）和地形差异（平地和低洼地）进行对比实验。机械收获实验选择地块之二位于小海子镇武家村，实为希森马铃薯种业有限公司种薯培育基地，该地块平整，面积约有100亩，实验中选取适宜面积进行测量。

2. 人工收获

本次土豆人工收获实验选取在商都县小海子镇麻尼卜村进行，该村现有农户800人，耕地面积5000亩，耕地类型为平地，距县城的距离为19千米。种植作物品种有土豆、向日葵、甜菜、青椒和玉米等，土豆种植400亩，玉米300亩、青椒900亩、甜菜2000亩、向日葵700亩。土豆种植品种多为克新1号，其单产达4000斤/亩。

（1）品种选取。商都县当地的土豆人工收获规模较小，据对当地合作社、科技局负责人等调研结果反映其比例不到10%，本实验选择在小海子镇麻尼卜村进行。根据村里种植品种的实际情况，实验选择的品种主要为克新1号。

（2）地块选择。麻尼卜村的地形平整，从实验农户了解到所选地块的面积约为2亩。根据实际测量，地块的最长为45米，宽为3米，实际面积135平方米，可折合为2.02亩，与农户描述情况类似。

（3）样本采集和选点。当地土豆人工收获主要用铁锹挖掘，收获过程中的损失主要为地下漏果损失，因此，实验主要对特定样本框内埋在地下的土豆进行重新挖掘和捡拾。样本点的选取与机械收获类似，具体选点位置如附图14-5所示。

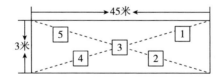

附图 14-5　地块五选点（克新1号、平地、人工收获）

3. 指标测算与方法

（1）机械收获环节损失率。土豆收获完成后测量实验块地的总产量，并取适量收获的土豆测算含杂率；然后，计算样本框区域平均损失量。那么机械收获环节损失率＝样本框区域平均损失量÷［样本框区域平均损失量＋总产量×（1－含杂率）/面积］×100%。

（2）手工收获环节损失率。土豆收获完成后测量实验地块的总产量，并取适量收获的土豆测算含杂率,然后计算样本框区域平均损失量。那么收获环节损失率 = 样本框区域平均损失量 ÷ [样本框区域平均损失量 + 总产量 × (1 - 含杂率)/面积] × 100%。

(三) 结果与讨论

从实验结果来看,品种、收获方式、地形、机型等因素对土豆收获环节的损失率都有影响。分品种来看,损失率最高的是冀张薯 12 号,为 8.68%;从收获方式来看,除希森育种基地外实验地块外,机械收获比人工收获方式损失率高;从地形来看,损失率低于平地的损失率,这并不符合常理,主要原因在于低洼地块的土豆容易腐烂,实验时已无法捡拾并测量重量。同时,调研对象对实验结果也有很大程度的约束,福珍薯业合作社的主要种植商品土豆,收获时节雇佣当地劳动力捡拾,捡一袋土豆的成本是 1.1 元,一个劳动力每天捡拾约 200 袋,合作社雇佣一个劳动力的成本就约 200 元。因此,受劳动力成本约束,集中收获后合作社不再对地里的漏捡土豆进行重新捡拾,地里漏捡、埋藏的土豆较多致使收获环节的损失相对较大。希森马铃薯种薯基地主要培育种薯,公司规模较大,成本负担相对较轻,收获环节捡拾工作比合作社精细,损失相对较少。具体来看:

五个地块的选点实测结果如附表 14 - 2 所示,可以看出各样本框内土豆损失量的差异较大。地块一、地块二、地块三和地块四的收获方式为机械收获,地块一内样本点 4 的损失量最大为 2459.42 克,样本点 9 的损失量最小为 320.38 克;地块二内样本 1 的损失量最大为 1119.41 克,样本点 3 的损失量最小为 149.97 克;地块三内样本 4 的损失量最大为 2050.03 克,样本点 5 的损失量最小为 383.15 克;地块四内样本 3 的损失量最大为 684.72 克,样本点 1 的损失量最小为 252.44 克;地块五收获方式为人工收获,样本 5 的损失量最大为 879.25 克,样本点 3 的损失量最小为 538.21 克。

附表 14 - 2　各样本框土豆损失量

单位: 克

地块	地块一	地块二	地块三	地块四	地块五
收获方式	机械收获	机械收获	机械收获	机械收获	人工收获
样本框 1	940.67	1119.41	422.02	252.44	614.52
样本框 2	421.53	410.72	626.33	445.80	967.40
样本框 3	1483.44	149.97	1514.82	684.72	538.21

续表

地块	地块一	地块二	地块三	地块四	地块五
样本框 4	2459.42	432.27	2050.03	347.72	555.94
样本框 5	1701.20	480.32	383.15	447.60	879.25
样本框 6	533.26	—	—	288.92	—
样本框 7	814.68	—	—	—	—
样本框 8	1171.52	—	—	—	—
样本框 9	320.38	—	—	—	—
样本框 10	1952.90	—	—	—	—

资料来源：根据实验数据整理得出。

一是从不同品种比较土豆收获环节损失率。地块一和地块二是在控制收获方式和地形的情形下对冀张薯 12 号和夏坡蒂两个品种进行损失测量。从实验数据来看，冀张薯 12 号的损失率为 8.68%，高于夏坡蒂，与合作社负责人的估计基本符合（调研得知该品种亩均损失量在 700～800 斤）。

二是从机械和人工两种收获方式比较土豆的损失率。地块一和地块五是控制品种（受实际条件限制）和地形的情形下对不同收获方式产生的损失进行测量。实验数据显示，机械收获和人工收获的损失率分别为 8.68% 和 5.93%，机械收获的损失量明显高于人工收获的损失量。

三是从不同收获机型和不同地形比较土豆的损失率。地块一、地块二和地块三都是采用小型土豆收获机与地块四采用的大型土豆收获机相比，地块四的损失率明显较低，只有 1.60%，而其他三个地块分别为 8.68%、7.40% 和4.80%（见附表 14-3）。地块一和地块三是在控制收获方式、机型和品种的情形下对不同地形的损失进行测量。实验数据显示，冀张薯 12 号在低洼地的损失率低于其在平地的损失率，与实际情况不符，主要原因在于低洼地块的土豆在土壤水分较大时比较容易感染病毒和腐烂，实验时此地块的大量土豆已无法捡拾测重，在考虑腐烂损失的情况下，低洼地的损失率明显大于平地损失率。

附表 14 – 3　机械收获和人工收获的实验结果

单位：千克/亩，克，%

地块	收获方式	品种	地形	单产	损失量	损失率
地块一	机械收获	冀张薯12号	平地	3776	327.75	8.68
地块二	机械收获	夏坡蒂	平地	3750	277.58	7.40
地块三	机械收获	冀张薯12号	低洼地	3000	144.04	4.80
地块四	机械收获	荷兰15号	平地	6000	96.19	1.60
地块五	人工收获	克新1号	平地	2000	118.51	5.93

资料来源：根据实验数据整理得出。

总体来看，土豆种植品种、收获方式、地形、机型等因素对土豆收获环节的损失率都有影响，并且，实验对象的不同也使实验结果各有差异。本次实验在尽量本着客观和随机的原则进行样本点的选择，也发现不同样本框的差异很大，这与土豆个头较大、种植时是否采用地膜、劳动力捡拾的认真程度等都有关系。根据对当地合作社的调查，土豆收完后他们并不会进行重新捡拾，但是会有很多当地的农户到地里进行翻捡，一个农户最多可捡拾近1000斤，可见土豆的损失量之大，加上地里腐烂霉变的土豆数量，一亩地土豆损失量至少500~800斤。实验对象虽不能代表广大土豆种植户的普遍情况，但是，土地规模相对较大的合作社或种植大户在雇佣劳动力进行收获的情况下，这种土豆收获损失现象还是非常普遍的。

十五、甘肃省民乐县马铃薯收获环节损失实验报告

（一）引言

甘肃省气候类型多样，为马铃薯不同类型品种的区域化布局创造了有利条件。2014年，甘肃省马铃薯种植面积为1023.9万亩，鲜薯产量达到237.9万吨（折粮），分别居全国第三位和第二位；全省马铃薯耕种收综合机械化[1]水平为31.3%，其中机收面积159万亩，机械化作业率为15.5%，较全国平均水平低6.9个百分点；全省马铃薯收获机拥有量0.5万台，仅为全国总量的1/11[2]，并且机型多以小型机械为主，动力要求不高，收获效率低下，功能单

---

① 耕种收综合机械化水平 = 机耕水平×40% + 机播水平×30% + 机收水平×30%。
② 资料来源：《中国农业机械工业年鉴2015》。

一，多以后输出的方式将挖掘出的马铃薯呈条状铺放于地面，再由人工捡拾装袋，多不具备二次土薯分离装置。

本次实验所在地——民乐县，地处祁连山北麓，河西走廊中段，张掖市东南部，地势东南高、西北低，地形以山地和倾斜高平原为主。气候冷凉，光照充足，昼夜温差大，年平均降水量351毫米，无霜期140天，属温带大陆性荒漠草原气候。境内地形平坦，地块较大，适用于大中型农业机械作业。全县下辖6镇（洪水镇、六坝镇、新天镇、南古镇、永固镇、三堡镇）4乡（南丰乡、民联乡、顺化乡、丰乐乡），213个行政村，总户数5.5万，总人口24.22万，其中农业人口18.8万[①]。民乐县是甘肃省马铃薯生产大县，亦是全省马铃薯机械化种植收获示范县。2014年，全县马铃薯播种面积达25.05万亩，其中，机械化种植面积17.75万亩，机械化作业率为70%；机械化收获面积19.5万亩，机械化作业率为78%[②]。收获机机型以悬挂式薯类收获机为主。在生产实践上，一般都是通过3点后悬挂的方式将之与轮式拖拉机连接，一次性完成薯块挖掘、土薯分离、薯块集堆或集条铺放等作业工序，然后再由人工捡拾装袋。

根据一项对马铃薯收获机适用性的研究，马铃薯机械收获损失率最高可达14.8%，平均为4%～11%[③]。而影响马铃薯机械收获损失的因素大致有以下六个：一是品种。部分品种由于体形大、质量重、生长深、结薯范围宽，收获时需入土较深，容易发生漏挖、二次掩埋现象。二是机型。马铃薯为地下作物，且是块茎繁殖，其收获机械以挖掘机为主。在生产实践中，一般都是利用轮式拖拉机配带悬挂式薯类收获机进行作业。因此，配套动力与收获机具之间是否匹配至关重要。实践证明，不管收获机械如何改进，马铃薯收获仍然需要较高动力消耗。动力不足则不能满足一次完成挖掘、分离、薯块集堆或集条作业，更谈不上完成去秧、筛土、排石等功能。三是种植模式。其他条件相同的情况下，平作的损失率会高于垄作的损失率。四是土壤板结程度。在土质差、土壤板结严重的地块里，由于土壤抖落较困难，收获时容易出现壅土和土薯分离不彻底等现象，使挖起的薯块被二次掩埋，收获质量差；反之，在土质好、

---

① 资料来源：http://www.gsml.gov.cn/。

② 杨九林，张中锋.民乐县马铃薯全程机械化示范效果显著［J］.农机科技推广，2015（7）：36－37.

③ 王海军，曹玉.马铃薯收获机适用性影响因素分析与实证［J］.农机化研究，2013，35（12）：15－19.

土壤无明显板结的地块里，由于土壤易抖落，薯块与土壤分离相对彻底，收获质量相对要好些。五是茎叶状况。收获前事先进行人工或机器杀秧，能克服收获作业过程中容易出现的缠绕、壅土和分离不清等现象，利于机械收获。六是作业速度及挖掘深度。在收获时，如果机器行走过快，则容易造成挖掘深度不够，漏薯率较高；但是，如果行走过慢，挖掘过深，则又容易导致已经挖掘出的薯块被土壤二次掩埋以及壅土现象的发生。而人工收获由于可以一边挖一边捡，漏薯率、埋薯率较小，损失基本可以忽略不计。

民乐是传统的马铃薯生产大县，其马铃薯种植面积、产量在张掖市乃至甘肃省都排在前列，近年来其马铃薯机械播种、收获发展迅速，在全市乃至全省都具有一定的代表性。基于以上考虑，我们选取其为样本县，实验测算马铃薯收获环节的损失率，并主要对比不同收获方式、不同马铃薯品种、不同土质之间的差异。

（二）样本村概况

样本村四堡村隶属于民乐县六坝镇，地处张掖市南部、民乐县北端，距六坝镇4.5千米、张掖市44千米。全村地域面积4500亩，地形地貌以丘陵、高原为主，共有8个村民小组，共308户1180人，其中16岁以下190人，60岁以上96人；贫困人口390人。全村现有劳动力710人，其中外出务工劳动力460人。村民人均纯收入3280元/人·年，收入来源以农业收入为主，占总收入的60%以上。全村现有耕地4080亩，其中已流转耕地2900亩，平均流转价格大约为400元/亩。主要种植作物品种有：小麦、玉米、大麦、马铃薯、中药材等。

实验村种植的马铃薯品种主要有克新1号、大西洋、宁薯等。其中，克新1号种植面积500多亩、大西洋400多亩、宁薯200多亩，分别占当地马铃薯种植总面积（1200多亩）的42%、33%、17%。自2009年以来，该村开始大面积推广半膜覆盖垄作沟灌马铃薯种植技术，同时马铃薯机械化播种技术亦得到了大范围的应用，机播率达90%以上。在马铃薯收获中，现在该村基本上都是用轮式拖拉机配挂牵引不同型号的薯类收获机完成薯块的挖掘、去土作业，然后再由人工捡拾装袋，机收率可达95%以上。

本次实验选取的地块位于该村村委会西北侧，周围一片均种植马铃薯，由外来种粮大户租赁当地农户承包地经营。土壤类型是沙壤土。种植方式是前期进行机械化深松，播前进行机械化旋耕，然后完成机械化起垄、施肥、覆膜作业，当年3~4月人工播种、覆土，5月中旬机械中耕培土，植保季节采用机械植保，9 月底 10 月初完成收获。实验地块皆为单垄双行覆膜垄作种植，即起垄后在垄两侧各种一行，各项参数如下：垄面宽度约 70 厘米，垄高约 30 厘米，垄沟宽度约 30 厘米，垄作行距 90～100 厘米，种植深度一般为 8～10 厘米①。

鉴于实验前农户已经清除了垄面薯秧，在实验中我们没有考虑是否去秧蔓对马铃薯收获效果的影响。同样地，由于在实际收获过程中，收获机作业速度及挖掘深度均由操作员严格按照机具作业的要求进行，并会根据雇主农户的反馈及时调整，在实验中我们也不考虑这两个因素对马铃薯收获效果的影响。

（三）实验设计

1. 实验品种

参加本次实验的马铃薯品种是当地种植最主要的两个：克新 1 号和大西洋。其中，克新 1 号是由黑龙江省农业科学院马铃薯研究所培育成的中晚熟高产品种，生育期 105 天左右；株型直立，植株生长势强，株高约 70 厘米；分枝数中等，茎秆粗壮，根系发达，生长深；结薯早，块茎膨大快，但不集中。克新 1 号是我国种植面积最大的马铃薯品种。据不完全统计，2015 年全国克新 1 号的种植面积在 1000 万亩以上②。在实验村，克新 1 号的种植亦相当广泛，其种植面积约占到当地马铃薯种植总面积的 42%。

大西洋是美国培育的马铃薯新品种，生育期约 90 天；株型直立，植株生长势强，株高约 40 厘米；分枝数少，茎秆粗壮；结薯集中，平均每株结薯 3～4 块；块茎大小中等而整齐，形状介于圆形和长圆形之间。在实验村，大西洋是仅次于克新 1 号的第二大马铃薯品种，其种植面积约占当地马铃薯种植总面积的 33%。

以上两种马铃薯品种的农艺都是起垄种植，做实验时，马铃薯已是成熟晚期，已杀秧，正常挖掘。

2. 实验样机

参加本次实验的马铃薯收获机为青岛洪珠农业机械有限公司、青岛农业大学联合研制的 4U－90 型薯类收获机，为单垄双行收获机，一次收获 1 垄，收获宽度 60～85 厘米，挖掘深度 20～30 厘米，垄距要求宽度 90～120 厘米。收

---

① 垄高、垄宽、行距和耕深按《农业机械试验条件测定方法的一般测定》（GB/T 5262—2008）的要求测定。

② “克新 1 号全粉主‘供货商’”［N］．农民日报，2016－05－23.

获机作业幅度、行走宽度与待机收地块的薯垄宽度、垄作行距之间匹配性较好。收获机主机结构由传动轴、挖掘铲、传送履带、后抖动筛等组成，通过 3 点后悬挂的方式与拖拉机连接；作业时，拖拉机牵引收获机组前进，带动挖掘铲将垄中的马铃薯与土层一起铲起，经过传送履带将薯块与土层分离，薯块继续向后传送，泥土则通过传送履带的筛子漏在地上，最后薯块被传送到后抖动筛处进一步和泥土分离，分离完成后，薯块被直接呈条状铺放在地表，经人工捡拾即可完成收获。据机主介绍，该收获机买入时为二手，使用年限已逾 3 年。目前，平均收获一亩马铃薯需用时 40 分钟。

与收获机连接的拖拉机为福田雷沃国际重工股份有限公司生产的 4×4 轮式拖拉机，产品型号为 M554-B，标定功率 40.4 千瓦（50 马力），满足收获机的一般配套动力要求（30~45 马力）。拖拉机为二手机，出厂日期为 2011 年 12 月，买入时使用年限已逾 4 年。

参加本次实验的驾驶员为民乐县永固乡牛顺村人，拖拉机驾龄在 10 年以上，驾驶员本人亦有多年马铃薯收获机驾驶经验。据驾驶员自述，他们平均每天工作时间都在 8 小时以上，主要工作区域就在民乐县各个下辖乡镇，几乎不进行跨区作业；平均一年收获 200~300 亩马铃薯。此次由他联合同村另外 2 户农户共同承包了该片马铃薯的收获作业，收获价格为 55 元/亩。

3. 收获方式

根据当地实际情况，本次实验中马铃薯的收获采取人工收获和机械收获两种方式分别进行。其中，人工收获由雇佣的当地 2 个中年农妇（年龄都在 45 岁左右）用铁锹将马铃薯从土垄中挖掘出来，铺放在地面上，最后再捡拾装袋。人工收获劳动强度大。据估计，挖掘 0.2 亩左右马铃薯总计需耗时 4 个多小时。

机械收获由 4×4 轮式拖拉机配带相应型号的薯类挖掘（收获）机完成马铃薯的挖掘、去土作业，然后将薯块集条铺放在田间，再由人工捡拾装袋。相较于人工收获，机械收获效率高，收获 1 亩地马铃薯只需用时 30~40 分钟；但这种收获方式在捡拾装袋环节仍需要较多人工。根据我们的观察，5 位年龄相仿的中青年农妇捡拾 1 亩地马铃薯至少需要 2 小时，而其人工成本为 1~1.5 元/袋。另外，机械收获对马铃薯的标准化种植程度要求较高，如需保证行距一致等。在实践中，主要是通过"用什么机械种就用什么机械收"来满足这一要求，一般不会出现大、小机械一起收获的情形。

不论是机械收获还是人工收获，在将马铃薯捡拾装袋后，即意味着收获结束。据农户自述，他们并不会额外再派人手去进行二次捡拾。也就是说，此时散落在地面上及淹埋在土层下的马铃薯即为本实验核算的损失量。

4. 实验地

选取的实验地均为整块地，面积控制在 1～2 亩。其中，考虑到人工收获马铃薯在当地并不多见，针对该项实验的地块只取了约 0.2 亩。同时，考虑到垄面被水浸淹亦属于小概率事件，针对该种情况的实验我们只选取了一块地。对选取的 4 块实验地进行编号，分别为地块 A、地块 B、地块 C、地块 D。各实验地块的基本信息及收获方式如下：

（1）地块 B 和地块 C 实际上是一块地，地形为洼地，其中地块 B 居于中间位置，面积约 0.85 亩；地块 C 则分居于东西两侧，面积总计 0.23 亩。该地块种植当地主流马铃薯品种——克新 1 号。据农户自述，由于浇灌时未加留意，导致水漫过垄面，土壤板结情况严重，尤其是中间部分（即地块 B）更甚。收获时，地块 B 采用机械方式收获，地块 A 则采用人工方式收获。

（2）地块 A 与地块 B 接壤，但垄面未被水浸淹过，土壤无明显板结，为整块地，面积 1.83 亩。种植品种同样为克新 1 号，收获方式为机收。

（3）地块 C 位于地块 B 西北方向，垄面未被水浸淹过，土壤亦无明显板结，为整块地，面积 1.04 亩。种植品种为大西洋，收获方式为机收。

上述 4 块实验地块基本情况及实验样机信息如附表 15 - 1 所示。

附表 15 - 1　实验地块基本情况及实验样机信息

地块	种植垄数	是否水淹地	种植品种	收获方式	配套拖拉机型号	功率（千瓦）	收获机型号	一次收获垄数（垄）
地块 A	17	否	克新 1 号*	机械	雷沃 M554 - B	40.4	4U - 90	1
地块 B	6	是	克新 1 号*	人工	—	—	—	—
地块 C	16	是	克新 1 号*	机械	雷沃 M554 - B	40.4	4U - 90	1
地块 D	22	否	大西洋	机械	雷沃 M554 - B	40.4	4U - 90	1

注：＊表示该品种是当地种植的主流马铃薯品种。

资料来源：根据访谈记录整理得出。

5. 样本采集和选点

依据 NY/T 648 - 2002《马铃薯收获机质量评价技术规范》，我们采用沿地块对角线等距抽样的方式来确定样本点，如遇形状不规则的，也尽量按照此要求选点。每个样本点均为1平方米。其中，在地块A，我们采用沿对角线逐行（垄）抽样的方式，共选取了17个样本点；在地块B、地块C、地块D，则均采用沿对角线隔行（垄）抽样的方式抽样，其中在地块B选取了8个样本点；在地块C选取了6个样本点；在地块D选取了11个样本点。各实验地块的选点结果如附图15-1至附图15-3所示。

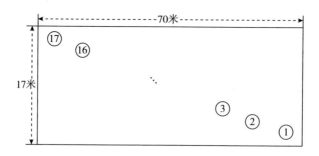

附图15-1　地块A选点（克新1号，机械，正常地）

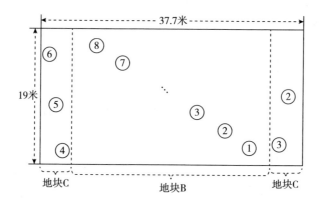

附图15-2　地块B、地块C选点（克新1号，机械/手工，水淹地）

6. 损失率测算

实验需测定的损失包含两部分，一部分是被样机（或劳动力）挖掘出来但没有捡拾起来的薯块，即遗漏在地面上的薯块，称之为"漏薯"；另一部分是样机（或劳动力）没有挖掘出来的薯块以及挖掘出来后被二次掩埋的薯块，即掩埋在土层下的薯块，称之为"埋薯"。收获作业完成后，漏薯量和埋薯量之和为总损失薯量。

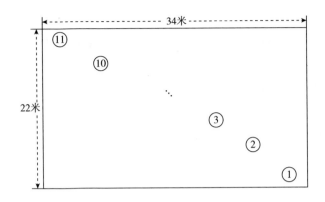

附图 15 – 3　地块 D 选点（大西洋，机械，正常地）

实验地块中的马铃薯收获总损失量是把选中的 1 平方米大小的方形样本框内的马铃薯（包括漏薯和埋薯）全部捡拾起来，装入专用样本袋并拴上标签，然后由两名调查人员使用标准秤（最大称量 1 千克）称出重量并登记称重结果，最后以此乘以地块总面积来推算得到整块地的总损失量。

实验地块的马铃薯总产量是将装袋的薯块用磅秤直接称重得到。马铃薯收获损失率按照下式计算：

损失率 ＝ 样本框区域平均损失量 ÷ ［样本框区域平均损失量 + 总产量/面积/667］ ×100%

在上述基础上，求出各个样本框的算术平均值作为该实验的损失率。各实验地块的马铃薯总产量及收获损失率如附表 15 – 2 所示。

附表 15 – 2　各实验地块马铃薯损失量及损失率

地块	面积 （亩）	总产量 （千克）	单产 （千克/亩）	每平方米损失量 （克）	损失率 （%）
地块 A	1.83	5371.2	2943.1	547.5	11.04
地块 B	0.23	610.7	2679.8	158.4	3.79
地块 C	0.85	2365.6	2796.1	907.6	17.80
地块 D	1.04	3296.5	3169.7	308.6	6.10

资料来源：根据实验数据整理得出。

从土壤板结程度来看，地块 C 由于浇灌时大水浸淹过垄面，导致该地块有不同程度的土壤板结，其损失率为 17.80%，比正常地块 A（11.04%）高了

6.76 个百分点。

从主流品种与其他品种的差异来看，地块 A 种植的是当地的主流马铃薯品种克新一号，其损失率为 11.04%；地块 D 种植的则是大西洋，其损失率为 6.10%，比地块 A 低了 4.94 个百分点。

从人工收获与机械收获的差异来看，地块 B 采用人工收获，其损失率为 3.79%，远远低于地块 C 采用机械收获的损失率 17.80%。

（四）实验结果分析

1. 不同土壤板结情况下的损失率分析

收获地块的土壤土质、土壤湿度、土壤是否板结等会直接影响到马铃薯收获机的清选效果。当土壤土质好、杂草少、土壤无明显板结时，由于土壤易抖落，块茎与土壤分离效果好，清选效果会好些。从调查来看，当地马铃薯灌溉一般都是大水漫灌，稍有不慎就会使得水浸过垄面，造成土壤发硬板结。在这种地块里，由于土壤抖落较困难，清选效果往往较差，漏薯率、埋薯率较高。为了比较不同土质下的马铃薯收获损失情况，我们将地块 A 作为对照组，以地块 B 为实验组。这两块地种植品种均为克新 1 号，均采用机械方式收获，驾驶员亦为同一人；唯一不同的是，地块 C 由于浇灌时大水浸淹过垄面，导致该地块有不同程度的土壤板结，尤其是中间部分更甚。从附表 15 - 3 中可以看到，土壤板结在影响马铃薯产量的同时，也对其机械化收获效果产生了直接影响。

附表 15 - 3　正常地和水淹地马铃薯损失量的非参数检验

地块	平均值（克/平方米）	均值差（克/平方米）	两样本 T 检验		两样本 Mann - Whitney 检验	
			t 值	P 值	t 值	P 值
地块 A（非板结）	547.50	-360.08	-3.1116**	0.0296	-3.140**	0.0138
地块 C（板结）	907.58					

注：***、**和*分别表示在 1%、5% 和 10% 的水平上显著。

相较于地块 A，地块 C 由于土壤板结，不但亩产较低，平均只有 2796.1 千克/亩；而且损失率相对较高，平均达 17.8%。附表 15 - 3 给出了地块 A 和地块 B 收获损失差异的非参数检验结果。从表中可以看出，两组样本的均值差为 360.08 克/平方米，这表明从整体而言，在易抖落的土壤里（地块 A），由于块茎与土壤分离效果好，马铃薯机械收获的损失程度要比在抖落较困难的土壤里（地块 C）轻一些。进一步地，当检验的显著性水平取 0.05 时，地块 A 与地块 C 的每平方米样本框内损失量变动同时通过了两样本 T 检验和 Mann – Whitney 检验，表明此时两组样本之间的损失差异非常显著。因此，可以认为，土壤板结确实对马铃薯的机械收获效果造成了负面影响。

2. 不同马铃薯品种下的损失率分析

由实验条件得知，当地种植的两种主要马铃薯品种各有特点。与大西洋相比，克新 1 号由于其体形大、质量重、生长深、结薯范围宽，收获时需入土较深以及对机械负荷要求较高。那么，这种品种的差异是否会对马铃薯机械收获效果产生影响呢？为此，我们选取地块 A 作为对照组，地块 D 作为实验组，两块地使用同一机械，由同一驾驶员操作；唯一不同的是，地块 A 种植克新 1 号，地块 D 种植大西洋。从附表 15 – 4 可以看出，与经验判断相符，地块 A （克新 1 号）的损失率要远高于地块 D （大西洋），几乎是后者的 2 倍多。为了进一步确认两种马铃薯品种的机械收获损失差异是否具有统计显著性，对两样本各样本框内的马铃薯损失量进行 T 检验和 Mann – Whitney 检验，检验结果如附表 15 –4 所示。显而易见，由于 $P < 0.05$，因此不同马铃薯品种对收获损失率有显著性差异。

附表 15 –4　克新 1 号和大西洋马铃薯损失量的非参检验

地块	平均值（克/平方米）	均值差（克/平方米）	两样本 T 检验		两样本 Mann – Whitney 检验	
			t 值	P 值	t 值	P 值
地块 A （克新 1 号）	547.50	238.94	2.510 **	0.0445	2.435 *	0.0514
地块 D （大西洋）	308.56					

注：*** 、** 和 * 分别表示在 1% 、5% 和 10% 的水平上显著。

3. 不同收获方式下的损失率分析

相较于传统的人工收获方式，为比较机械收获马铃薯的损失情况，我们选取地块 B 作为对照组，以地块 C 作为实验组。两块地土质相同，种植品种均为克星 1 号；唯一不同的是，地块 B 采取人工收获方式，地块 C 则采用机械收获方式。由附表 15 –5 可知，总体来看，马铃薯机械收获的损失率要高于手工收获，其中，机械收获的损失率约为 17.80%，人工收获的损失率为 3.79%。那么，两种收获方式的马铃薯损失差异是否具有统计显著性呢？对实验组和对照组的各样本框内马铃薯损失量变动进行 T 检验和 Mann – Whitney 检验，结果如附表 15-5 所示。其中，对照组人工收获的每平方米损失量均值是 158.43 克，而实验组机械收获的每平方米损失量均值是 907.58 克，两者相差 749.14 克/平方米；进一步地，两样本 T 检验和 Mann-Whitney 检验表明，两种收获方式造成的马铃薯损失有高度显著性差异。产生这种差异的原因，可能与实验地块存在一定的土壤板结，机械收获时由于土壤黏重造成土薯分离不彻底，使被挖起的薯块被二次掩埋有关。

附表 15-5　手工收获和机械收获马铃薯损失量的非参数检验

地块	平均值 (克/平方米)	均值差 (克/平方米)	两样本 T 检验		两样本 Mann-Whitney 检验	
			t 值	P 值	t 值	P 值
地块 B（人工）	158.43	-749.14	-2.5473**	0.0372	-2.582***	0.0098
地块 C（机械）	907.58					

注：***、**和*分别表示在 1%、5% 和 10% 的水平上显著。

（五）结论与讨论

通过对现行马铃薯收获损失的调查我们发现：

首先，土壤是否板结对马铃薯收获质量尤其是机收效果有着明显的影响。土质好、土壤无明显板结，则收获质量好、明薯率高，机收效率也高；反之，土质较差、土壤板结较严重时，则收获质量差，容易出现壅土和土薯分离不彻底等现象，使挖起的薯块被二次掩埋，埋薯率较高。为了改善土壤的抖落性，以利于土薯分离，建议把收获后的土地耕作作为形成土壤结构的一种措施，同时也把完善水利设施、改进灌溉方式作为改良土壤结构的一种措施。

其次，同样是起垄种植、成熟晚期、机械收获的情况下，克新 1 号马铃薯的平均损失率会达到大西洋马铃薯的近 2 倍。

最后，相较于传统的人工收获方式，机械收获虽然效率更高，但受地块狭小、不规整等因素制约，效力不能得到充分发挥，损失率相对较高。

参考文献

［1］ Abass A B, Ndunguru G, Mamiro P, et al. Post – harvest Food Losses in A Maize – based Farming System of Semi – arid Savannah Area of Tanzania ［J］. Journal of Stored Products Research, 2014 (57): 49 – 57.

［2］ Agyekum M, Donovan C, Lupi F. Novel IPM Intervention for West Africa: Smallholder Farmers' Preferences for Biological Versus Synthetic Control Strategies for Cowpea Pests ［C］. The 2016 Agricultural & Applied Economics Association Annual Meeting, Boston, 2016: 1 – 26.

［3］ Akar T, Avci M, Dusunceli F. Barley: Post Harvest Operations ［J］. Food and Agriculture Organization (FAO) of the United Nations, The Central Research Institute for Field Crops, Ankara, Turkey, 2004: 64.

［4］ Bala B K, Haque M A, Hossain M A, et al. Post – harvest Loss and Technical Efficiency of Rice, Wheat and Maize Production System: Assessment and Measures for Strengthening Food Security ［J］. Bangladesh Agricultural University, 2010, 6 (08): 43 – 56.

［5］ Basavaraja H, Mahajanashetti S B, Udagatti N C. Economic Analysis of Post – harvest Losses in Food Grains in India: A Case Study of Karnataka ［J］. Agricultural Economics Research Review, 2007, 20 (01): 581 – 593.

［6］ Bellemare M F, Çakir M, Peterson H H, et al. On the Measurement of Food Waste ［J］. American Journal of Agricultural Economics, 2017, 99 (05): 1148 – 1158.

［7］ Cheng K, Pan G, Smith P, et al. Carbon Footprint of China's Crop Production an Estimation Using Agro – statistics Data over 1993 – 2007 ［J］. Agriculture Ecosystems & Environment, 2011, 142 (3 – 4): 231 – 237.

［8］ Clark L F, Hobbs J E. Beyond the Farm Gate: Postharvest Loss and the Role of Agro – Processors in Sub – Saharan African Food Security ［J］. International Journal on Food System Dynamics, 2018, 9 (03): 253 – 264.

［9］ Dan Zhang, Jianbo Shen, Fusuo Zhang, Yu'e Li & Weifeng Zhang. Carbon Footprint of Grain Production in China ［J］. Scientific Reports, 2017 (06): 1 – 11.

［10］ FAO. An Introduction to the Basic Concepts of Food Security ［R］. Rome: FAO Food Security Program, 2008.

［11］ FAO. Global Food Losses and Food Waste: Extent, Causes and Prevention ［R］. Rome, Italy, 2011.

［12］ FAO. Food Loss Assessment: Causes and Solutions ［R］. Rome, 2014.

［13］ FAO. The Future Trends of Food and Challenges Agriculture ［R］. Rome, 2017.

［14］ FAO. The State of Food and Agriculture 2019: Moving forward on Food Loss and Waste Reduction ［R］. Rome, 2019.

［15］ Gitonga Z M, De Groote H, Kassie M, et al. Impact of Metal Silos on Households' Maize Storage, Storage Losses and Food Security: An Application of A Propensity Score Matching ［J］. Food Policy, 2013 (43): 44 – 55.

［16］ Goldsmith P D, Martins A G, de Moura A D. The Economics of Post – Harvest Loss: A Case Study of the New Large Soybean – maize Producers in Tropical Brazil ［J］. Food Security, 2015, 7 (04): 875 – 888.

［17］ Greeley M. Postharvest Losses, Technology, and Employment: The Case of Rice in Bangladesh ［M］. Boca Raton: CRC Press, 2019.

［18］ Gustavsson J, Cederberg C, Sonesson U. Global Food Losses and Food Waste ［J］. Worlds Agriculture Forestry & Fisheries, 2011 (02): 133 – 170.

［19］ Hamilton S F, Richards T J. Food Policy and Household Food Waste ［J］. American Journal of Agricultural Economics, 2019, 101 (02): 600 – 614.

［20］ Hodges R J, Buzby J C, Bennett B. Postharvest Losses and Waste in Developed and Less Developed Countries: Opportunities to Improve Resource Use ［J］. The Journal of Agricultural Science, 2011, 149 (S1): 37 – 45.

［21］ Hoefer F, Pray C, Ruttan V W. Crop Loss Modeling and Research Resource Allocation 1985 ［R］. University of Minnesota, 1985.

［22］ Holland J K, Hadrich J C, Wolf C A, et al. Economics of Measuring Costs Due to Mastitis – Related Milk Loss ［C］. The 2015 AAEA & WAEA Joint Annual Meeting, San Francisco: 2015.

［23］ K Cheng, M Yan, D Nayak, G X Pan, P Smith, J F Zheng, J W Zheng. Carbon Footprint of Crop Production in China: An Analysis of National Statistics Data ［J］. Journal of Agricultural Science , 2015 (153): 422 – 431.

［24］ Kaminski, Jonathan, Christiaensen, et al. Post – harvest Loss in Sub – Saharan Africa—What Do Farmers Say? ［J］. Global Food Security, 2014, 3(3 – 4): 149 – 158.

［25］ Kantor L S, Lipton K, Manchester A, et al. Estimating and Addressing America's Food Losses ［J］. Food Review/National Food Review, 1997 (20): 2 – 12.

［26］ Koenker R. & G. Bassett. Regression Quantiles ［J］. Econometrica, 1978, 46 (01): 33 – 50.

［27］ Kong S, Nanseki T, Chomei Y. Farmers' Perception of Loss in Post – harvest of Rice Yield in Cambodia ［J］. Journal of the Faculty of Agriculture, Kyushu University, 2015, 2 (60): 569 – 576.

［28］ Kummu M , Moel H D , Porkka M , et al. Lost Food, Wasted Resources: Global Food Supply Chain Losses and Their Impacts on Freshwater, Cropland, and Fertiliser Use ［J］. Science of the Total Environment, 2012 (438): 477 – 489.

［29］ Kun Cheng, Genxing Pan, Pete Smith, Ting Luo, Lianqing Li, Jinwei Zheng, Xuhui Zhang, Xiaojun Han, Ming Yan. Carbon Footprint of China's Crop Production—An Estimation Using Agro – statistics Data over 1993 – 2007 ［J］. Agriculture, Ecosystems and Environment, 2011 (142): 231 – 237.

［30］ Lin Jianyi, Hu Yuanchao, Cui Shenghui, Kang Jiefeng, Xu Lilai. Carbon Footprints of Food Production in China (1979 – 2009) ［J］. Journal of Cleaner Production, 2015 (90): 97 – 103.

［31］ Lipinski B, Hanson C, Lomax J, et al. Reducing Food Loss and Waste, Washington, D. C. ［R］. World Resources Institute, 2013.

［32］ Majumder S, Bala B K, Arshad F M, et al. Food Security through Increasing Technical Efficiency and Reducing Postharvest Losses of Rice Production Systems in Bangladesh ［J］. Food Security, 2016, 8 (02): 361 – 374.

[33] Martins A G, Goldsmith P, Moura A. Managerial Factors Affecting Post – harvest Loss: The Case of Mato Grosso Brazil [J]. International Journal of Agricultural Management, 2014, 3 (04): 200 – 209.

[34] Ming Yan, Kun Cheng, Ting Luo, Yu Yan, Genxing Pan, Robert M. Rees: Carbon Footprint of Grain Crop Production in China Based on Farm Survey Date [J]. Journal of Cleaner Production, 2015 (104): 130 – 138.

[35] Parfitt J, Barthel M, Macnaughton S. Food Waste within Food Supply Chains: Quantification and Potential for Change to 2050 [J]. Philosophical Transactions of the Royal Society Biological Sciences, 2010, 365 (1554): 3065 – 3081.

[36] Ratinger T. Food Loses in the Selected Food Supply Chains, 2014 [C]. 2014.

[37] Sheahan M, Barrett C B. Review: Food Loss and Waste in Sub – Saharan Africa [J]. Food Policy, 2017 (70): 1 – 12.

[38] Smit N E J M. The Effect of the Indigenous Cultural Practices of in – ground Storage and Piecemeal Harvesting of Sweetpotato on Yield and Quality Losses Caused by Sweetpotato Weevil in Uganda [J]. Agriculture, Ecosystems & Environment, 1997, 64 (03): 191 – 200.

[39] Tian H Z, Zhu C Y, Gao J J, et al. Quantitative Assessment of Atmospheric Emissions of Toxic Heavy Metals from Anthropogenic Sources in China: Historical Trend, Spatial Distribution, Uncertainties, and Control Policies [J]. Atmospheric Chemistry and Physics, 2015, 15 (8): 12107 – 12166.

[40] Wiedenhofer D, Guan D, Liu Z, et al. Unequal Household Carbon Footprints in China [J]. Nature Climate Change, 2017, 7 (01): 75 – 80.

[41] Yan M, Cheng K, Luo T, et al. Carbon Footprint of Grain Crop Production in China – Based on Farm Survey Data [J]. Journal of Cleaner Production, 2015, 104 (01): 130 – 138.

[42] 曹宝明, 姜德波. 江苏省粮食产后损失的状况、原因及对策措施 [J]. 南京经济学院学报, 1999 (01): 21 – 27.

[43] 曹宝明. 粮食产后损失的测定与评价方法 [J]. 南京经济学院学报, 1997 (01): 31 – 35.

[44] 曹芳芳, 黄东, 朱俊峰, 等. 小麦收获损失及其主要影响因素——基于1135户小麦种植户的实证分析 [J]. 中国农村观察, 2018 (02): 75 – 87.

［45］曹芳芳，朱俊峰，郭焱，等．中国小麦收获环节损失有多高？——基于 4 省 5 地的实验调研［J］．干旱区资源与环境，2018c，32（07）：7 – 14.

［46］曾勇军，吕伟生，石庆华，等．水稻机收减损技术研究［J］．作物杂志，2014（06）：131 – 134.

［47］陈彬，张铭志．确定多指标医学参考值范围的统计方法［J］．西部医学，2013，25（11）：1754 – 1755.

［48］陈雷．大力加强农田水利保障国家粮食安全［N］．人民日报，2012 – 03 – 22（009）.

［49］陈祺琪，李君，梁保松．河南省粮食单产影响因素分析及变化趋势预测［J］．河南农业大学学报，2012，46（02）：219 – 222 + 236.

［50］陈玉香，张昕，陈静，周道玮．东北农牧交错带玉米的适宜收获方式［J］．农机化研究，2009，31（08）：113 – 117.

［51］成升魁，白军飞，金钟浩，等．笔谈：食物浪费［J］．自然资源学报，2017，32（04）：529 – 538.

［52］程亨华，肖春阳．中国粮食安全及其主要指标研究［J］．财贸经济，2002（12）：70 – 73.

［53］丁建武，兰盛斌，张华昌．减少粮食产后损失对确保我国粮食安全的重要性［J］．粮食储藏，2005（02）：49 – 50.

［54］弗兰克·艾利思．农民经济学：农民家庭农业和农业发展［M］．胡景北，译．上海：上海人民出版社，2006.

［55］高利伟，许世卫，李哲敏，等．中国主要粮食作物产后损失特征及减损潜力研究［J］．农业工程学报，2016，32（23）：1 – 11.

［56］郭焱，占鹏，李轩复，等．我国玉米收获损失研究——基于 5 省 5 县的调查［J］．玉米科学，2018，26（05）：130 – 136.

［57］郭焱，张益，占鹏，等．农户玉米收获环节损失影响因素分析［J］．玉米科学，2019，27（01）：164 – 168.

［58］郭银巧，柴宗文，王克如，等．玉米收获方式及其效益分析［J］．农学学报，2017，7（12）：8 – 11.

［59］韩会梅，李青．南疆地区极端气候变化及其对农业生产的影响——基于百分位阈值法探讨［J］．湖北农业科学，2014，53（08）：1801 – 1805.

［60］洪自同，郑金贵．农业机械购置补贴政策对农户粮食生产行为的影响——基于福建的实证分析［J］．农业技术经济，2012a（11）：41 – 48.

[61] 黄东，姚灵，武拉平，等．中国水稻收获环节的损失有多高——基于 5 省 6 地的实验调查 [J]．自然资源学报，2018a，33（8）：1427 – 1438.

[62] 黄小红，刘开顺．减少机械收获谷粒损失的技术措施 [J]．现代农机，2017（06）：55 – 56.

[63] 黄祖辉，俞宁．新型农业经营主体：现状、约束与发展思路——以浙江省为例的分析 [J]．中国农村经济，2010（10）：16 – 26 + 56.

[64] 江金启，T. Edward Yu，黄琬真，等．中国家庭食物浪费的规模估算及决定因素分析 [J]．农业技术经济，2018（09）：88 – 99.

[65] 金京淑，刘妍．吉林省粮食单产影响因素分析 [J]．吉林农业科学，2010，35（03）：57 – 59 + 64.

[66] 柯炳生．我国近年来农产品价格变动与政策改革分析 [J]．经济纵横，1995（02）：5 – 11.

[67] 李亮科，马骥．粮食规模化经营中的土地细碎及其对规模经济的制约分析——基于我国 7 个小麦主产省的农户调研数据 [J]．科技与经济，2015（02）：46 – 50.

[68] 李祥．玉米收获机闲置期间的保养 [J]．山东农机化，2016（01）：33.

[69] 李轩复，黄东，武拉平．不同规模农户粮食收获环节损失研究——基于全国 28 省份 3251 个农户的实证分析 [J]．中国软科学，2019（08）：184 – 192.

[70] 李岳云，蓝海涛，方晓军．不同经营规模农户经营行为的研究 [J]．中国农村观察，1999（04）：41 – 47.

[71] 李植芬，夏培焜，汪彰辉，等．粮食产后损失的构成分析及防止对策 [J]．浙江农业大学学报，1991（04）：52 – 58.

[72] 刘德成．不分组资料百分位数计算方法的探讨 [J]．中国卫生统计，2009，26（02）：184 – 185.

[73] 刘红波．影响马铃薯收获机伤薯率因素的分析 [J]．当代农机，2015（05）：78 – 79.

[74] 刘立涛，刘晓洁，伦飞，吴良，鲁春霞，郭金花，曲婷婷，刘刚，沈镭，成升魁．全球气候变化下的中国粮食安全问题研究 [J]．自然资源学报，2018，33（06）：927 – 939.

[75] 刘颖，金雅，王嫚嫚．不同经营规模下稻农生产技术效率分析——以江汉平原为例 [J]．华中农业大学学报（社会科学版），2016（04）：15 – 21.

［76］柳枫贺，王克如，李健，王喜梅，孙亚玲，陈永生，王玉华，韩冬生，李少昆．影响玉米机械收粒质量因素的分析［J］．作物杂志，2013，（04）：116-119.

［77］陆祥辉，王昕，张文杰，史明明，魏宏安．4U-1400马铃薯联合收获机分离输送装置的参数分析与试验［J］．中国农业大学学报，2015，20（06）：269-276.

［78］罗丹，李文明，陈洁．粮食生产经营的适度规模：产出与效益二维视角［J］．管理世界，2017（01）：78-88.

［79］吕美晔，王凯．山区农户绿色农产品生产的意愿研究——安徽皖南山区茶叶生产的实证分析［J］．农业技术经济，2004（05）：33-37.

［80］马长凤．黑龙江省规模水稻种植农户经营行为研究［D］．大庆：黑龙江八一农垦大学，2015.

［81］彭杨贺，潘伟光，李林．水稻规模农户生产环节对机械化服务外包的选择［J］．浙江农林大学学报，2019，36（05）：1006-1011.

［82］戚明贤．国内外粮食价格对比分析［J］．经营与管理，2014（08）：73-76.

［83］钱贵霞，李宁辉．不同粮食生产经营规模农户效益分析［J］．农业技术经济，2005（04）：60-63.

［84］屈雪，黄东，曹芳芳，等．农业机械减少水稻收获损失了吗？［J］．中国农业大学学报，2019，24（03）：165-172.

［85］史明明，魏宏安，刘星，胡忠强，杨小平，孙广辉．国内外马铃薯收获机械发展现状［J］．农机化研究，2013，35（10）：213-217.

［86］宋海英，姜长云．农户对农机社会化服务的选择研究——基于8省份小麦种植户的问卷调查［J］．农业技术经济，2015（09）：27-36.

［87］宋洪远，张恒春，李婕，等．中国粮食产后损失问题研究——以河南省小麦为例［J］．华中农业大学学报（社会科学版），2015（04）：1-6.

［88］宋金田，祁春节．农户柑橘种植意愿及影响因素实证分析——基于我国柑橘主产区152个农户的调查［J］．华中农业大学学报（社会科学版），2012，4（100）：17-21.

［89］万广华，程恩江．规模经济、土地细碎化与我国的粮食生产［J］．中国农村观察，1996（03）：31-36+64.

[90] 王保国, 邱筱玲. 水稻收获机械技术路线研究及未来技术发展趋势判断 [J]. 农业机械, 2018 (10): 93-96.

[91] 王桂民, 易中懿, 陈聪, 等. 收获时期对稻麦轮作水稻机收损失构成的影响 [J]. 农业工程学报, 2016, 32 (02): 36-42.

[92] 王海军, 曹玉. 马铃薯收获机适用性影响因素分析与实证 [J]. 农机化研究, 2013, 35 (12): 15-19.

[93] 王洪娴, 王东伟. 三种马铃薯收获机作业性能对比试验与分析 [J]. 青岛农业大学学报 (自然科学版), 2015, 32 (02): 151-155.

[94] 王美青, 卫新, 胡豹, 徐萍. 浙江省粮食单产影响因素分析 [J]. 中国农学通报, 2006 (08): 617-620.

[95] 王钊, 高文川, 刘明慧, 文定军, 杨武娟. 陕西省甘薯育苗技术规程 [J]. 农业科技通讯, 2019 (08): 267-268.

[96] 王志敏. 迈向新的绿色革命——全球粮食高产研究动向 [J]. 中国农业科技导报, 2004 (04): 3-9.

[97] 吴乐, 邹文涛. 我国粮食消费的现状和趋势及对策 [J]. 农业现代化研究, 2011, 32 (02): 129-133.

[98] 吴林海, 胡其鹏, 朱淀, 等. 水稻收获损失主要影响因素的实证分析——基于有序多分类 Logistic 模型 [J]. 中国农村观察, 2015 (06): 22-33.

[99] 吴普特, 孙世坤, 王玉宝. 作物生产水足迹量化方法与评价研究 [J]. 水利学报, 2017 (06): 651-660.

[100] 谢彦明, 高淑桃. 粮食单产影响因素的计量分析 [J]. 新疆农垦经济, 2005 (12): 5-8+20.

[101] 星焱, 胡小平. 中国新一轮粮食增产的影响因素分析: 2004~2011年 [J]. 中国农村经济, 2013 (06): 14-26.

[102] 闫洪余. 立辊式玉米收获机关键部件工作机理及试验研究 [D]. 长春: 吉林大学, 2009.

[103] 杨慧莲, 韩旭东, 李艳, 等. "小、散、乱"的农村如何实现乡村振兴?——基于贵州省六盘水市舍烹村案例 [J]. 中国软科学, 2018 (11): 148-162.

[104] 杨然兵, 杨红光, 尚书旗, 倪志伟, 刘志深, 郭栋. 马铃薯联合收获机立式环形分离输送装置设计与试验 (英文) [J]. 农业工程学报, 2018, 34 (03): 10-18.

［105］詹玉荣．全国粮食产后损失抽样调查及分析［J］．中国粮食经济，1995（04）：44-47.

［106］张宏凯．吉林省不同规模农户粮食生产效益的比较分析［J］．产业与科技论坛，2015，14（19）：90-91.

［107］张健，傅泽田，李道亮．粮食损失的形成和我国粮食损失现状［J］．中国农业大学社会科学学报，1998（04）：59-63.

［108］张立国，刘芳，王慧芳．水稻种植农户产品营销方式选择行为分析［J］．农业技术经济，2015（03）：55-60.

［109］张丽雅．水稻生产全程机械化的发展趋势［J］．农机使用与维修，2018（09）：84.

［110］张露，罗必良．农业减量化：农户经营的规模逻辑及其证据［J］．中国农村经济，2020（02）：81-99.

［111］张明俊，张令，王国臣，朱德华．对水稻不同收获方式的调查分析［J］．现代化农业，2004（04）：33-34.

［112］章磷，田媛，冯静．不同规模农户玉米生产效率比较研究［J］．黑龙江八一农垦大学学报，2018（03）：93-98.

［113］赵予新．产粮大省粮食产业链优化研究［J］．农业经济，2014（01）：20-22.

［114］郑伟．农村产后粮食损失评估及对策研究［J］．粮油仓储科技通讯，2000（04）：47-51.

［115］郑旭媛，徐志刚．资源禀赋约束、要素替代与诱致性技术变迁——以中国粮食生产的机械化为例［J］．经济学（季刊），2017，16（01）：45-66.

［116］钟甫宁，陆五一，徐志刚．农村劳动力外出务工不利于粮食生产吗？——对农户要素替代与种植结构调整行为及约束条件的解析［J］．中国农村经济，2016（07）：36-47.

后　记

　　本书是国家粮食公益性行业科研专项"粮食产后损失浪费调查及评估技术研究"（项目编号：201513004）的成果之一。本科研专项涵盖了从田间到餐桌的六个主要环节，即田间收获环节、加工环节、农户储粮环节、粮食干燥储藏与运输环节、销售环节和消费环节，进行了系统全面的调查测算和评估，并对节粮减损提出了相应的政策建议。

　　农户田间收获环节损失调查及评估由中国农业大学武拉平教授主持。同时，武拉平教授负责各课题中有关农户的调研设计，项目组与农业农村部全国农业固定观察点合作，于2016～2017年对全国28个省份的4170户农户进行了粮食产后损失和浪费情况的专题调研，同时为了保证田间收获损失测量的科学性，项目组还在全国15个省份共开展了30次田间收获损失的控制实验，实地测量了田间收获损失率。

　　项目组在2016年进行了大范围调研，2017年进行了一定的补充调研。项目从预调研到最后的补充调研，前后共有1000多人参与，包括项目组成员、招聘的研究生和大学生以及在实验地临时聘用的捡拾掉落粮食的当地村民。在这里，我们对所有为本项目调研中给予帮助和指导的各位人士表示最衷心的感谢。

　　本书是在多位项目组成员和研究生论文以及研究报告的基础上综合而成的，李轩复博士的博士学位论文、屈雪的硕士学位论文就是在本项目的支持下完成的，本书中很大部分的工作是由他们完成的，当然，参与本书中分品种报告和最后附录中的实验报告撰写的人员有很多，这里无法一一列出。

　　项目执行过程中本人指导的博士生张美艺和韩嫣承担了很多项目协调工作。博士生郭炎在实验方案设计中做出了重要贡献，特表感谢。另外，感谢曹芳芳博士、黄东博士以及郭炎等在项目的验收和爱粮节粮宣传周展览中做出的贡献。在书稿校对过程中，博士生李丹阳、李晓晓、朱美羲、张昆扬和硕士生胡永浩等做了很多工作。

最后特别感谢项目管理部门——国家粮食和物资储备局、总项目承担单位——南京财经大学以及中国农业大学科研院等给予的指导！

武拉平

2021 年 9 月